INGLÊS
PARA PAIS E FILHOS

- Gramática
- Pontuação
- Ortografia
- Capacidade de comunicação

PONTUAÇÃO

INGLÊS
PARA PAIS E FILHOS

A maneira mais fácil de compreender
e explicar conceitos da disciplina

CAROL VORDERMAN

PubliFolha

DK

Um livro da Dorling Kindersley
www.dk.com

Título original: *Help your kids with English*
Copyright © 2013 Dorling Kindersley Limited
Copyright © 2013 Publifolha – Divisão de Publicações da Empresa Folha da Manhã S.A.
Publicado originalmente na Grã-Bretanha em 2013 pela Dorling Kindersley Limited,
80 Strand, Londres WC2R 0RL, Inglaterra.

Todos os direitos reservados. Nenhuma parte desta obra pode ser reproduzida,
arquivada ou transmitida de nenhuma forma ou por nenhum meio sem
a permissão expressa e por escrito da Empresa Folha da Manhã S.A.,
por sua divisão de publicações Publifolha.

Proibida a comercialização fora do território brasileiro.

Coordenação do projeto: PUBLIFOLHA	**Gerente editorial:** Linda Esposito
Editora assistente: Mariana Zanini	**Gerente de arte:** Diane Peyton Jones
Produtora gráfica: Samantha R. Monteiro	**Editores:** Laura Buller, Andrew Macintyre
Produção editorial: Página Viva	
Tradução: Carlos Mendes Rosa	**Gerente de pré-produção:** Adam Stoneham
Coordenação: Carlos Tranjan	**Produtora sênior:** Gemma Sharpe
Consultoria: Angélica Gomes	**Designer sênior:** Jim Green
Revisão: Inês Azevedo	**Projeto gráfico:** Paul Drislane, Hoa Luc, Mary Sandberg
Direção de arte: Bianca Galante	
	Diretor editorial: Jonathan Metcalf
EDIÇÃO ORIGINAL: DORLING KINDERSLEY	**Diretora editorial assistente:** Liz Wheeler
Editora sênior do projeto: Victoria Pyke	**Diretor de arte:** Phil Ormerod
Editores do projeto: Carron Brown, Camilla Gersh, Matilda Gollon, Ashwin Khurana	**Editora da capa:** Manisha Majithia
	Projeto da capa: Laura Brim

Dados Internacionais de Catalogação na Publicação (CIP)
(Câmara Brasileira do Livro, SP, Brasil)

Vorderman, Carol [et al.]
   Inglês para pais e filhos / Carol Vorderman [et al.] ; [tradução Carlos
Mendes Rosa]. – São Paulo : Publifolha, 2013.

   Título original: Help your kids with English.
   Outros autores: Linda B. Gambrell, Susan Rowan, Stewart Savard.
   ISBN 978-85-7914-485-1

   1. Inglês - Estudo e ensino I. Título.

13-11472   CDD-420.7

Índices para catálogo sistemático:
1. Inglês : Estudo e ensino 420.7

Este livro segue as regras do Acordo Ortográfico da Língua Portuguesa (1990),
em vigor desde 1º de janeiro de 2009.

Impresso pela South China, China.

PUBLIFOLHA
Divisão de Publicações do Grupo Folha
Al. Barão de Limeira, 401, 6º andar
CEP 01202-900, São Paulo, SP
Tel.: (11) 3224-2186/2187/2197
www.publifolha.com.br

CAROL VORDERMAN M.A. (Universidade de Cambridge), MBE, é uma das mais admiradas apresentadoras de TV do Reino Unido. Famosa por suas habilidades em matemática e seu apaixonado estímulo à ciência, à tecnologia e à educação, já comandou diversos programas, desde os de entretenimento, como o **Carol Vorderman's Better Homes** e **The Pride of Britain Awards**, até os científicos, como o **Tomorrow's World**, em emissoras como BBC, ITV e Channel 4. Trabalhou, por 26 anos, como apresentadora do programa **Countdown**, do Channel 4; tornou-se a segunda autora de não ficção mais vendida da década de 2000 no Reino Unido; e aconselhou o primeiro-ministro David Cameron sobre o futuro do ensino de matemática em seu país. Foi uma das fundadoras da entidade assistencial Nesta (National Endowment for Science, Technology and the Arts), é fomentadora do Festival de Ciência de Cambridge, membro do Instituto Real britânico, do conselho de ensino de engenharia e detentora de muitos títulos honorários de universidades britânicas. Em 2010, lançou sua própria escola de matemática on-line, a **www.themathsfactor.com**, na qual ensina, em inglês, a arte da aritmética para pais e filhos. Em 2011, escreveu a série **English Made Easy**, da Dorling Kindersley, que visa a ajudar crianças pequenas a aprender o inglês e desenvolver habilidades no idioma.

LINDA B. GAMBRELL é professora emérita de pedagogia na Universidade Clemson e ex-presidente da Associação Internacional de Leitura (IRA), da Associação de Pesquisa de Letramento e da Associação de Educadores e Pesquisadores em Letramento. Em 2004 entrou para o Hall da Fama de Leitura. Tem experiência como professora e é especialista em leitura. Linda escreveu livros sobre ensino de leitura e artigos para os maiores periódicos sobre letramento, como o *Reading Research Quarterly*, *The Reading Teacher* e *Journal of Educational Research*.

SUSAN ROWAN foi chefe do ensino de inglês e assessora especial de inglês e letramento do município de Londres. Tem diploma em pedagogia (Escola de Educação Bishop Otter), bacharelado em inglês e história (Universidade Macquarie, Austrália) e mestrado em pedagogia (Universidade de Nottingham). Com mais de 25 anos de experiência no ensino, Susan trabalha atualmente como consultora autônoma de inglês e letramento em escolas de Londres e do sudeste da Inglaterra.

DR. STEWART SAVARD é bibliotecário digital em Comox Valley, na Colúmbia Britânica, Canadá. Publicou vários artigos sobre a criação de bibliotecas escolares, sobre o uso de recursos eletrônicos e impressos e sobre como orientar estudantes a evitar o plágio. Stewart também tem ampla experiência como professor e foi colaborador em cerca de vinte livros.

Prefácio

Olá!

Durante as três décadas em que trabalhei no programa *Countdown***, aprendi a adorar o uso das palavras e a evolução da língua. Hoje, presenciamos a queda de qualidade do inglês por todo lado, de vitrines e propagandas a anúncios de emprego. Há quem ache que não faz diferença, mas faz. A capacidade de falar e escrever direito é inestimável na vida diária, na escola e no trabalho.**

As regras de gramática, pontuação e grafia podem parecer complicadas, e pode ser um tanto complexo adquirir a capacidade de se comunicar com eficiência – tanto para os alunos quanto para os pais. Muitos pais sentem-se apreensivos em explicar os inúmeros usos da vírgula ou não têm autoconfiança ao escolher entre "you and me" e "you and I". Este livro apresenta explicações e exemplos práticos, que permitem a todos entender com facilidade até o conceito mais complexo.

Assim que você dominar as regras, poderá dar o seu recado em qualquer situação – de escrever um ensaio ou uma autobiografia a fazer reservas para as férias ou apresentar um programa de televisão.

Espero que você goste deste livro tanto quanto adoramos fazê-lo.

CAROL VORDERMAN

abreviações, acentos, **adjetivos**, adjetivos possessivos, **advérbios**, algarismos arábicos, **algarismos romanos**, aliteração, **apóstrofo**, artigos, **asterisco**, citações, **coletivos**, coloquialismos, **conjunções**, consoantes, **dialetos**, discurso direto, **discurso indireto**, dois-pontos, **exagero**, exclamações, **expressões**, figuras de linguagem, **fonética**, fragmentos, **gênero**, gíria, **hífen**, hipérbole, **homófonos**, homógrafos, **homônimos**, imperativo, **infinitivo**, interjeições, **itálico**, jargão, **letras maiúsculas**, letras mudas, **modificador deslocado**, modo indicativo, **modos verbais**, morfemas, **negativa**, numerais, **objetos**, orações, **orações condicionais**, orações nominais, **orações preposicionadas**, orações principais, **orações subordinadas**, palavras compostas, **parênteses**, particípio, **particípio presente**, particípio "pendente", **perguntas indiretas**, perguntas retóricas, **período composto**, ponto de interrogação, **pontuação**, prefixos, **primeira pessoa**, pronomes, **pronomes indefinidos**, pronomes pessoais, **pronomes relativos**, radicais, **reticências**, siglas, **sílabas**, singular, **substantivos**, substantivos comuns, **substantivos plurais**, substantivos próprios, **sufixos**, sujeito, **tautologia**, tempos verbais, **terceira pessoa**, tom, **travessões**, trocadilhos, **verbo**, verbos auxiliares, **verbos de ligação**, verbos frasais, **verbos irregulares**, vírgula, **vogais**, vozes

SUMÁRIO

PREFÁCIO	6
POR QUE APRENDER REGRAS?	10
LÍNGUA FALADA E ESCRITA	12
INGLÊS AO REDOR DO MUNDO	14

1 GRAMÁTICA

A finalidade da gramática	18
Classes gramaticais	20
Substantivos	22
Plurais	24
Adjetivos	26
Comparativos e superlativos	28
Artigos	30
Determinantes	32
Pronomes	34
Número e gênero	36
Verbos	38
Advérbios	40
Tempos verbais simples	42
Tempos perfeitos e contínuos	44
Particípios	46
Verbos auxiliares	48
Verbos irregulares	50
Concordância verbal	52
Vozes e modos verbais	54
Verbos frasais	56
Conjunções	58
Preposições	60
Interjeições	62
Locuções	64
Orações	66
Períodos	68
Período composto	70
Períodos complexos	72
Uso correto das orações	74
Posição dos modificadores	76
Palavras usadas incorretamente	78
Negativa	80
Orações relativas	82
Expressões, analogias e figuras de linguagem	84
Coloquialismos e gírias	86
Discurso direto e indireto	88

2 PONTUAÇÃO

O que é pontuação?	92
Ponto e reticências	94
Vírgula	96
Outros usos da vírgula	98
Ponto e vírgula	100
Dois-pontos	102
Apóstrofo	104
Hífen	106
Aspas	108
Ponto de interrogação	110
Ponto de exclamação	112
Parênteses e travessão	114
Marcadores	116
Números, datas e horas	118
Outros sinais	120
Itálico	122

3 ORTOGRAFIA

Por que escrever certo?	126
Ordem alfabética	128
Sons vocálicos	130
Sons consonantais	132
Sílabas	134
Morfemas	136
Compreenda as irregularidades do inglês	138
Radicais	140

Prefixos e sufixos	142
Letras com som duro ou suave	144
Palavras terminadas em -e ou -y	146
Palavras terminadas em -tion, -sion ou -ssion	148
Palavras terminadas em -able ou -ible	150
Palavras terminadas em -le, -el, -al ou -ol	152
Consoantes simples ou duplas	154
O *i* antes do *e*, exceto após o *c*	156
Letras maiúsculas	158
Letras mudas	160
Palavras compostas	162
Grafias irregulares	164
Homônimos, homófonos e homógrafos	166
Parecidas, mas nem tanto - I	168
Parecidas, mas nem tanto - II	170
Abreviações	172
Grafias britânicas e americanas	174
Mais grafias britânicas e americanas	176

4 CAPACIDADE DE COMUNICAÇÃO

Comunicação eficiente	180
O vocabulário correto	182
Períodos mais interessantes	184
Planejamento e pesquisa	186
Paragrafação	188
Gênero, finalidade e público	190
Leitura e comentário de textos	192
Diagramação e recursos de apresentação	194
Escrever para informar	196
Matérias de jornal	198
Carta e e-mail	200
Escrever para influenciar	202

Escrever para explicar e sugerir	204
Escrever para analisar ou criticar	206
Escrever para descrever	208
Escrever sobre si mesmo	210
Escrever uma narrativa	212
Escrever para a internet	214
Escrever um roteiro	216
Adaptações	218
Edição e revisão	220
O inglês falado	222
Debate e representação	224
Escrever um discurso	226
A arte da apresentação	228

5 CONSULTA RÁPIDA

Gramática	232
Pontuação	236
Ortografia	238
Capacidade de comunicação	244
Glossário	248
Índice remissivo	252
Agradecimentos	256

Por que aprender regras?

SÃO MUITAS AS VANTAGENS DE APRENDER E DOMINAR
AS REGRAS DA LÍNGUA INGLESA.

As regras do inglês são indispensáveis para pessoas de qualquer idade que usem o idioma em diversas situações, desde enviar um simples e-mail e dar orientações na rua até escrever um romance de sucesso.

> O **inglês** é a principal língua do mundo para se **comunicar** e se **informar**.

Lidando com as palavras

As regras do inglês e seu domínio podem ser divididos em quatro áreas principais, que indicam como as palavras podem ser organizadas num período, como devem ser escritas e pontuadas e como são usadas em situações específicas.

Gramática
As regras gramaticais mostram como os tipos diferentes de palavras – tais como substantivos e adjetivos – devem ser dispostos num período para uma escrita fluente e clara.

Pontuação
Pontuação é o emprego de símbolos – como os pontos de interrogação e de exclamação, a vírgula e o apóstrofo – para indicar ao leitor como ele deve ler um texto.

Ortografia
As regras ortográficas ajudam os falantes de inglês a compreender e lembrar a maneira como as letras e os grupos de letras combinam-se para formar palavras.

Capacidade de comunicação
A capacidade de comunicação ajuda os falantes de inglês a interagir adequadamente com os outros – por exemplo, ao escrever um e-mail, dar instruções ou fazer um discurso.

Acesso a todas as áreas

O domínio sólido do inglês ajuda os estudantes a ter sucesso em todas as áreas do conhecimento, não apenas em inglês. A destreza em inglês ajuda os estudantes a atingir seu pleno potencial, seja ao escrever um relatório escolar, treinar um time de basquete ou fazer teste para o teatro.

Boletim

Aluno: Paul Drislane

Curso	Aproveitamento	Conceito
Inglês	97%	A
Matemática	94%	A
Ciências	90%	A
História	92%	A
Geografia	97%	A
Artes cênicas	93%	A
Esporte	95%	A

A aptidão em inglês ajuda os estudantes a ter sucesso em todas as áreas.

POR QUE APRENDER REGRAS?

O emprego dos sonhos

Quando alguém se candidata a um emprego no qual o inglês é um dos requisitos, sua destreza no idioma pode fazer enorme diferença. O conhecimento das regras pode ajudar o candidato a escrever um currículo adequado e falar com clareza e confiança em entrevistas. Em diversos setores, os empregadores valorizam candidatos que se expressem com correção e segurança.

Comunicar-se com confiança faz a diferença em um emprego no qual se fale inglês.

Na vida social

A língua é usada criativamente em situações sociais diversas, de uma partida de futebol barulhenta a um espetáculo sofisticado. Em jogos importantes, os torcedores cantam canções rimadas cheias de gozações ou insultos ao time adversário. No teatro, os atores dizem falas dramáticas e emocionantes de amor, paixão, tristeza e raiva. Ao assistir a um filme engraçado, ler um jornal ou ouvir música popular, a pessoa que tem um bom conhecimento prático do inglês aproveita ao máximo essas experiências.

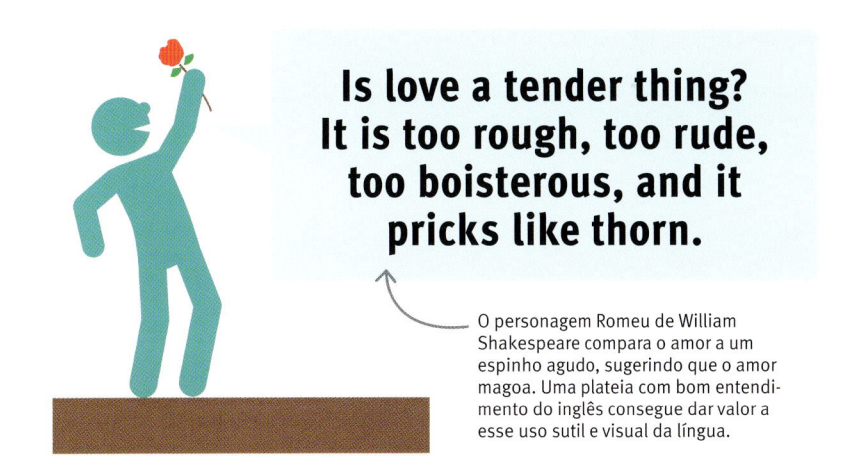

Is love a tender thing? It is too rough, too rude, too boisterous, and it pricks like thorn.

O personagem Romeu de William Shakespeare compara o amor a um espinho agudo, sugerindo que o amor magoa. Uma plateia com bom entendimento do inglês consegue dar valor a esse uso sutil e visual da língua.

Em viagens pelo mundo

O inglês é uma das línguas mais faladas em todo o planeta, e é essencial no mundo dos negócios. A fluência em inglês torna mais fácil viajar nas férias ou a trabalho para países onde se fala esse idioma. Além disso, o conhecimento de estruturas gramaticais pode facilitar o aprendizado de outras línguas.

Hello! Hi! How are you?

Língua falada e escrita

TANTO O INGLÊS FALADO QUANTO O INGLÊS ESCRITO TÊM CARACTERÍSTICAS PRÓPRIAS.

É importante compreender as diferenças entre a língua escrita e a língua falada – bem como os diferentes usos de cada uma – para aprimorar esses dois tipos de comunicação.

> A **primeira língua escrita conhecida** foi o **sumério**, que se desenvolveu na **Mesopotâmia** (atual Iraque) a partir de cerca de 2600 a.C.

Língua escrita

Textos como romances, cartas e reportagens são compostos com cuidado, porque os autores costumam ter tempo para pensar nas palavras e frases que usam. Assim, geralmente no inglês escrito são empregadas frases completas e bem estruturadas, gramática padrão e vocabulário mais formal.

> Dear Jane,
> I am having a wonderful time in Thailand. It's a beautiful country with a fascinating culture. The sun shines every day, so we spend most of our time at the stunning beaches, sunbathing and snorkelling. I would love to come back another year.
>
> Love from Nick x
>
> Miss Jane Palmer
> 2 Villa Court
> London, SE4 2JK
> ENGLAND

O inglês escrito deve ter frases completas.

Língua falada

Em geral, a língua falada é mais espontânea que a língua escrita e, portanto, contém elementos como repetição, pausas e sons como *er* ou *um* para preencher os silêncios. As palavras costumam ser abreviadas para acelerar a conversa, e o vocabulário e a pronúncia variam conforme a formação do falante e a situação de comunicação.

> **Hey, Jane! Yeah, awesome trip, thanks. Good weather, good beaches... um... we went snorkelling, too. Can't wait to go back another time.**

As palavras *I had an* foram deixadas de lado.

Yeah e *awesome* são palavras informais usadas na fala.

As pessoas costumam repetir palavras ao falar.

É mais comum encurtar ou abreviar palavras na língua falada. Aqui, *cannot* foi encurtada para *can't* e *I* foi omitida.

As pessoas fazem pausas e preenchem o silêncio com sons quando falam.

LÍNGUA FALADA E ESCRITA — 13

A escrita da fala

Alguns textos reproduzem intencionalmente as características do inglês falado. Por exemplo, os diálogos em romances ou roteiros dramáticos são quase sempre escritos para soar com espontaneidade e usam palavras e grafia que insinuam o meio social dos personagens, para torná-los mais autênticos.

Yarra Creek

Episode 14: The Big Invitation

Scene: It's a sunny day. Mario and Darren meet while collecting their mail on the driveway.

Mario: G'day Darren. D'ya wanna drop by for a barbie this arvo?

Darren: Yeah, no plans, mate. Catch ya later.

- *G'day*, expressão usada na comunicação oral na Austrália, significa "hello".
- A expressão informal *catch ya later* é usada em lugar de *see you later*. *You* é escrita *ya* para mostrar como a palavra deve ser pronunciada.
- As palavras *Do you want to* estão escritas como devem ser pronunciadas pelo ator.
- A palavra *barbie* significa "barbeque" e *arvo* significa "afternoon".

Formal ou informal

Em geral, o inglês falado é menos formal do que o inglês escrito. Existem, contudo, exceções importantes. Por exemplo, o texto de um e-mail a um amigo pode ser informal, mas uma reunião de trabalho deve ser conduzida em linguagem formal. O grau de formalidade depende da situação e do público.

Escrito:
- Cartão-postal a um parente (Informal)
- E-mail a um provável empregador (Formal)
- Recado a um amigo (Informal)
- Carta a um político (Formal)
- Matéria jornalística (Formal)
- Roteiro dramático sobre adolescentes (Informal)

Falado:
- Conversa com um amigo por telefone (Informal)
- Resposta a uma entrevista de emprego (Formal)
- Uma piada (Informal)
- Reunião de trabalho (Formal)
- Noticiário na televisão (Formal)
- Entrevista em programa de TV (Formal)

▲ Informal
▲ Formal

△ **Formal ou informal**
Algumas modalidades do inglês escrito precisam usar linguagem formal, e outras podem ser informais. O mesmo ocorre com o inglês falado – depende da situação.

Inglês ao redor do mundo

O INGLÊS É USADO EM VÁRIOS LUGARES DO MUNDO,
MAS NEM SEMPRE DO MESMO JEITO.

Muitos países têm a língua inglesa como oficial, mas o modo como ela é usada – especialmente a língua falada – pode diferir bastante de um lugar para o outro, até mesmo dentro do próprio país.

Língua disseminada

A língua inglesa nasceu de uma combinação de dialetos anglo-saxões de mais de 1.500 anos. Começou a se espalhar pelo mundo a partir do século XVII, quando os britânicos passaram a fazer explorações e a colonizar, levando a língua junto. Hoje, a popularidade do inglês continua crescendo, sobretudo no sudeste e no leste da Ásia, onde é a língua preferida para os negócios e o comércio com os países ocidentais.

1. No Caribe e no Canadá, os elos históricos com o Reino Unido concorrem com laços geográficos, culturais e econômicos com os Estados Unidos. Assim, a língua reflete tanto a forma britânica quanto a americana da língua inglesa.

2. A maior parte da América do Sul fala espanhol e português porque Espanha e Portugal formaram impérios nesse continente. Apenas alguns poucos países das Américas Central e do Sul – como a Guiana, que se tornou independente da Grã-Bretanha em 1966 – adotam o inglês como língua oficial.

Veja as diferenças

Depois que a língua inglesa entrou na América do Norte, a grafia de certas palavras começou a mudar. Publicado em 1828, *An American Dictionary of the English Language* consagrou grafias como *center* e *color* (em vez da grafia britânica *centre* e *colour*), ajudando a difundir a crença de que o inglês americano e o inglês britânico são entidades distintas. Essas variações de grafia continuam a existir.

▷ **Ortografia e pontuação**
O inglês britânico e o americano usam grafias e pontuação diferentes. Por exemplo, um verbo como *criticise* é escrito com *s* em inglês britânico e com *z* em inglês americano. Outro exemplo: nos EUA, se usam travessões mais longos e mais vírgulas em enumerações do que na Inglaterra.

The new musical *Hello Darling* has been cancelled after just nine performances – the shortest run in the theatre's history. The show has been severely criticised after many jokes caused offence. One critic described the humour as "crude, dated and unimaginative".

Versão britânica

Versão americana

The new musical *Hello Darling* has been canceled after just nine performances—the shortest run in the theater's history. The show has been severely criticized after many jokes caused offense. One critic described the humor as "crude, dated, and unimaginative."

INGLÊS AO REDOR DO MUNDO

3. A América do Norte foi a primeira colônia de língua inglesa, mas lá se desenvolveu uma forma diferente do inglês britânico, com outras grafias.

4. O inglês tornou-se a língua dominante na Grã-Bretanha na Idade Média (do século V ao século XV).

5. Uma pesquisa de 2010 revelou que cerca de dois terços dos europeus falam um pouco de inglês.

6. Hoje, o inglês é a língua internacional dos negócios e é ensinada nas escolas em muitos países asiáticos, inclusive Japão e China.

7. Na Índia e em partes da África o inglês foi imposto como língua administrativa durante os séculos de regime colonial, mas na maioria dos casos só era usado como segunda língua pela população.

8. A expansão do Império Britânico no século XVIII para a Austrália e a Nova Zelândia fez a população de europeus ser rapidamente mais numerosa que a de povos indígenas, e o inglês tornou-se a língua dominante nesses países.

Como é que se fala?

Os falantes do inglês ao redor do mundo usam palavras e pronúncias diferentes, conforme seu meio social, idade e identidade. "Sotaque" é o modo como as palavras são pronunciadas, enquanto "dialeto" é o uso de certo vocabulário e de certas construções gramaticais. No Reino Unido existem muitos dialetos, como o geordie (Newcastle), o brummie (Birmingham) e o doric (nordeste da Escócia). Do mesmo modo, por todo o mundo o inglês é falado de muitas maneiras diferentes, e alguns objetos têm nome diferente na Grã-Bretanha, nos EUA, no Canadá e na Austrália.

fizzy drink / soda / pop

flip-flops / thongs

knapsack / backpack / rucksack

A calçada chama-se *pavement* na Grã-Bretanha, *sidewalk* na América do Norte e *footpath* na Austrália.

pavement / sidewalk / footpath

jumper / sweater

Os britânicos chamam o casaco de tricô com mangas longas de *jumper*. Na América do Norte, ele é chamado de *sweater*.

sweet pepper / bell pepper / capsicum

trousers / pants

trainers / runners / sneakers

1

Gramática

A finalidade da gramática

A ESTRUTURA DE UMA LÍNGUA CHAMA-SE GRAMÁTICA.

As palavras são os "tijolos" da língua. A gramática é um conjunto de regras que determina como esses tijolos podem ser montados para construir frases bem-feitas, orações e períodos, os quais possibilitam a conversação e a enriquecem.

> O **primeiro livro** publicado sobre a **gramática** do inglês, *Pamphlet for Grammar*, foi escrito por **William Bullokar** em 1586.

A evolução das línguas

Todas as línguas mudam com o tempo. Quando a língua evolui, sua gramática adapta-se para incorporar novas palavras e modos de organizá-las. Línguas diferentes têm regras diferentes, e os períodos se formam de modo diverso, ainda que queiram dizer o mesmo. Por isso é difícil traduzir frases exatamente de uma língua para a outra.

▷ **Ordem das palavras em inglês**
Esse é um período gramaticalmente correto em inglês moderno. O verbo *read* vem após o sujeito, *I*, e o adjetivo *good* sucede ao verbo de ligação *was*.

I read my sister's book, which was good.

▷ **Antiga ordem das palavras no inglês**
Esse período foi traduzido para o inglês antigo e depois vertido para o inglês moderno. A primeira parte do período tem sentido gramatical no inglês moderno, mas, na segunda parte, o verbo aparece no final.

I read the book of my sister, which good was.

▷ **Ordem das palavras no alemão**
Esse período foi traduzido para o alemão e depois retraduzido para o inglês. A ordem das palavras é a mesma que no período em inglês antigo, que é uma língua germânica.

I read the book of my sister, which good was.

Aprendizado da gramática

Quando uma criança aprende um idioma, ela absorve informação a respeito da estrutura dele. Esse conhecimento refina-se à medida que a criança aprende a ler e escrever. Embora boa parte desse aprendizado seja subconsciente, algumas regras gramaticais simples devem ser aprendidas.

I'm coming with you, aren't I?

Errado! O que você quis dizer foi "I'm coming with you, am I not?"

A FINALIDADE DA GRAMÁTICA

Classes gramaticais

As palavras são agrupadas de acordo com suas funções nos períodos. Existem dez classes gramaticais em inglês. Os substantivos (ou os pronomes) e os verbos são essenciais para a estrutura de um período, mas são as outras classes, entre elas adjetivos, advérbios, conjunções e preposições, que tornam o período mais elaborado e interessante.

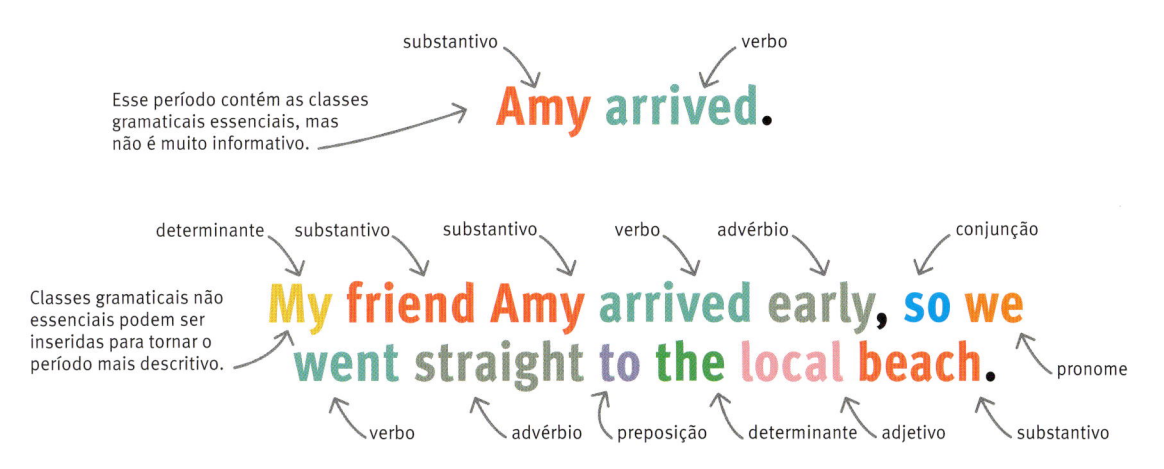

Esse período contém as classes gramaticais essenciais, mas não é muito informativo.

substantivo → **Amy** ← verbo **arrived**.

Classes gramaticais não essenciais podem ser inseridas para tornar o período mais descritivo.

determinante, substantivo, substantivo, verbo, advérbio, conjunção

My friend Amy arrived early, so we went straight to the local beach. → pronome

verbo, advérbio, preposição, determinante, adjetivo, substantivo

Como estruturar os períodos

Sem as regras da gramática, as palavras seriam colocadas em ordem aleatória e as pessoas teriam dificuldade de entender umas às outras. A capacidade de se comunicar com eficiência depende de seguir essas regras. O período também deve ser pontuado corretamente para fazer sentido. A gramática explica em que ordem as palavras devem estar e coordena as relações entre elas, e a pontuação (como pontos e vírgulas) indica como o período deve ser lido.

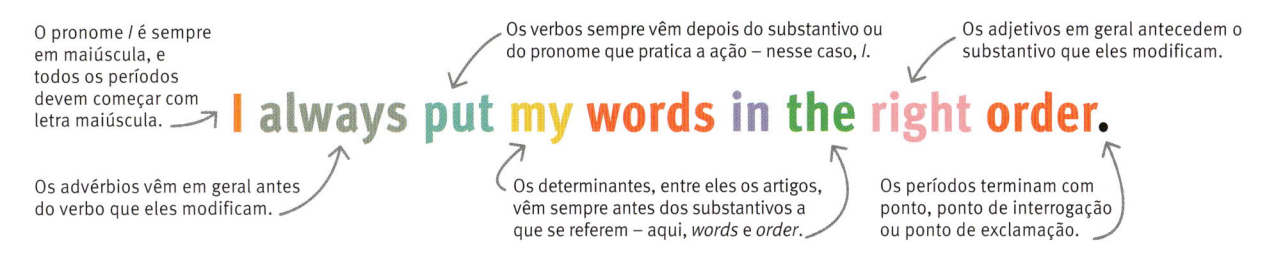

O pronome *I* é sempre em maiúscula, e todos os períodos devem começar com letra maiúscula.

Os verbos sempre vêm depois do substantivo ou do pronome que pratica a ação – nesse caso, *I*.

Os adjetivos em geral antecedem o substantivo que eles modificam.

I always put my words in the right order.

Os advérbios vêm em geral antes do verbo que eles modificam.

Os determinantes, entre eles os artigos, vêm sempre antes dos substantivos a que se referem – aqui, *words* e *order*.

Os períodos terminam com ponto, ponto de interrogação ou ponto de exclamação.

A gramática de todo dia

Um bom domínio da gramática permite falar e escrever com clareza e concisão e compreender todos os gêneros de leitura. Essa aptidão é inestimável quando se trata de solicitações de emprego, uma vez que os empregadores sempre mostram preferência por candidatos que escrevam corretamente do ponto de vista gramatical. Do mesmo modo, os candidatos que se expressam com clareza são mais bem-sucedidos nas entrevistas de emprego. O bom uso da gramática melhora também a escrita criativa, e até os escritores mais famosos – antigos e atuais – seguiram regras simples.

"My suffering left me sad and gloomy."

A frase de abertura de *Life of Pi (A vida de Pi)*, de Yann Martel, segue as regras porque começa com um substantivo, que é seguido de um verbo, e contém adjetivos que tornam o período memorável.

Classes gramaticais

AS PALAVRAS SÃO OS "TIJOLOS" DA LÍNGUA, MAS DEVEM SER DISPOSTAS EM UMA ORDEM QUE FAÇA SENTIDO.

Classe gramatical é a classificação das palavras segundo seu uso no discurso. Certas palavras inserem-se em mais de uma classe, que muda conforme a função delas no período a que pertencem.

VEJA TAMBÉM	
Substantivos	22-3 ⟩
Verbos	38-9 ⟩
Vozes e modos verbais	54-5 ⟩
Locuções	64-5 ⟩
Orações	66-7 ⟩
Períodos	68-9 ⟩

Classes de palavras

As principais classes gramaticais são substantivos, verbos, adjetivos, pronomes, advérbios, preposições e conjunções. As interjeições também são importantes e usadas frequentemente no discurso diário. Os substantivos, os pronomes e os verbos são os únicos elementos essenciais.

▽ **Papéis diferentes**
Cada classe de palavra desempenha função diferente. Algumas dependem de outras para ter sentido; algumas existem só para modificar as outras.

Substantivo
Palavra que denomina seres, lugares ou coisas.

EXEMPLOS
William, mouse, supermarket, ladder, desk, station, ball, boy

ball

Adjetivo
Palavra que qualifica um substantivo ou pronome.

EXEMPLOS
shiny, dangerous, new, bouncy, noisy, colourful, wooden

colourful ball

Verbo
Palavra que expressa uma ação ou modo de ser.

EXEMPLOS
run, be, kick, go, think, do, play, stumble, touch

kick the ball

Advérbio
Palavra que altera um verbo ou verbo frasal e adiciona informação a ele.

EXEMPLOS
quickly, soon, very, rather, too, almost, only, quietly

quickly kick the ball

Pronome
Palavra que substitui um substantivo.

EXEMPLOS
he, she, them, him, we, you, us, mine, yours, theirs

kick the ball to **him**

Preposição
Palavra que indica a relação entre dois seres ou coisas, por exemplo, em relação ao lugar em que estão.

EXEMPLOS
with, under, on, behind, into, over, across

kick the ball **behind** you

CLASSES GRAMATICAIS **21**

Combinando as palavras

Para que o discurso faça sentido, as palavras devem estar ligadas corretamente umas às outras para formar períodos. Imagine um time esportivo: cada jogador representa uma palavra. Um jogador sozinho pode não fazer muita coisa, mas, junto com outros e seguindo regras, ele pode conquistar muito. As regras do jogo são como a gramática: determinam tanto a direção quanto a finalidade.

When we are joined together, we make a great team.

Conjunção
Palavra usada para ligar vocábulos e orações.

EXEMPLOS
and, but, so, yet, or, neither, nor, because

bat **and** ball

Interjeição
Palavra que costuma aparecer só e expressa emoção.

EXEMPLOS
oh, hello, ah, ouch, phew, yuck, hurrah, help, er, um, oops

Ouch!

Artigo
Palavra usada com um substantivo para se referir a um ser ou coisa específicos ou em sentido geral.

EXEMPLOS
a, an, the

the ball

Determinante
Palavra usada diante de um substantivo para indicar algo específico ou algo de certo tipo. Os artigos também são determinantes.

EXEMPLOS
those, many, my, his, few, several, much

my ball

Resumo

artigo · substantivo · advérbio · verbo · determinante · adjetivo · substantivo · preposição · interjeição

The boy quickly kicked his bouncy ball past a defender, but in his haste he stumbled. Oops!

artigo · substantivo · conjunção · preposição · determinante · substantivo · pronome · verbo

Substantivos

OS SUBSTANTIVOS SÃO USADOS PARA DENOMINAR SERES VIVOS, LUGARES OU COISAS.

Todo período deve ter ao menos um substantivo ou pronome. Em inglês, a maioria dos substantivos pode ser tanto singular quanto plural.

VEJA TAMBÉM	
Plurais	24-5 ›
Artigos	30-1 ›
Determinantes	32-3 ›
Pronomes	34-5 ›
Verbos	38-9 ›
Concordância verbal	52-3 ›

Substantivos comuns

Os substantivos comuns são usados para denominar objetos do dia a dia, seres vivos, lugares e ideias. Não iniciam com letra maiúscula, a não ser que apareçam no início do período. Os substantivos referentes a objetos que podem ser vistos e tocados são chamados substantivos concretos.

book goat bread birds girl piece

Substantivos abstratos

Os substantivos abstratos são mais difíceis de definir. Ao contrário dos substantivos concretos, relativos a coisas materiais, os abstratos são o que não se vê nem se toca, como ideias, sentimentos, situações e tempo.

love happiness bravery trust afternoon health

The goat's afternoon was ruined down and snatched the piece of

- Com exceção de alguns substantivos abstratos, se a palavra **the** estiver **diante de uma palavra** e a combinação **fizer sentido**, essa palavra é um **substantivo**.
- Os substantivos podem ser reconhecidos pela **terminação**, entre as quais estão **-er, -or, -ist, -tion, -ment** e **-ism**: writ*er*, visit*or*, dent*ist*, competi*tion*, argu*ment*, critic*ism*.

GLOSSÁRIO

Abstract noun (substantivo abstrato) Aquele que denomina o que não se pode tocar, como um conceito ou uma sensação.

Collective noun (substantivo coletivo) Aquele que indica um grupo de indivíduos – seres vivos ou coisas.

Concrete noun (substantivo concreto) Aquele que denomina coisas comuns, como animais ou objetos.

Noun phrase (sintagma nominal) Várias palavras que, agrupadas, desempenham a mesma função de um substantivo.

Prepositional phrase (locução prepositiva) Preposição seguida de substantivo, pronome ou locução nominal que operam juntos como adjetivo (descrevendo um substantivo) ou advérbio (modificando um verbo) num período.

Proper noun (substantivo próprio) Aquele que denomina um ser, um lugar ou uma coisa e é sempre iniciado por letra maiúscula.

SUBSTANTIVOS 23

A palavra *time* é o **substantivo mais usado** em **inglês**.

Substantivos coletivos

Outro tipo de substantivo comum, os coletivos indicam um grupo de coisas ou pessoas. São em geral palavras singulares que representam numerosos seres. Diversos coletivos referem-se a substantivos concretos, e os coletivos usados para denominar grupos de animais são particularmente variados.

a **swarm** of bees
a **crowd** of people
a **flight** of stairs
a **bunch** of grapes
a **flock** of birds

🔍 Identifique as orações nominais

A oração nominal compõe-se de substantivo e outras palavras que o modifiquem. Essas palavras são em geral artigos como *the* ou *a*, determinantes como *my*, *this* ou *most*, adjetivos como *happy* ou *hungry*, ou locuções prepositivas como *in the field*. Os sintagmas nominais desempenham exatamente o mesmo papel que substantivos comuns em um período.

goat ← substantivo comum

The goat is named Billy.
↑ artigo
└ sintagma nominal

The **hungry** goat is named Billy.
↑ adjetivo
└ sintagma nominal

The **hungry** goat **in the field** is named Billy.
↑ locução prepositiva
└ sintagma nominal

when a **flock of birds** swooped bread from **Emily's** hand.

Substantivos próprios

Substantivo próprio refere-se ao nome de uma pessoa, lugar ou raça de animal ou a um período religioso ou histórico. Os substantivos próprios sempre começam com letra maiúscula, o que ajuda a distingui-los dos substantivos comuns – os mais usuais são nomes de pessoas ou lugares, mas também títulos, instituições, meses, dias da semana, eventos e festividades.

Tipos de substantivo próprio	Exemplos
Nome de pessoas	John, Sally Smith, Queen Elizabeth II
Títulos	Mr., Miss, Sir, Dr., Professor, Reverend
Lugares, edifícios e instituições	Africa, Asia, Canada, New York, Red Cross, Sydney Opera House, United Nations
Nomes religiosos	Bible, Koran, Christianity, Hinduism, Islam
Nomes históricos	World War I, Ming Dynasty, Roman Empire
Eventos e festividades	Olympic Games, New Year's Eve
Dias da semana, meses	Saturday, December

Plurais

O PLURAL DOS SUBSTANTIVOS É USADO QUANDO EXISTE MAIS DE UM DAQUILO QUE ELE DENOMINA.

VEJA TAMBÉM	
❮ 22-3 Substantivos	
Comparativos e superlativos	28-9 ❯
Concordância verbal	52-3 ❯
Prefixos e sufixos	142-3 ❯

A palavra *plural* refere-se à forma que o substantivo assume ao se mencionar mais de uma coisa. A maioria dos substantivos tem singular e plural diferentes.

Plural regular dos substantivos

O modo mais comum de pluralizar um substantivo é adicionar *s* ou *es* ao final da forma singular. A maioria dos substantivos plurais leva o -s no final, exceto os terminados em -s, -z, -x, -sh, -ch ou -ss, que têm o sufixo (terminação) -es.

One **dragon**
Two **dragons**

One **wish**
Two **wishes**

Siga as regras

Alguns substantivos ganham plurais diferentes para facilitar a pronúncia; na maioria dos casos, seguem-se regras simples. Se uma palavra termina em -y, por exemplo, e há uma vogal antes do -y final, forma-se o plural do modo comum: acrescenta-se *s*. Contudo, se uma consoante precede o -y final, o *y* deve ser alterado para *i* e seguido da terminação -es.

Se uma palavra, como **cactus**, veio do **latim**, costuma-se usar a forma **plural** do latim (nesse caso, *cacti*).

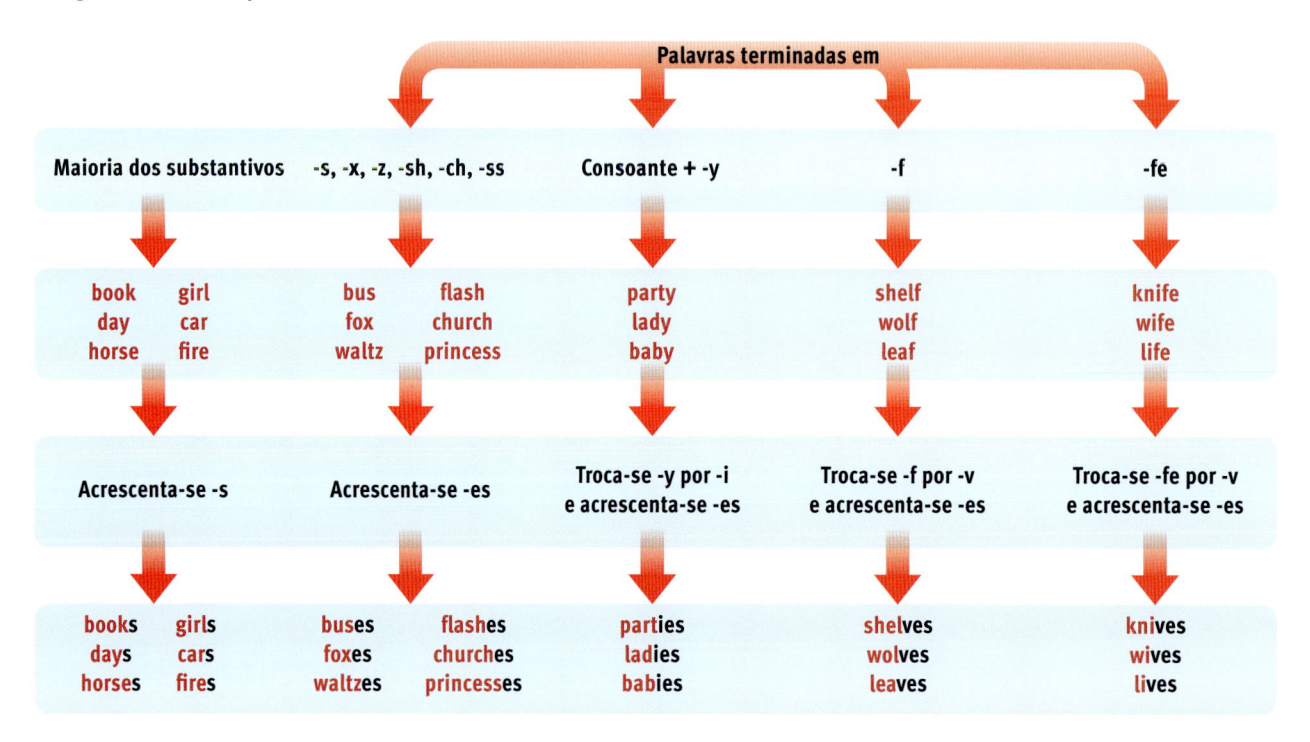

Palavras terminadas em

Maioria dos substantivos	-s, -x, -z, -sh, -ch, -ss	Consoante + -y	-f	-fe
book day horse girl car fire	bus fox waltz flash church princess	party lady baby	shelf wolf leaf	knife wife life
Acrescenta-se -s	Acrescenta-se -es	Troca-se -y por -i e acrescenta-se -es	Troca-se -f por -v e acrescenta-se -es	Troca-se -fe por -v e acrescenta-se -es
books days horses girls cars fires	buses foxes waltzes flashes churches princesses	parties ladies babies	shelves wolves leaves	knives wives lives

PLURAIS 25

Substantivos plurais irregulares

Certas palavras não seguem essas regras. Enquanto muitos substantivos que terminam em -o formam o plural com *s*, outros são compostos com a terminação -*es*. Alguns substantivos mudam totalmente de grafia quando plurais, e outros nem mudam. As palavras vindas do latim e do grego têm plural irregular. É preciso aprender as exceções.

• Se o plural de um **substantivo** é usado num período, o **verbo** que o segue deve também estar no **plural**.

• Não confunda **plural** com o **possessivo**. Por exemplo, "There are **two Jasons** [plural] in my class, and this is **Jason's car** [possessivo]."

Singular mantido

Substantivos coletivos como *flock* ou *crowd* têm plural, mas em geral aparecem no singular. Alguns substantivos não têm plural algum, ainda que representem múltiplos. *Furniture*, por exemplo, é palavra singular, mas pode referir-se a uma mesa, uma cadeira, um sofá e um armário.

Singular	Plural
belief	beliefs
chief	chiefs
cliff	cliffs
roof	roofs

À exceção do que diz a regra, a estas palavras acrescenta-se apenas -s no final.

Singular	Plural
quiz	quizzes

Palavras terminadas em -z em geral adotam -es no plural.

Singular	Plural
echo	echoes
hero	heroes
potato	potatoes
tomato	tomatoes

Palavras terminadas em -o em geral formam o plural com -es.

Singular	Plural
analysis	analyses
appendix	appendices
crisis	crises

Palavras de origem latina e grega em geral têm plural irregular.

Singular	Plural
child	children
woman	women
person	people
man	men
foot	feet
tooth	teeth
goose	geese
mouse	mice
ox	oxen

Certas palavras mudam totalmente de grafia no plural.

Singular	Plural
sheep	sheep
deer	deer
moose	moose
series	series
scissors	scissors

Certas palavras não mudam no plural.

Singular	Plural
hoof	hooves or hoofs
dwarf	dwarves or dwarfs
mango	mangoes or mangos
buffalo	buffaloes or buffalo
index	indexes or indices
focus	focuses or foci

Alguns substantivos têm dois plurais.

furniture
education
information
homework
livestock
evidence
weather
knowledge

GLOSSÁRIO

Collective noun (substantivo coletivo) Aquele que indica um grupo de indivíduos – seres vivos ou coisas.

Plural noun (substantivo plural) Indica mais de um ser ou coisa.

Suffix (sufixo) Terminação composta de uma ou mais letras acrescentadas à palavra para mudar sua forma – por exemplo, do singular para o plural.

Adjetivos

ADJETIVOS SÃO PALAVRAS OU GRUPOS DE PALAVRAS QUE MODIFICAM OU QUALIFICAM SUBSTANTIVOS OU PRONOMES.

Por si só, um substantivo não dá muita informação. Ao comprar uma camisa, por exemplo, é preciso especificar o que se quer usando palavras descritivas como *thin* ou *silky* – esses termos são adjetivos.

VEJA TAMBÉM	
❮ 22-3 Substantivos	
Comparativos e superlativos	28-9 ❯
Artigos	30-1 ❯
Pronomes	34-5 ❯
Verbos	38-9 ❯
Advérbios	40-1 ❯
Vírgula	96-9 ❯
Escrever para descrever	208-9 ❯

- Se você não sabe se uma palavra é um adjetivo ou pertence a outra classe, veja se ela responde a perguntas como: **De que tipo? Qual? Quanto? Quantos?**
- Os adjetivos devem ser usados **com moderação**. Muitos adjetivos em um mesmo período podem tornar a leitura confusa.

Palavras descritivas

A maioria dos adjetivos indica atributos (características) de substantivos ou pronomes. Eles respondem à pergunta *como é?*, e são usados para comparar um ser ou uma coisa a outros. Em geral os adjetivos precedem o substantivo – localização chamada de *attributive position* (posição atributiva).

the weary painter

adjetivo em posição atributiva ⟶ ⟵ substantivo

The weary painter took off his and ate a day-old Chinese

GLOSSÁRIO

Attributive position (posição atributiva) Quando o adjetivo é posto imediatamente antes do substantivo ou pronome que ele está modificando.

Clause (oração) Grupo de palavras que contém sujeito e verbo.

Linking verb (verbo de ligação) Verbo que une o sujeito de um período à palavra ou expressão (em geral, um adjetivo) que o descreve.

Predicate position (posição predicativa) Posição do adjetivo após o verbo de ligação, no final do período.

Proper noun (substantivo próprio) Aquele que denomina um ser, um lugar ou uma coisa e é sempre iniciado por letra maiúscula.

Adjetivos compostos

Os adjetivos compostos são formados por mais de uma palavra. Quando se usam duas palavras ou mais como adjetivo antes de um substantivo, elas são em geral hifenizadas, indicando que as duas atuam como um só adjetivo.

Esse adjetivo composto significa "not fresh today".

day-old meal

Adjetivos "próprios"

Alguns substantivos podem ser modificados e usados antes de outro substantivo como adjetivo, entre eles os substantivos próprios, como um nome de lugar. Os adjetivos formados assim começam por letra maiúscula e em geral terminam em -an, -ian e -ish.

Chinese

Australian English

Roman

ADJETIVOS 27

Identifique adjetivos

Advérbios como *very* ou *extremely* podem ser usados para intensificar o estado de um sujeito. Às vezes esses advérbios são confundidos com adjetivos. Um modo simples de verificar se se trata de adjetivo ou advérbio é dividir o período, fazendo cada palavra descritiva acompanhar o substantivo para ver se a expressão resultante faz sentido.

A **hungry**, **decidedly** **weary** painter

A **hungry** painter ✓ — Este é um adjetivo, porque a expressão faz sentido.

A **decidedly** painter ✗ — Este não é um adjetivo, porque a expressão não faz sentido. Trata-se de um advérbio.

A **weary** painter ✓ — Este também é um adjetivo, porque a expressão faz sentido.

Adjetivos em série

Se uma palavra não é suficiente para qualificar algo, use vários adjetivos. Cada um deles deve ser separado do seguinte por vírgula. Se existe uma série de adjetivos no final de uma oração, o último adjetivo deve ser precedido por *and*.

blue, green — Coloque vírgula entre os adjetivos da série.

white overalls — O último adjetivo deve ser precedido da palavra *and*.

• Evite usar juntos dois adjetivos que significam a mesma coisa – por exemplo, "the hungry, starving, ravenous tennis player". Essa **repetição desnecessária** da mesma ideia com o uso de palavras diferentes chama-se **tautologia** ou **redundância**.

blue, green and white overalls meal because he felt ravenous.

Adjetivos predicativos

Muitos adjetivos também podem ser postos no final de um período, em seguida ao verbo, na chamada posição predicativa. O verbo usado desse modo chama-se verbo de ligação, por ligar o sujeito à palavra descritiva. Entre os verbos de ligação mais comuns estão *seem*, *look*, *feel*, *become*, *stay* e *turn*.

he felt ravenous — verbo de ligação / adjetivo em posição predicativa

Sufixos dos adjetivos

Muitos adjetivos são reconhecidos pela terminação, o que pode ajudar a distingui-los dos advérbios e dos verbos.

Sufixo	Exemplos
-able/-ible	comfort**able**, remark**able**, horr**ible**, ed**ible**
-al	fiction**al**, education**al**, logic**al**, nation**al**
-ful	bash**ful**, peace**ful**, help**ful**, beauti**ful**
-ic	energet**ic**, man**ic**, dramat**ic**, fantast**ic**
-ive	attract**ive**, sensit**ive**, impuls**ive**, persuas**ive**
-less	home**less**, care**less**, end**less**, use**less**
-ous	raven**ous**, mischiev**ous**, fam**ous**, nerv**ous**

Comparativos e superlativos

OS ADJETIVOS PODEM SER USADOS PARA COMPARAR SUBSTANTIVOS OU PRONOMES.

VEJA TAMBÉM	
‹ 22-3 Substantivos	
‹ 26-7 Adjetivos	
Preposições	60-1 ›
Sílabas	134-5 ›

Comparativos e superlativos são adjetivos especiais usados para comparar duas ou mais coisas. A maioria dos comparativos é formada com o sufixo -er, e a maioria dos superlativos, com o sufixo -est.

- **Nunca use** comparativos duplos nem superlativos duplos – "more prettier" e "most prettiest" são errados.
- Nem todo adjetivo tem uma forma comparativa ou superlativa. *Unique, square, round, excellent* e *perfect* são palavras que não podem ser graduadas.

Comparativos

O adjetivo comparativo é usado para comparar dois seres ou coisas. É formado pelo acréscimo da terminação -er a todos os adjetivos de uma sílaba e a alguns de duas sílabas. Quando se comparam dois substantivos num período, eles em geral são ligados pela preposição *than*.

The Ferris wheel is bigger than the carousel.

Usa-se esta palavra para ligar dois substantivos que são comparados: a roda-gigante e o carrossel.

The Ferris wheel is bigger than the the biggest ride of all. The ghost

Superlativos

Usam-se adjetivos superlativos para comparar mais de dois seres ou coisas. São formados pelo acréscimo do sufixo -est aos adjetivos de uma sílaba, pondo-se a palavra *the* à frente deles: "the biggest ride".

big
bigger
biggest

small
smaller
smallest

thin
thinner
thinnest

MUNDO REAL
O maior e o melhor

É comum usar superlativos na publicidade para vender diversos tipos de produto, sejam livros, viagens ou atrações de circo. Palavras como *greatest*, *best* e *cheapest* ajudam o vendedor a exagerar a qualidade ou o valor do produto, tornando-o mais atraente para os prováveis compradores. Entretanto, os superlativos devem ser usados com cautela em textos formais.

COMPARATIVOS E SUPERLATIVOS   29

🔍 Identifique a grafia irregular dos adjetivos

Alguns adjetivos não seguem as regras ao formar seus comparativos e superlativos. Se um adjetivo já termina em -e (*rude*), só é necessário acrescentar -r a fim de torná-lo um comparativo (*ruder*), e -st, para transformá-lo em superlativo (*rudest*). Palavras que terminam em -y ou vogal mais uma consoante precisam mudar de terminação.

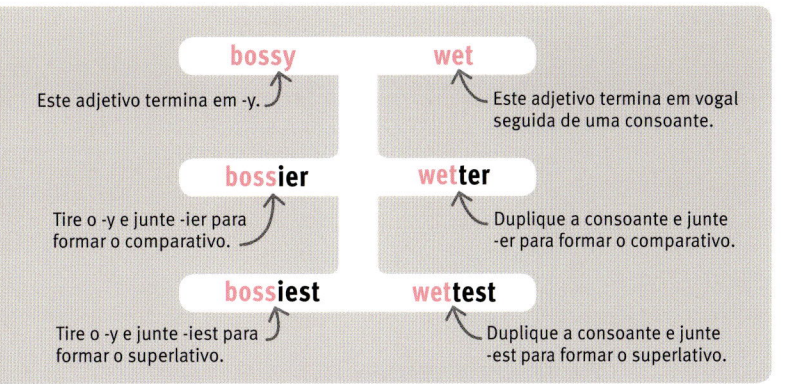

bossy — Este adjetivo termina em -y.
wet — Este adjetivo termina em vogal seguida de uma consoante.

bossier — Tire o -y e junte -ier para formar o comparativo.
wetter — Duplique a consoante e junte -er para formar o comparativo.

bossiest — Tire o -y e junte -iest para formar o superlativo.
wettest — Duplique a consoante e junte -est para formar o superlativo.

Exceções

Certos adjetivos de duas sílabas, como *lovely*, podem assumir a forma de comparativo ou superlativo (veja "Adjetivos estranhos"). Outros adjetivos mudam totalmente quando usados para comparações. Esses comparativos e superlativos precisam ser memorizados.

Adjetivo	Comparativo	Superlativo
good	better	best
bad	worse	worst
much	more	most
many	more	most
little	less	least
quiet	quieter / more quiet	quietest / most quiet
simple	simpler / more simple	simplest / most simple
clever	cleverer / more clever	cleverest / most clever
lovely	lovelier / more lovely	loveliest / most lovely

carousel, but the roller coaster is train is the **most frightening**.

Adjetivos estranhos

Se ao acrescentar a terminação -er ou -est o adjetivo soar estranho, o comparativo e o superlativo serão formados com as palavras *more* ou *most* antes do adjetivo. Isso vale para a maioria dos adjetivos de duas sílabas e todos os adjetivos com três ou mais sílabas.

The ghost train is the **most** frightening.

Como é difícil dizer o superlativo *frighteningest* – porque *frightening* tem três sílabas –, forma-se o superlativo com a palavra *most*.

Artigos

EXISTEM DOIS TIPOS DE ARTIGO: DEFINIDO E INDEFINIDO.

Os artigos são um tipo de adjetivo e de determinante. São sempre empregados com um substantivo. Do mesmo modo, muitas formas singulares de substantivos devem ser usadas com um artigo.

VEJA TAMBÉM	
‹ 22-2 Substantivos	
‹ 24-5 Plurais	
‹ 26-7 Adjetivos	
Determinantes	32-3 ›

Artigo definido
O artigo definido é *the*, que sempre precede o substantivo e refere-se a um ser ou coisa específicos. Esse ser ou coisa pode ter sido mencionado antes ou existe apenas um como referência. Por outro lado, o contexto pode deixar claro de que substantivo se trata.

the rhinoceros
Como há apenas um rinoceronte no ônibus, usa-se o artigo definido.

Em **muitas línguas**, entre elas o português, o francês e o espanhol, **o artigo** diz ao leitor se a palavra é **feminina**, **masculina** ou **neutra**. Em **inglês**, bem **poucas palavras** têm um **gênero**.

The rhinoceros and his best a bus to visit the struggling

O artigo indefinido
Usa-se o artigo indefinido *a* ou *an* em referência a qualquer ser ou coisa. As palavras iniciadas por consoantes (*bus*) usam *a*, e as iniciadas por vogais (*a, e, i, o* ou *u*) ou *h* mudo, como *hour*, levam *an* para facilitar a pronúncia. O artigo indefinido também indica que um ser ou uma coisa pertencem a um grupo particular. Por exemplo, "The animal is a giraffe" explica que esse animal específico é um de muitos membros de um grupo de animais chamados girafa.

O artigo indefinido indica que este pode ser um de diversos ônibus, enquanto o artigo definido *the* serve para se referir a um ônibus específico.

a bus

A forma *an* é usada antes de vogais para facilitar a pronúncia.

an elephant

Artigos e adjetivos
Se um ou mais adjetivos antecedem um substantivo, o artigo vem antes do adjetivo. A frase resultante (artigo + adjetivo + substantivo) chama-se locução substantiva. Se o artigo indefinido é usado antes de um adjetivo iniciado por vogal, emprega-se a forma *an*.

O artigo precede o adjetivo *struggling*, que antecede o substantivo *ostrich*.

the struggling ostrich

Como o adjetivo *anxious* começa com vogal, usa-se *an* como artigo.

an anxious rhinoceros

ARTIGOS **31**

🔍 Saiba quando usar um artigo

Se um substantivo singular pode ser contado, ele exige um artigo – definido ou indefinido. Por exemplo, não faz sentido dizer "I saw elephant today". Alguns substantivos, como *happiness*, *information* e *bread*, não têm plural e, portanto, são incontáveis. Esses substantivos podem ser usados sem um artigo (zero article) ou com o artigo definido, mas nunca levam o artigo indefinido.

elephant (elefante)

Como este substantivo pode ser contado, usa-se artigo definido ou indefinido.

one elephant
two elephants

the elephant

an elephant

bread (pão)

Este substantivo não pode ser contado.

one bread
two breads

O artigo definido pode ser usado para um tipo específico de pão.

the bread

Não se usa artigo em referência a pães em geral.

bread

friend, **an** elephant, took ostrich at flying school.

Ausência de artigo

Certas palavras, como *school*, *life* e *home*, levam artigo definido quando se refere a uma delas em particular, e artigo indefinido quando se fala de uma entre várias. Quando essas palavras são usadas para descrever um conceito genérico, como estar na escola (*at school*), o artigo é omitido em inglês. A ausência do artigo chama-se *zero article*.

at flying school

Aqui, como *school* é citada como conceito – local onde se aprende algo –, não se usa artigo nenhum *(zero article)*.

at the flying school next to the zoo

Como aqui se fala de uma escola específica – aquela que fica perto do zoológico –, o artigo definido *the* é necessário.

• Muitas **regiões geográficas** e seus elementos, como **rios**, **desertos** e **oceanos**, levam **artigo definido**: por exemplo, *the North Pole*, *the Pacific Ocean* ou *the Rocky Mountains*.

• Se há um **artigo** no início do **título** de uma obra, como *The Secret Garden*, o artigo deve começar com **letra maiúscula**.

• **Coisas únicas**, como **the sun**, sempre levam o artigo *the*.

• Atenção com palavras que começam com **vogal** que **soa como consoante**, como *university*. Elas são precedidas do artigo indefinido *a*, em vez de *an*.

Determinantes

OS DETERMINANTES SEMPRE ANTECEDEM UM SUBSTANTIVO E AJUDAM A DEFINI-LO.

Os artigos são determinantes, e outros determinantes funcionam do mesmo modo: vêm antes de substantivos para indicar se a referência é a algo específico ou de um tipo particular.

VEJA TAMBÉM	
‹ 20-1 Classes gramaticais	
‹ 22-3 Substantivos	
‹ 26-7 Adjetivos	
‹ 30-1 Artigos	
Pronomes	34-5 ›
Concordância verbal	52-3 ›

Determinantes e adjetivos

Em geral, os determinantes são considerados uma subclasse dos adjetivos e, como tais, antecedem os substantivos e os modificam. Ao contrário dos adjetivos, raramente existe mais de um determinante para cada substantivo, e os determinantes não podem ser comparados nem graduados. Entre eles estão palavras como *several*, *those*, *many*, *my* e *your*, bem como artigos (*the*, *a* e *an*) e numerais.

O determinante sempre precede os adjetivos, que, por sua vez, antecedem o substantivo.

several furious members
— adjetivo
— substantivo plural

- **Muitos períodos não têm sentido sem determinantes**. Os adjetivos, por outro lado, são opcionais. Eles realçam os substantivos, mas não os unem.
- A maioria das **locuções substantivas** usa apenas **um determinante**, mas há exceções, por exemplo, "all the bats" e "both my cats".

Several furious members of the broomsticks. "That witch has nine

— artigo definido

GLOSSÁRIO

Cardinal number (numeral cardinal) Um número contável, como *one*, *two* ou *twenty-one*.

Linking verb (verbo de ligação) Verbo que une o sujeito de um período à palavra ou expressão (em geral, um adjetivo) que o descreve.

Ordinal number (numeral ordinal) A forma de um numeral que indica posição, ordem, como *first*, *second*, *tenth* e *twenty-first*.

Determinantes demonstrativos

Os determinantes demonstrativos dão a ideia de distância entre o falante e a pessoa ou coisa a que ele se refere. *This* (singular) e *these* (plural) são usados em referência a seres ou coisas próximas. *That* (singular) e *those* (plural) são usados para indicar seres ou coisas mais distantes.

Aqui se indica uma bruxa que não está na reunião. → **that witch**

Como as bruxas estão falando de um barulho que elas conseguem ouvir – o guincho dos morcegos –, usa-se *this*. → **this noise**

DETERMINANTES **33**

Identifique os determinantes

Às vezes os determinantes parecem adjetivos. Um jeito de saber se a palavra que precede um substantivo é determinante ou adjetivo é pôr a palavra no final do período, depois de um verbo de ligação como *be*. Se o período fizer sentido, tal palavra é um adjetivo; se não fizer sentido, trata-se de um determinante.

Several furious members

Este é adjetivo, porque o período faz sentido.

The members **are furious**. ✓

verbo de ligação

Este é um determinante, porque o período não faz sentido.

The members **are several**. ✗

• Certas palavras, como *each* e *all*, são usadas como **determinantes e pronomes**. Lembre-se da regra de que o **determinante é sempre seguido de substantivo**, ao passo que um **pronome substitui o substantivo**.

Determinantes possessivos

Os determinantes *my*, *your*, *his*, *her*, *its*, *our* e *their* são usados antes de substantivos para indicar posse. Não devem ser confundidos com pronomes possessivos – por exemplo, *mine*, *yours*, *ours* e *theirs* –, os quais substituem o substantivo, em vez de antecedê-lo.

their **broomsticks**

As *broomsticks* (vassouras, substantivo plural) pertencem às bruxas.

artigo indefinido

coven held **a** meeting on **their** shrieking bats!" they grumbled.

Numerais e quantificadores

Numerais cardinais e ordinais e outras palavras que denotam quantidade são consideradas determinantes quando vêm antes de substantivos. Entre elas estão *much*, *most*, *little*, *least*, *any*, *enough*, *half* e *whole*. Cuidado com determinantes como *much* (singular) e *many* (plural), que só podem modificar substantivos singulares e plurais.

nine **shrieking bats**

O numeral cardinal *nine* serve como determinante ao ser usado antes de uma locução substantiva (*shrieking bats*).

much **noise**

Este determinante só pode ser usado com um substantivo incontável (singular).

many **bats**

Este determinante só pode ser usado com um substantivo plural.

Determinantes interrogativos

Os determinantes interrogativos, entre os quais figuram *which* e *what*, são usados antes de um substantivo para introduzir uma pergunta.

Which **witch?**

What **noise?**

Pronomes

O PRONOME, QUE SIGNIFICA "EM LUGAR DO SUBSTANTIVO", TEM EXATAMENTE ESTA FUNÇÃO: SUBSTITUIR UM SUBSTANTIVO.

Sem pronomes, o inglês falado e escrito seria muito repetitivo. Quando um substantivo já foi citado, outra palavra (um pronome) pode ser usada em vez dele.

VEJA TAMBÉM	
‹ 22-3 Substantivos	
‹ 30-1 Artigos	
‹ 32-3 Determinantes	
Número e gênero	36-7 ›
Preposições	60-1 ›
Palavras de uso incorreto	78-9 ›
Orações relativas	82-3 ›

O uso dos pronomes
Se o mesmo substantivo fosse usado sempre que mencionado, os períodos seriam longos e confusos. Os pronomes são úteis por reduzir os períodos e torná-los mais claros. Mas o substantivo continua imprescindível quando se cita um ser ou uma coisa pela primeira vez.

substantivo → **Rita** loves playing the **guitar**. ← substantivo
She finds **it** relaxing.

Este pronome pessoal representa *Rita*, o sujeito da frase.
Este pronome pessoal representa *playing the guitar*, o objeto.

Tipos de pronome
Existem sete tipos de pronome, usados com fins diferentes. Não os confunda com determinantes e adjetivos, que modificam os substantivos mas não os substituem.

• *I* é o único pronome escrito sempre com letra **maiúscula**.

Pronomes pessoais
Eles **representam seres, lugares ou coisas**. Variam de acordo com o uso do substantivo substituído, se ele é sujeito de um período (o que executa a ação) ou o objeto (aquele que recebe a ação).

I, you, he, she, it, we, you, they (subject)
me, you, him, her, it, us, you, them (object)

Este pronome representa o sujeito singular.
She gave **them** a guitar lesson.
Este pronome representa o objeto plural.

Pronomes possessivos
Eles **indicam posse e substituem locuções substantivas possessivas**. Não os confunda com os determinantes possessivos, como *my* e *your*, que antecedem mas não substituem o substantivo.

mine, yours, his, hers, its, ours, yours, theirs

The guitar is **hers**.
Este pronome substitui a locução substantiva *Rita's guitar*.

Pronomes relativos
Eles **ligam uma parte de um período à outra** ao introduzir uma oração relativa que se refere a um substantivo ou pronome anterior.

who, whom, whose, which, that, what

Rita is the person **who** plays the guitar.
Este pronome refere-se a *person*, que remete ao sujeito, *Rita*.

Pronomes reflexivos
Eles **remetem a um substantivo ou pronome anterior** no período, de modo que aquele que executa e recebe a ação é o mesmo ser ou coisa. Não podem ser usados sem o substantivo ou o pronome a que se relacionam.

myself, yourself, himself, herself, ourselves, themselves

She taught **herself**.
Este pronome remete ao pronome anterior *she*.

PRONOMES 35

Pronomes demonstrativos
Eles atuam como **sujeitos e objetos** num período, substituindo substantivos. Não os confunda com determinantes demonstrativos, que apenas precedem o substantivo.

this, that, these, those

Este pronome atua como sujeito do período. → **This is my instrument.**

Pronomes interrogativos
Eles são usados para **fazer perguntas** e representam um sujeito ou um objeto desconhecido.

who, whom, what, which, whose

Este pronome representa o sujeito, um músico desconhecido. → **Who is playing?**

Pronomes indefinidos
Eles **não se referem a seres ou coisas particulares**, mas tomam o lugar de substantivos num período.

somebody, someone, something, anybody, anyone, anything, nobody, no one, nothing, all, another, both, each, many, most, other, some, few, none, such

I haven't seen anyone. — Este pronome representa uma pessoa desconhecida, o objeto do período.

- Por regra, **um pronome não pode ser modificado** por um **adjetivo** ou **advérbio** como ocorre com substantivos: por exemplo, "the sad I" não faz sentido. Entre as exceções estão "**what else**" e "**somebody nice**".
- *Somebody* e *someone* **significam a mesma coisa**, assim como *anybody* e *anyone*, *everybody* e *everyone* e *nobody* e *no one*.

Falando de si mesmo
Muita gente opta equivocadamente pela forma reflexiva *myself* por não saber usar muito bem *I* ou *me*. Os pronomes reflexivos só devem ser usados para remeter a um substantivo ou pronome específico já mencionado no período. Esse substantivo ou pronome é em geral (mas nem sempre) o sujeito.

I imagined myself on the stage. — Este pronome reflexivo remete corretamente ao sujeito, *I*.

Rita performed for Ben and myself. — Este pronome reflexivo, incorretamente usado, não se refere a alguém citado – não existe *I* no período.

Identifique quando usar *I* ou *me*
É comum as pessoas se enganarem no uso dos pronomes pessoais *I* ou *me*. Para saber qual usar, divida o período em dois períodos curtos. Então, deve ficar claro qual é o correto. Lembre-se de pôr os outros em primeiro lugar no período.

Como a frase não faz sentido, *me* está errado.
- **Me** and Ben enjoyed the concert. ✗
- **Me** enjoyed the concert. ✗

Como a frase faz sentido, *I* é o pronome correto.
- Ben enjoyed the concert. ✓
- **I** enjoyed the concert. ✓

Sempre cite os outros primeiro.
- Ben and **I** enjoyed the concert. ✓

Se o pronome vem após uma preposição, o pronome pessoal oblíquo (de objeto) *me* deve ser usado.

Como esta é uma preposição, o pronome pessoal de sujeito *I* está errado.
- It was a late night **for** Ben and **I**. ✗
- It was a late night **for** Ben and **me**. ✓

O pronome oblíquo *me* agora segue corretamente a preposição *for*.

GRAMÁTICA

Número e gênero

PRONOMES E DETERMINANTES DEVEM CONCORDAR COM OS SUBSTANTIVOS A QUE SE REFEREM.

Em inglês, não existem pronomes pessoais nem determinantes possessivos que se refiram a uma pessoa sem identificar se ela é homem ou mulher. Isso quase sempre resulta em combinações erradas de substantivo singular e pronomes ou determinantes plurais.

VEJA TAMBÉM	
‹ 24-5 Plurais	
‹ 32-3 Determinantes	
‹ 34-5 Pronomes	
Verbos	38-9 ›
Concordância verbal	52-3 ›

• Se o texto está esquisito por causa da repetição de **his** ou **her**, tente usar certos substantivos no **plural** para **variar mais**.

Acertar o número

Os pronomes devem concordar em número (singular ou plural) com os substantivos que eles representam. Os substantivos ou pronomes plurais devem ser seguidos de pronomes ou determinantes plurais, e os substantivos ou pronomes singulares devem ser acompanhados de pronomes ou determinantes singulares.

Pronome	Determinante
I	my
you	your
he	his
she	her
it	its
we	our
you	your
they	their

GLOSSÁRIO

Indefinite pronoun (pronome indefinido) Pronome que não se refere a ninguém ou nada específico, como *everyone*.

Number (número) Indica se o substantivo ou o pronome é singular ou plural.

Personal pronoun (pronome pessoal) Que toma o lugar de um substantivo e representa seres, locais e coisas.

Possessive determiner (determinante possessivo) Palavra usada antes de um substantivo para indicar posse.

They were preparing for **their**
told **his** students that **everyone**

• Ao usar a palavra **each**, pense em "**each one**", pois facilita para lembrar que **each** é sempre seguido de **pronome** ou **determinante singular**.

• Algumas palavras, como **each** e **all**, são usadas como **determinante** e como **pronome**. Lembre-se de que os determinantes são sempre usados antes dos substantivos, ao passo que o pronome substitui o substantivo.

Pronomes indefinidos

Pronomes indefinidos, como *everyone* e *anything*, costumam causar problema. Embora se refiram a mais de uma pessoa ou coisa, esses pronomes são, na verdade, singulares. Um modo de saber se um pronome é singular ou plural é inserir o tempo verbal *are* logo depois dele. Se a combinação resultante soar estranha, esse pronome é singular.

Singular	Plural
everyone is	both are
somebody is	all are
something is	many are
each is	most are
nothing is	others are
another is	few are

NÚMERO E GÊNERO **37**

Quem é quem

Se há mais de uma pessoa ou coisa em um período, deve ficar claro qual pronome se refere a que pessoa ou coisa. Se não está claro, o período precisa ser reescrito. Outra saída é repetir o nome da pessoa ou coisa certa para deixar claro quem está fazendo o quê.

Neste caso, como se trata da primeira escalada de Anna, não de Emily, repete-se *Anna* para esclarecer.

Emily wanted **Anna** to come, although it was **her** first climb. ✗

Não está claro se é a primeira escalada de Emily ou de Anna.

Although it was **her** first climb, **Emily** wanted **Anna** to come. ✓

Este período foi invertido para que o pronome ficasse perto da pessoa a que diz respeito – foi a primeira escalada de Emily, não de Anna.

Emily wanted **Anna** to come, although it was **Anna's** first climb. ✓

Uso errado de *their*

A forma plural *they* não tem gênero, e costuma-se usar essa fórmula ao falar ou escrever para evitar a distinção entre o sexo masculino e o feminino. Em muitos casos, o resultado é um substantivo ou pronome singular posto ao lado de um determinante plural. Para evitar esse problema, use *his or her* em vez de *their* para indicar o singular ou, para tornar plural o substantivo, use *their*.

Everyone had to bring **his** or **her** own rope.

Como o pronome indefinido *everyone* é singular, usam-se os determinantes *his* e *her* para indicar um grupo composto por homens e mulheres.

The students had to bring **their** own ropes.

O período foi reformulado para incluir um sujeito plural (*students*), de modo que se possa usar o determinante *their*. O objeto (*ropes*) também fica no plural.

climbing expedition. The instructor had to bring **his** or **her** own rope.

Masculino ou feminino?

Às vezes é difícil saber quando usar *he*, *she* ou *they* em referência a homens e mulheres. Os escritores antigos adotavam os pronomes e determinantes masculinos *he*, *his*, *him* e *himself* para indicar ambos os sexos, o que hoje se considera antiquado. Também se deve evitar presunções sobre papéis masculinos e femininos.

The instructor told **his** students to bring ropes.

Como este período refere-se a um instrutor particular, que é sabidamente homem, o determinante *his* está correto.

An instructor must carry spare ropes for **his** or **her** students.

Como este período refere-se a um instrutor desconhecido, que pode ser homem ou mulher, usam-se os determinantes *his* e *her*.

Instructors must carry spare ropes for **their** students.

Às vezes, para dar clareza, é melhor usar tanto o substantivo quanto o determinante no plural.

Verbos

OS VERBOS SÃO, NA MAIORIA, PALAVRAS QUE INDICAM AÇÃO.

O verbo é a palavra mais importante do período, o qual, sem ele, não faria sentido. Os verbos indicam o que um ser ou uma coisa faz ou é.

VEJA TAMBÉM	
‹ 22-3 Substantivos	
‹ 26-7 Adjetivos	
‹ 34-5 Pronomes	
Advérbios	40-1 ›
Tempos simples	42-3 ›
Tempos perfeitos e contínuos	44-5 ›
Verbos irregulares	50-1 ›

Verbos, sujeitos e objetos

Todos os períodos exigem tanto um verbo quanto um sujeito. O sujeito (um substantivo ou um pronome) é o ser ou a coisa que realiza a ação (um verbo). Muitos períodos têm um objeto. O objeto direto (também um substantivo ou pronome) é o ser ou a coisa que recebe a ação.

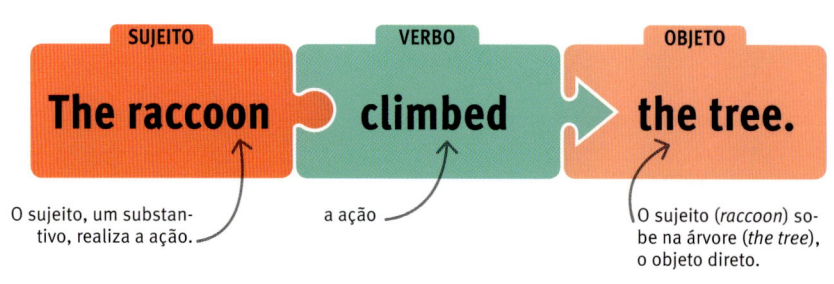

SUJEITO The raccoon — O sujeito, um substantivo, realiza a ação.
VERBO climbed — a ação
OBJETO the tree. — O sujeito (*raccoon*) sobe na árvore (*the tree*), o objeto direto.

▷ **Objeto indireto**
O objeto indireto é o ser ou a coisa afetados indiretamente pela ação do sujeito, representada pelo verbo. Vem sempre antes do objeto direto e normalmente após o verbo. Os objetos indiretos não existem sem um objeto direto.

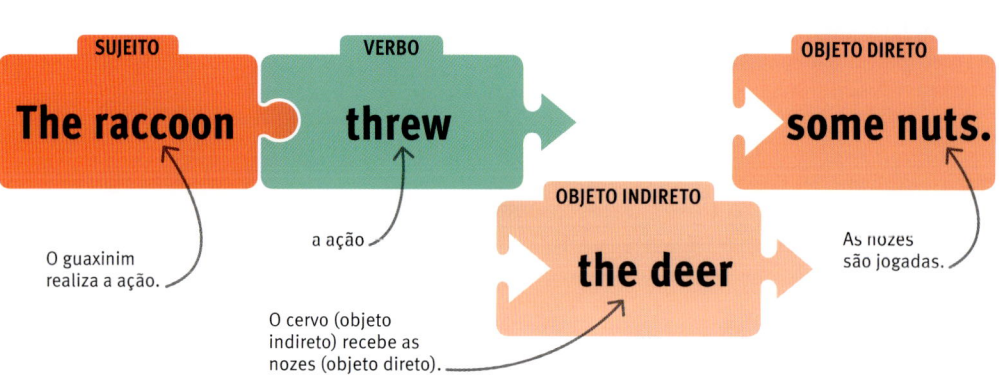

SUJEITO The raccoon — O guaxinim realiza a ação.
VERBO threw — a ação
OBJETO INDIRETO the deer — O cervo (objeto indireto) recebe as nozes (objeto direto).
OBJETO DIRETO some nuts. — As nozes são jogadas.

Verbos transitivos

Os verbos de ação podem ser divididos em dois tipos: transitivos e intransitivos. O verbo transitivo sempre tem um objeto – ele leva a ação do sujeito para o objeto direto. Se você fizer uma pergunta com *who?* ou *what?* usando o verbo, então ele é transitivo.

O objeto responde à pergunta "What did the fire destroy?"

A fire destroyed the forest.

| SUJEITO | VERBO TRANSITIVO | OBJETO |

Verbos intransitivos

Os verbos intransitivos não precisam de objeto – fazem sentido sozinhos. Entre os verbos intransitivos comuns estão *arrive*, *sleep* e *die*. Certos verbos, como *escape*, podem ser tanto transitivos quanto intransitivos.

Aqui, *escaped* é usado como verbo intransitivo – faz sentido sem um objeto.

The animals escaped.

| SUJEITO | V. INTRANSITIVO |

VERBOS **39**

Verbos de ligação

Os verbos de ligação unem o sujeito do período à palavra ou locução que o qualifica. Tais verbos fazem a relação ou com os sentidos (*feel*, *taste*, *smell*, *look*) ou com um modo de ser (*be*, *become*, *appear*, *remain*). O verbo de ligação mais comum é o *be*.

sujeito — O verbo de ligação aqui é o passado do verbo *be*. — Este adjetivo indica o estado de espírito dos coelhos (*rabbits*).

The rabbits were frightened.

🔍 Identifique o verbo de ligação

A maneira mais simples de identificar um verbo de ligação é pôr no lugar do verbo uma forma flexionada do verbo *be*. Se o período resultante fizer sentido, trata-se de um verbo de ligação. Do contrário, trata-se de um verbo de ação.

The chipmunk **looked** hungry.
Aqui, *looked* é verbo de ligação.

The chipmunk **looked** for berries.
Aqui, *looked* é um verbo de ação.

troque por **is**

✓ The chipmunk **is** hungry.

✗ The chipmunk **is** for berries.

O infinitivo

O infinitivo é a forma mais simples do verbo – aquela que aparece nos dicionários. Pode ser usado como é, mas quase sempre vem precedido de *to*. Ao contrário de outras formas verbais, os infinitivos nunca mudam. São também empregados como substantivo, adjetivo ou advérbio em textos.

The chipmunk **needed** to eat.

sujeito — Esse infinitivo tem a função que um substantivo (como *food*) teria, porque é o objeto do período.

He **found** a grasshopper **to eat**.

sujeito — O infinitivo atua como adjetivo, porque modifica o objeto do período, acrescenta a informação de que o gafanhoto (*grasshopper*) é comestível.

Uma exceção conhecida da regra **sujeito-verbo-objeto** vem do rito do casamento cristão: "With this ring, **I thee wed**" ("Com este anel, eu te desposo").

MUNDO REAL
"To boldly go" ou "to go boldly"?

O infinitivo dividido ocorre quando um advérbio, como *boldly*, é posto entre ele e o *to* que o antecede. É preferível manter o *to* junto ao verbo, mas a não separação do infinitivo pode tornar a frase estranha. Os infinitivos divididos são usados para dar ênfase, mas com cautela, para a leitura ser natural e evitar confusão. Exemplo famoso é o da frase de abertura da série de TV *Jornada nas estrelas*: "To boldly go where no man has gone before".

GLOSSÁRIO

Intransitive verb (verbo intransitivo) Aquele que não tem objeto.
Linking verb (verbo de ligação) Verbo que une o sujeito de um período à palavra ou expressão (em geral, um adjetivo) que o descreve.
Object (objeto) Substantivo ou pronome que recebe a ação do verbo.
Subject (sujeito) Substantivo ou pronome que realiza a ação do verbo.
Transitive verb (verbo transitivo) Aquela que precisa ter um objeto.

Advérbios

ADVÉRBIOS MODIFICAM VERBOS, ADJETIVOS E OUTROS ADVÉRBIOS.

A palavra *advérbio* significa "acrescentar ao verbo", principal função dessa classe de palavras. Dão informação sobre como, quando, com que frequência e com que intensidade algo acontece.

VEJA TAMBÉM	
❰ 26-7 Adjetivos	
❰ 28-9 Comparativos e superlativos	
❰ 38-9 Verbos	
Conjunções	58-9 ❱
Locuções	64-5 ❱
Orações	66-7 ❱
Posição dos modificadores	76-7 ❱

Quando e com que frequência?

Os advérbios de tempo indicam o momento em que algo acontece, e os advérbios de frequência indicam a regularidade. Esses advérbios modificam verbos e podem estar em posições diferentes num período – em geral no começo ou no fim de orações.

yesterday   soon
today   now
then   later

advérbios de tempo

always   rarely
usually   again
sometimes   never

advérbios de frequência

Onde?

Os advérbios de lugar funcionam como os advérbios de tempo e frequência. Modificam verbos e informam o leitor sobre o local do acontecimento.

away   nowhere   there
everywhere
              abroad   upstairs
here   out

Yesterday we went out. We left an extremely large dog saw us.

Formação de advérbios comuns

Em inglês, a maioria dos advérbios é formada pelo acréscimo da terminação -ly a um adjetivo, mas existem exceções. Já que alguns adjetivos, como *lovely* e *holy*, também terminam em -ly, é importante não confundi-los com advérbios.

Final do adjetivo	Regra	Advérbio
-l (beautiful, wonderful)	Acrescente -ly	beautiful**ly**, wonderful**ly**
-y (pretty, busy, hungry)	Troque o -y por -i e acrescente -ly	prett**ily**, bus**ily**, hungr**ily**
-le (comfortable, reputable)	Troque o -e por -y	comfortabl**y**, reputabl**y**
-ic (enthusiastic, ecstatic)	Acrescente -ally	enthusiastic**ally**, ecstatic**ally**
-ly (friendly, daily)	Use uma locução adverbial	in a friendly way, every day

ADVÉRBIOS 41

Como?
Os advérbios que indicam como as ações são realizadas chamam-se advérbios de modo. São formados a partir de adjetivos e modificam verbos. Esses advérbios podem ser postos antes ou depois do verbo ou no início ou no fim de uma oração. Como os adjetivos, os advérbios de modo e frequência podem, em sua maioria, ser relativizados pelos advérbios de intensidade, como *very*, *quite* e *almost*. São postos logo antes do adjetivo ou do advérbio que eles modificam.

Este advérbio de intensidade modifica o advérbio de modo *quietly*, indicando quão silenciosamente eles saíram.

We left very quietly

Este advérbio de modo está no fim da oração e modifica o verbo *left*, indicando como eles saíram.

an extremely large dog

Este advérbio de intensidade modifica o adjetivo *large*, explicando quão grande é o cachorro.

- Alguns **advérbios de intensidade**, como *just*, *only*, *almost* e *even*, devem ser colocados imediatamente antes da palavra que modificam – por exemplo, "I have **just** arrived"

Modalizadores
Os modalizadores (*sentence adverbs*, em inglês) são incomuns porque modificam todo um período ou oração. Em geral expressam a probabilidade ou a conveniência de algo acontecer e abrangem palavras como *unfortunately*, *probably* e *certainly*. Podem também ser usados para influenciar o leitor.

Este advérbio modifica todo o período, significando que "foi uma pena que um cachorro extremamente grande nos viu".

unfortunately an extremely large dog saw us

very quietly, but unfortunately We'll run more quickly next time.

Advérbios comparativos
Como os adjetivos, os advérbios de modo podem ser comparados. Para formar o comparativo, em geral usa-se *more* antes do advérbio. Do mesmo modo, põe-se *most* antes do advérbio para formar o superlativo.

more quickly
most quickly

- **Then** é **advérbio de tempo** e **não** deve ser usado com a função de **conjunção**. Ao juntar duas orações, use uma conjunção como *and* antes de *then*.

- **Não abuse dos advérbios**. Na expressão "absolutely fabulous", o advérbio **absolutely** nada acrescenta ao adjetivo **fabulous**, que já implica um alto grau de entusiasmo por alguma coisa.

Os três **advérbios mais comuns** em inglês são *not*, *very* e *too*.

GLOSSÁRIO

Adverbial phrase (locução adverbial)
Grupo de palavras, como "in July last year", que executa o mesmo papel de um advérbio e responde a perguntas com como, quando, por quê, onde e com que frequência.

Tempos verbais simples

O TEMPO DE UM VERBO INDICA QUANDO A AÇÃO OCORRE.

Ao contrário da maioria das classes gramaticais, os verbos mudam de forma. Chamadas tempos, essas flexões indicam a época de uma ação, executada pelas três pessoas do singular e do plural.

VEJA TAMBÉM	
‹ 34-5 Pronomes	
‹ 38-9 Verbos	
‹ 40-1 Advérbios	
Tempos perfeitos e contínuos	44-5 ›
Verbos auxiliares	48-9 ›
Verbos irregulares	50-1 ›

A pessoa certa
Todo verbo deve expressar uma pessoa (primeira, segunda ou terceira), um número (singular ou plural) e um tempo (passado, presente ou futuro). Existem três pessoas em inglês.

Em inglês, a palavra *tense* vem do **latim** *tempus*, que significa **"time"** (tempo).

▷ **A primeira pessoa**
Representa o falante e usa os pronomes pessoais *I* ou *me*, se ele estiver sozinho, e *we* ou *us*, se o falante estiver acompanhado.

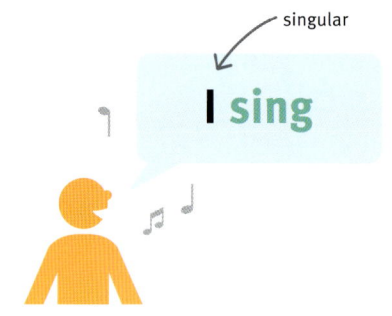

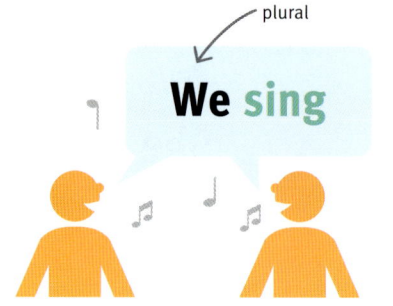

I sing (singular)

We sing (plural)

▷ **A segunda pessoa**
Refere-se ao leitor ou ouvinte e usa o pronome *you*, tanto no singular quanto no plural.

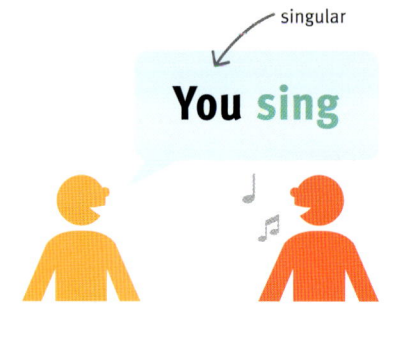

You sing (singular)

You sing (plural)

▷ **A terceira pessoa**
Representa qualquer pessoa ou coisa que não seja o falante ou o ouvinte/leitor e usa no singular os pronomes *he* e *him*, *she* e *her* e *it*; no plural, usa os pronomes *they* e *them*.

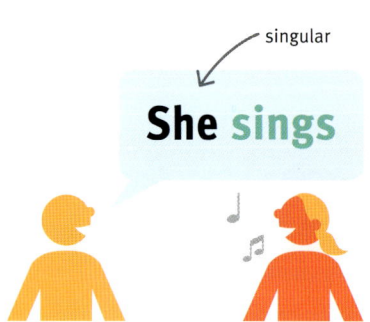

She sings (singular)

They sing (plural)

TEMPOS VERBAIS SIMPLES

O presente simples

O tempo presente simples é usado para exprimir uma ação constante ou repetida que ocorre no momento atual. Pode também indicar uma verdade atemporal – por exemplo, "I smile all the time". Os verbos regulares no presente usam o infinitivo, exceto na terceira pessoa do singular, que usa o infinitivo mais a terminação -s.

I smile   **We smile**
You smile   **You smile**
She smiles   **They smile**

↳ A terceira pessoa do singular é formada com um *s* no final.

O pretérito simples

↙ A primeira, a segunda e a terceira pessoa assumem a mesma forma do verbo no passado – tanto singular quanto plural.

I laughed   **We laughed**
You laughed   **You laughed**
She laughed   **They laughed**

O tempo pretérito simples exprime uma ação que começou e terminou no passado. O pretérito simples regular dos verbos é formado com o infinitivo seguido da terminação -ed.

O futuro simples

O tempo futuro simples é usado para exprimir ações que ainda ocorrerão. O futuro dos verbos regulares é formado pelo verbo auxiliar *will* seguido do infinitivo, mas o futuro da primeira pessoa também pode ser formado pelo verbo auxiliar *shall*.

↘ O verbo auxiliar *shall*, bastante formal, só pode ser usado para criar o futuro simples na primeira pessoa.

I shall cry   **We shall cry**
You will cry   **You will cry**
She will cry   **They will cry**

↖ O verbo auxiliar *will* é usado para criar o tempo futuro simples na segunda e na terceira pessoa.

👍
- Outro modo de criar o **futuro simples** é pôr *am*, *is* ou *are* antes de *going to*, seguido do infinitivo. Essa forma é útil quando se tem certeza de que a ação ocorrerá. Por exemplo, **"It is going to explode"**.
- Os três tempos fundamentais são o presente, o pretérito e o futuro. Cada um deles tem uma forma **simples**, uma forma **contínua**, uma forma **perfeita** e uma forma **contínua perfeita**.

GLOSSÁRIO

Auxiliary verb (verbo auxiliar) Verbo, como *be* ou *have*, que ajuda a ligar o verbo principal do período ao sujeito.

Infinitive (infinitivo) A forma mais simples do verbo, aquela que é usada nos verbetes de dicionários.

Tempos perfeitos e contínuos

ESSES TEMPOS INFORMAM SOBRE O MOMENTO DA AÇÃO E QUANTO TEMPO ELA DUROU OU VAI DURAR.

Os tempos perfeitos remetem a ações que se completam em certo intervalo de tempo. Os tempos contínuos são usados para enfatizar que uma ação continua num ponto específico do tempo.

VEJA TAMBÉM	
‹ 38-9 Verbos	
‹ 42-3 Tempos simples	
Particípios	46-7 ›
Verbos auxiliares	48-9 ›
Verbos irregulares	50-1 ›

GLOSSÁRIO

Auxiliary verb (verbo auxiliar) Verbo, como *be* ou *have*, que ajuda a ligar o verbo principal do período ao sujeito.
Past participle (particípio passado) Forma verbal que geralmente termina em -ed ou -en.
Present participle (particípio presente) Forma verbal terminada em -ing.

O presente perfeito

Os tempos perfeitos exprimem ações que duram certo tempo e têm um fim conhecido. O presente perfeito refere-se tanto a uma ação que ocorreu em um momento específico quanto a uma ação que começou no passado e continua no presente. É formado com o particípio passado precedido de uma forma do verbo auxiliar *have* ou – na terceira pessoa do singular – *has*.

Remete a uma ação ocorrida em algum momento do passado.

I have disappeared
You have disappeared
She has disappeared

We have disappeared
You have disappeared
They have disappeared

Remete a uma ação que começou no passado e continua no presente.

She has lived here for ten years.

Forma-se a terceira pessoa do singular com has, em lugar de have.

O pretérito perfeito

O tempo pretérito perfeito indica uma ação que ocorreu no passado antes que outro evento acontecesse. É formado do mesmo modo que o presente perfeito, mas com o uso da forma verbal auxiliar *had* antes do particípio passado.

I had escaped
You had escaped
It had escaped

We had escaped
You had escaped
They had escaped

By the time **the guard noticed**, **I had escaped**.

Esta ação terminou antes que a segunda ação (o guarda perceber) começasse.

O futuro perfeito

O tempo futuro perfeito assinala uma ação que ocorrerá em algum momento do futuro antes de outra ação. Por exemplo, "He will have offended again before we catch him".

I will have offended
You will have offended
He will have offended

We will have offended
You will have offended
They will have offended

Este tempo é formado pelo particípio passado precedido de will have.

TEMPOS PERFEITOS E CONTÍNUOS   45

O presente contínuo
Os tempos contínuos ou progressivos são usados em referência a ações ou situações correntes. O presente contínuo exprime uma ação que continua. Esse tempo é formado pelo particípio presente precedido de *am*, *are* ou *is*.

I am hiding
You are hiding
She is hiding

We are hiding
You are hiding
They are hiding

I am hiding in a tree until **it gets** dark.

A ação *hiding* continua até que comece a ficar escuro (*gets dark*).

O pretérito contínuo
O tempo pretérito contínuo expressa uma ação que acontecia ao mesmo tempo que outra. Por exemplo, "They were falling asleep when they heard a loud crash".

I was falling
You were falling
He was falling

We were falling
You were falling
They were falling

Este tempo é formado do mesmo modo que o presente contínuo, mas usando *was* ou *were* em lugar de *am*, *is* ou *are*.

O futuro contínuo
O tempo futuro contínuo indica uma ação que vai acontecer no futuro. Como nas outras formas contínuas, usa-se o particípio presente, mas precedido por *will be*.

I will be watching
You will be watching
She will be watching

We will be watching
You will be watching
They will be watching

Tempos contínuos perfeitos
Como os tempos contínuos simples, os contínuos perfeitos assinalam ações correntes. Como nos tempos perfeitos, essas ações terminam em algum momento do presente, do passado ou do futuro. Os tempos contínuos presentes também são formados com o particípio presente.

Tempo	Forma	Exemplo
Presente contínuo perfeito	Have / has been + particípio presente	I have been hiding since dawn.
Pretérito contínuo perfeito	Had been + particípio presente	The guard had been searching all day.
Futuro contínuo perfeito	Will have been + particípio presente	They will have been following my trail.

MUNDO REAL
Dinamismo verbal
Alguns verbos soam estranhos quando usados em tempos contínuos, pois deve-se tratar de algo ativo para que seja corrente. Os verbos que não implicam uma ação, mas referem-se a situações ou emoções – por exemplo, *know*, *own*, *love* e *feel* –, não podem ser usados em tempos contínuos. Embora o slogan ao lado tenha se tornado familiar, "I'm lovin' it" é errado do ponto de vista gramatical. Talvez por isso todos se lembrem dele.

Particípios

OS PARTICÍPIOS SÃO FORMADOS COM VERBOS.

Existem dois particípios: passado e presente. São usados com verbos auxiliares, como *have* e *be*, para formar tempos verbais, e sozinhos servem como adjetivo. O particípio presente também é usado como substantivo.

VEJA TAMBÉM	
‹ 26-7 Adjetivos	
‹ 38-9 Verbos	
‹ 42-3 Tempos verbais simples	
‹ 44-5 Tempos perfeitos e contínuos	
Verbos auxiliares	48-9 ›
Vozes e modos verbais	54-5 ›
Posição dos modificadores	76-7 ›
Letras mudas	160-1 ›

Particípio passado como verbo

Combinado com o verbo auxiliar *have*, os particípios passados formam o tempo perfeito de um verbo. Os particípios passados regulares são formados do mesmo modo que o pretérito simples, com o infinitivo mais a terminação -ed. Entre as terminações comuns do particípio passado estão -en, -t e -n. O particípio passado de uns poucos verbos é igual à forma do infinitivo, e alguns, como *tell*, mudam inteiramente de grafia.

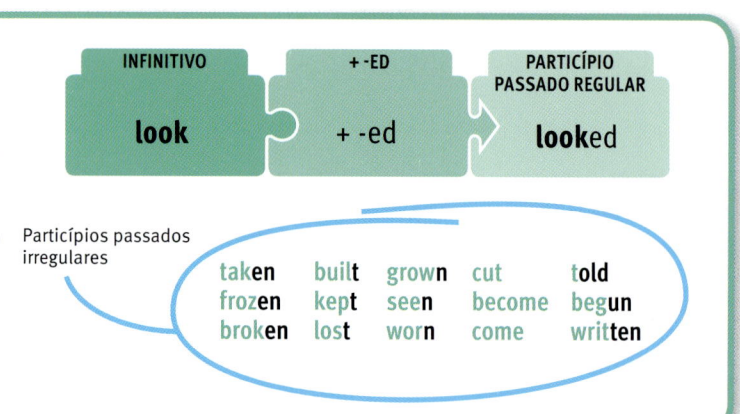

INFINITIVO: **look** + -ED: **+ -ed** → PARTICÍPIO PASSADO REGULAR: **look**ed

Particípios passados irregulares:

tak**en**, built, grow**n**, cut, tol**d**
froze**n**, kep**t**, seen, become, beg**un**
brok**en**, los**t**, wor**n**, come, writt**en**

Josh had looked everywhere for
been hoping to do some ice-

Particípio presente como verbo

O particípio presente é usado com o verbo auxiliar *be* para formar verbos no tempo contínuo, acrescentando-se ao infinitivo o sufixo -ing. Ao contrário do particípio passado, todos os particípios presentes têm a mesma terminação. Se o infinitivo termina com -e mudo (por exemplo, *hope*), tira-se o -e e acrescenta-se o sufixo -ing.

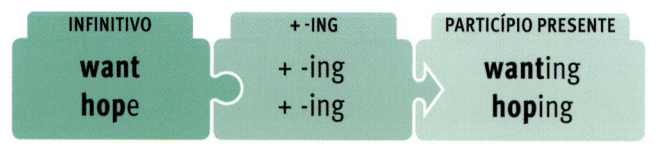

INFINITIVO: **want**, **hop**e + -ING: **+ -ing**, **+ -ing** → PARTICÍPIO PRESENTE: **want**ing, **hop**ing

• Cuidado ao escolher o **particípio** a usar como **adjetivo**. "Interested cat" não é o mesmo que "interesting cat".

GLOSSÁRIO

Auxiliary verb (verbo auxiliar) Verbo, como *be* ou *have*, que ajuda a ligar o verbo principal do período ao sujeito.

Gerund (gerúndio) Nome dado ao particípio presente quando usado como substantivo.

Linking verb (verbo de ligação) Verbo que une o sujeito de um período à palavra ou expressão que o descreve.

PARTICÍPIOS **47**

Particípio passado como adjetivo

O particípio passado pode ser usado como adjetivo para modificar substantivos. É colocado antes do substantivo ou pronome que qualifica, ou depois deles, após um verbo de ligação.

> O particípio passado funciona como adjetivo se posto antes do substantivo (*skates*).

his broken skates

His skates were broken.

Aqui, o particípio passado serve de adjetivo posposto ao substantivo que ele qualifica (*skates*), após o verbo de ligação *were*.

Identifique orações no gerúndio

As orações com particípio atuam como adjetivo, e as orações com gerúndio funcionam como substantivo, que pode ser chamado de adjetivo. Como as orações com gerúndio são sempre no singular, pode-se verificar se a oração reduzida é de gerúndio por meio do pronome *it*.

Emptying his cupboard, Josh found them.

> O pronome *it* foi posto no lugar da oração. Como o período resultante não faz sentido, a oração contém um particípio.

It, Josh found them. ✗

Emptying his cupboard, Josh found them. ✓

> Esta oração no particípio atua como adjetivo ao descrever Josh.

Repairing the skates was a priority.

> O pronome *it* foi posto no lugar da oração. Como o período resultante faz sentido, ela contém um gerúndio.

It was a priority. ✓

Repairing the skates was a priority. ✓

his broken skates. He had skating, but they were missing.

Particípio presente como substantivo

O particípio presente dos verbos se chama gerúndio quando tem função de substantivo. Como estes, o gerúndio (uma palavra) ou uma oração no gerúndio (várias palavras) pode ser sujeito ou objeto do período.

sujeito
He wanted to do some ice-skating.

A locução no gerúndio *ice-skating* atua como objeto desse período.

Particípio presente como adjetivo

Como o particípio passado, o particípio presente funciona como adjetivo. Pode ser posto antes ou depois do substantivo ou pronome que ele modifica.

Este particípio presente é usado como adjetivo posposto ao pronome a que se refere (*they*), seguindo o verbo de ligação *were*.

They were missing.

the missing skates

Este particípio presente é formado com o verbo *miss* e remete ao substantivo *skates*.

Verbos auxiliares

Alguns verbos ajudam a formar outros verbos.

Quase sempre chamados "helping verbs", os verbos auxiliares podem ser usados diante de outros verbos para formar tempos, períodos negativos e a voz passiva ou para expressar modos diferentes.

VEJA TAMBÉM	
‹ 34-5 Pronomes	
‹ 38-9 Verbos	
‹ 42-3 Tempos verbais simples	
‹ 44-5 Tempos perfeitos e contínuos	
‹ 46-7 Particípios	
Vozes e modos verbais	54-5 ›
Negativa	80-1 ›
Ponto de interrogação	110-1 ›

Propriedades úteis
Os verbos auxiliares têm esse nome porque desempenham muitos papéis diferentes. Sua principal função é ajudar a formar diversos tempos verbais, mas também são usados para criar períodos negativos, transformar afirmações em perguntas e enfatizar o discurso.

Must é o **único verbo** em inglês usado no **presente** que **não tem** uma forma no **passado**.

▷ **Formação de tempos**
Os verbos auxiliares ligam o verbo principal ao sujeito para formar tempos diversos. O futuro, os tempos perfeitos e os contínuos dependem de verbos auxiliares.

SUJEITO | VERBO AUXILIAR | VERBO PRINCIPAL
Jacob | **is** | **sleeping.**

O particípio presente é usado para formar o presente contínuo.

▷ **Formação do negativo**
Só os verbos auxiliares podem se tornar negativos. Forma-se um período negativo pondo a palavra *not* entre o verbo auxiliar e o verbo principal.

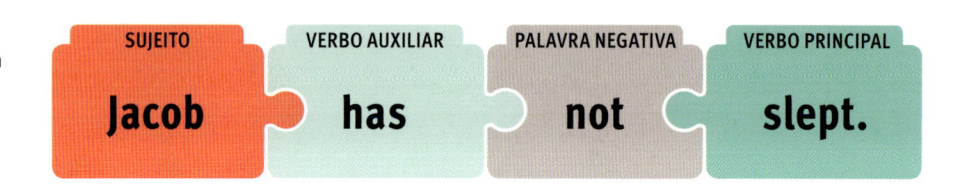

SUJEITO | VERBO AUXILIAR | PALAVRA NEGATIVA | VERBO PRINCIPAL
Jacob | **has** | **not** | **slept.**

▷ **Formação de perguntas**
Numa afirmação, o sujeito vem sempre antes do verbo. Os verbos auxiliares podem trocar de lugar com o sujeito para formar perguntas.

VERBO AUXILIAR | SUJEITO | VERBO PRINCIPAL
Did | **Jacob** | **behave?**

▷ **Ênfase**
Os verbos auxiliares também são usados para dar ênfase, como quando o falante quer contradizer uma afirmação anterior.

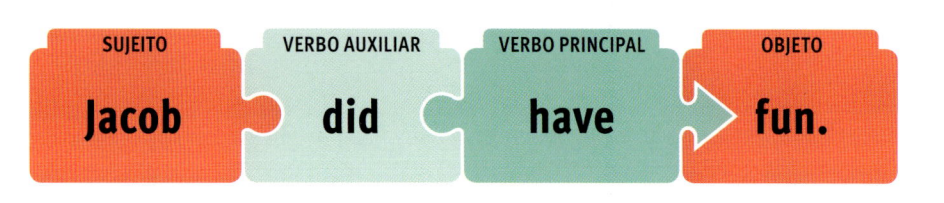

SUJEITO | VERBO AUXILIAR | VERBO PRINCIPAL | OBJETO
Jacob | **did** | **have** | **fun.**

VERBOS AUXILIARES

Verbos auxiliares primários

Os verbos *be*, *have* e *do* são conhecidos como verbos auxiliares primários, os quais podem ser empregados como verbo principal do período ou com particípios, formando tempos verbais. Os verbos auxiliares, que também têm particípios próprios, são irregulares, e essa irregularidade existe até no presente.

Forma verbal	be	have	do
Infinitivo	be	have	do
Primeira pessoa (presente)	am, are	have	do
Segunda pessoa (presente)	are	have	do
Terceira pessoa (presente)	is, are	has, have	does, do
Particípio passado	been	had	done
Particípio presente	being	having	doing

- Só os **auxiliares primários** – **be**, **have** e **do** – **mudam** de forma. Os **auxiliares modais** sempre assumem a **mesma forma**.
- Como **might** é o passado de **may**, ele é sempre usado para falar de algo que poderia ter acontecido antes.
- Às vezes os auxiliares modais são usados para **enfatizar** uma decisão ou um comando. O uso de **will** em vez de **shall** na **primeira pessoa** do futuro faz a declaração soar mais determinada – por exemplo, "I **will** go to the party".

Verbos auxiliares modais

Os verbos auxiliares comuns que não podem aparecer sozinhos chamam-se verbos auxiliares modais. Entre eles estão *can*, *will*, *should*, *may* e *must*, utilizados com verbos de ação para exprimir um comando, uma obrigação ou uma possibilidade. Os auxiliares modais são incomuns porque não têm infinitivo nem particípio, nem têm a terminação -s da terceira pessoa do singular, ao contrário dos auxiliares primários e dos verbos regulares.

He can go.

A terceira pessoa do singular dos auxiliares modais não leva um -s; "he cans" não faz sentido.

Auxiliar modal	Uso	Exemplo
can	Expressa a capacidade de fazer algo.	I can run fast.
could	Indica possibilidade e é também o pretérito de *can*.	I could run faster.
may	É usado para pedir permissão ou exprimir uma possibilidade.	May I come?
might	Explicita uma possibilidade remota e é o pretérito de *may*.	I might run away.
must	Indica uma forte obrigação.	I must come.
ought	Exprime um sentido de obrigação ou recomendação.	I ought to stay.
shall	Forma o futuro simples e indica determinação.	I shall run faster.
should	É usado para assinalar uma obrigação ou recomendação.	I should come.
will	Forma o futuro simples e mostra determinação ou uma forte possibilidade, um hábito, ou emite um comando.	You will come!
would	Indica uma pergunta educada ou um desejo ou indica a consequência de período condicional. É o pretérito de *will*.	Would you like to come? I would love to come. If I were to come, I would have fun.

Verbos irregulares

CERTOS VERBOS TÊM UMA OU MAIS FORMAS IRREGULARES.

O pretérito e o particípio passado de todos os verbos regulares são formados do mesmo modo. Por outro lado, os verbos irregulares são imprevisíveis e recebem diversas terminações verbais. Alguns verbos mudam completamente de grafia; por isso, é essencial memorizá-los.

Formação dos verbos irregulares

O pretérito simples e o particípio passado dos verbos regulares são formados pela terminação -ed (ou -d, se o infinitivo já terminar em -e). Os verbos irregulares não seguem esse padrão. Têm terminações diferentes, e a vogal do verbo costuma mudar para formar o pretérito.

o pretérito simples regular do verbo *discover*, com o final -ed

Grace discovered her shoes a week after her sister had swiped them.

particípio passado regular de *swipe*, com a terminação -d

passado simples irregular de *find*

Grace found her shoes a week after her sister had stolen them.

particípio passado irregular de *steal*

VEJA TAMBÉM
‹ 38-9 Verbos
‹ 42-3 Tempos simples
‹ 44-5 Tempos perfeitos e contínuos
‹ 46-7 Particípios
‹ 48-9 Verbos auxiliares

• Os **verbos auxiliares** são **irregulares**, e – diferentemente de outros verbos irregulares – os verbos *be*, *have* e *do* são irregulares **até no presente**.

Alguns dos **verbos mais comuns** em **inglês** são **verbos irregulares**.

GLOSSÁRIO

Auxiliary verb (verbo auxiliar) Verbo, como *be* ou *have*, que ajuda a ligar o verbo principal do período ao sujeito.

Infinitive (infinitivo) A forma mais simples do verbo, aquela que é usada nos verbetes de dicionários.

Past participle (particípio passado) Forma verbal que geralmente termina com -ed ou -en. É usado com os verbos auxiliares *have* e *will* para formar os tempos perfeitos.

Saiba quando usar *lie* e *lay*

Os verbos irregulares *lie* e *lay* são frequentemente confundidos no discurso diário. O pretérito do verbo *lie* (que significa "estar em posição de repouso") é o mesmo que a forma infinitiva do *lay* (que significa "pôr algo" ou "fazer cumprir"). O erro mais comum é usar a forma do pretérito de *lie* – "lay" – quando exige a forma do presente ou do infinitivo.

I need to **lay** down. ✗
Pelo contexto do período está claro que o infinitivo *lie* é necessário, em lugar do infinitivo *lay*.

I need to **lie** down. ✓
Aqui, a forma do pretérito irregular do verbo *lie* foi corretamente usada.

I **lay** down. ✓

I **lay** down the law. ✗

I **laid** down the law. ✓
Aqui, a forma do pretérito irregular do verbo *lay* foi corretamente usada.

Verbos irregulares comuns

Muitos verbos bem conhecidos não têm a costumeira terminação -ed quando usados no pretérito ou no particípio passado. As formas do pretérito e do particípio passado de alguns verbos irregulares diferem bastante do infinitivo. Veja a tabela e tente memorizar algumas formas verbais.

Infinitivo	Pretérito simples	Particípio passado
be	was/were	been
become	became	become
begin	began	begun
blow	blew	blown
break	broke	broken
bring	brought	brought
build	built	built
buy	bought	bought
catch	caught	caught
choose	chose	chosen
come	came	come
cost	cost	cost
creep	crept	crept
cut	cut	cut
do	did	done
draw	drew	drawn
drink	drank	drunk
drive	drove	driven
eat	ate	eaten
fall	fell	fallen
feel	felt	felt
find	found	found
fly	flew	flown
freeze	froze	frozen
get	got	got
give	gave	given
go	went	gone
grow	grew	grown
hang	hung	hung
have	had	had
hear	heard	heard
hold	held	held
keep	kept	kept
know	knew	known
lay	laid	laid

Infinitivo	Pretérito simples	Particípio passado
lead	led	led
leave	left	left
let	let	let
lie	lay	lain
lose	lost	lost
make	made	made
mean	meant	meant
meet	met	met
mistake	mistook	mistaken
pay	paid	paid
put	put	put
ride	rode	ridden
rise	rose	risen
run	ran	run
say	said	said
see	saw	seen
sell	sold	sold
send	sent	sent
set	set	set
shake	shook	shaken
sit	sat	sat
sleep	slept	slept
speak	spoke	spoken
spend	spent	spent
spin	spun	spun
stand	stood	stood
steal	stole	stolen
stick	stuck	stuck
swear	swore	sworn
swim	swam	swum
take	took	taken
teach	taught	taught
tear	tore	torn
tell	told	told
think	thought	thought
throw	threw	thrown
understand	understood	understood
wear	wore	worn
weep	wept	wept
win	won	won
write	wrote	written

Concordância verbal

O NÚMERO DO SUJEITO DETERMINA O NÚMERO DO VERBO.

Como os substantivos e os pronomes, um verbo pode ser singular ou plural, mas precisa combinar com o sujeito a que se refere. Às vezes é difícil saber se o substantivo é singular ou plural, o que leva a erros de concordância verbal.

VEJA TAMBÉM	
‹ 22-3 Substantivos	
‹ 24-5 Plurais	
‹ 34-5 Pronomes	
‹ 36-7 Número e gênero	
‹ 38-9 Verbos	
‹ 42-3 Tempos verbais simples	
Preposições	60-1 ›

Singular ou plural?

O segredo para corrigir a concordância verbal está nesta regra: se o sujeito é singular, o verbo deve estar no singular; se o sujeito é plural, o verbo deve estar no plural.

The competitors have arrived, and the Mighty Musclemen contest is about to start.

— sujeito → **competitors**
— Como o sujeito é plural, o verbo deve ficar no plural.
— sujeito → **contest**
— Como o sujeito é singular, o verbo deve ficar no singular.

• Alguns substantivos **parecem plurais**, mas na verdade são tratados como **singulares**. Entre eles estão *mathematics* e *politics*, além de **substantivos próprios** como *United States* ou *Philippines*.

Identifique o sujeito

É comum identificar a palavra errada como o sujeito da oração. Isso acontece em geral quando o sujeito e o verbo são separados por uma locução prepositiva. Quando está é tirada do período, torna-se claro qual substantivo ou pronome é o verdadeiro sujeito.

The box of extra weights are ready. ✗
— Esta é uma locução prepositiva, composta da preposição *of*, do adjetivo *extra* e do substantivo *weights*.

The box are ready. ✗
— Como a locução prepositiva foi retirada do período, torna-se claro que o sujeito (*box*) é singular.

The box is ready. ✓
— Como o sujeito é singular, usa-se a forma singular do verbo (*is*).

The box of extra weights is ready. ✓
— A locução prepositiva foi reposta no período, e agora o verbo concorda com o sujeito.

Substantivos coletivos

A maioria dos coletivos (por exemplo, *class* ou *crowd*) é de palavras no singular, mas elas também podem ter plural (*classes*, *crowds*) em outra situação. Contudo, alguns coletivos, como *team*, *staff* e *couple*, podem tanto ser singulares quanto plurais. Uma boa regra é considerar se o substantivo atua como uma unidade ou é composto de indivíduos que agem de forma diferente.

My team has won. 
— Aqui, como *team* representa uma unidade, usa-se a forma singular do verbo.

The team are divided in their feelings. 
— Aqui, como os membros da equipe ou time agem de formas diferentes, usa-se a forma plural do verbo.

CONCORDÂNCIA VERBAL 53

Sujeitos múltiplos

Se o período contém mais de um substantivo e eles são ligados por *and*, quase sempre pedem o verbo no plural. São chamados de sujeitos compostos. No entanto, locuções como *along with* e *as well as* separam os sujeitos. Nesse caso, o verbo deve concordar com o primeiro sujeito, independentemente do número do segundo sujeito. Por outro lado, se o sujeito singular é ligado a um sujeito plural e separado por *or* ou *nor*, o verbo concorda com o sujeito mais próximo.

- Quando a locução **the number of** precede o sujeito no período, o sujeito é considerado singular: "The number of weights used **is** variable". Ao contrário, a locução **a number of** torna o sujeito plural: "A number of different weights **are** used."
- Expressões de **quantidade**, como **time, money, weight** e **fractions**, são tratadas como **substantivos coletivos**: por exemplo, "**Half** of Tyler's allowance **is** spent on exercise equipment".

Tyler and his brother **Matt are** competing.

◁ **Sujeito composto**
Como os sujeitos *Tyler* e *Matt* agem juntos e estão ligados por *and*, o verbo assume a forma plural.

Matt's **size as well as** his **strength is** awesome.

◁ **Sujeitos separados**
Como os sujeitos *size* e *strength* agem separados, o verbo fica no singular para concordar com o primeiro sujeito, *size*.

Neither Tyler's **neck nor** his **arms are** small.

◁ **Sujeitos mistos**
Como o sujeito plural *arms* está mais perto do verbo do que o sujeito singular *neck*, o verbo fica no plural. Com sujeitos mistos, ponha sempre o sujeito plural perto do verbo.

Pronomes indefinidos

É fácil perceber se os pronomes indefinidos são singulares ou plurais. *Both*, *several*, *few* e *many*, por exemplo, são sempre plurais. Contudo, alguns são palavras singulares que remetem a conceitos plurais. Entre eles estão *each*, *everyone* e *everything*.

Número	Pronome indefinido
Singular	everybody, everyone, everything, somebody, someone, something, anybody, anyone, anything, nobody, no one, nothing, neither, another, each, either, one, other, much
Plural	both, several, few, many, others
Singular ou plural	all, any, most, none, some

▽ **Concordância com locuções prepositivas**
Cinco pronomes indefinidos podem ser singulares ou plurais, conforme o contexto: *all*, *any*, *most*, *none* e *some*. Apenas quando esses pronomes aparecem é que as locuções prepositivas determinam se o verbo fica no singular ou no plural.

Most of the contest **is** over.

↳ pronome indefinido
↳ Como esta locução prepositiva é singular porque o substantivo *contest* é singular, o verbo também deve ficar no singular.

Most of the competitors **have** left.

↳ pronome indefinido
↳ Esta locução prepositiva é plural porque o substantivo *competitors* é plural.
↳ O verbo está no plural para concordar com a locução prepositiva.

Vozes e modos verbais

EM INGLÊS, OS PERÍODOS PODEM SER EXPRESSOS EM VOZES E MODOS DIFERENTES.

VEJA TAMBÉM	
‹ 38-9	Verbos
‹ 42-3	Tempos verbais simples
‹ 46-7	Particípios
‹ 48-9	Verbos auxiliares
‹ 50-1	Verbos irregulares
Períodos	68-9 ›
Matérias de jornal	198-9 ›

Existem duas vozes em inglês: a ativa e a passiva. Elas determinam se o sujeito do período executa a ação ou a recebe. O modo é a forma do verbo que transmite a atitude em que um pensamento se exprime.

Voz ativa

Os verbos podem ser usados de maneiras diferentes, chamadas vozes. A voz ativa é mais simples do que a voz passiva. Em um período ativo, o sujeito realiza a ação do verbo e o objeto a recebe.

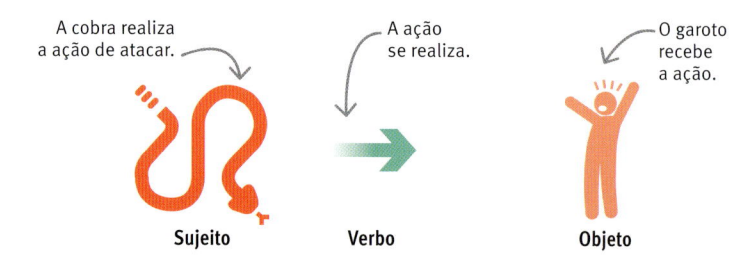

A cobra realiza a ação de atacar.
A ação se realiza.
O garoto recebe a ação.

Sujeito — **Verbo** — **Objeto**

The **snake** attacked the **boy**.

Voz passiva

Num período na voz passiva, a ordem das palavras se inverte, de modo que o sujeito recebe a ação e o objeto a realiza. A voz passiva é formada pelo verbo auxiliar *be* seguido de um particípio passado. O executor da ação é identificado pela preposição *by* – ou nem aparece.

Agora o garoto é o sujeito, mas ele ainda recebe a ação.
A ação se realiza.
A cobra continua executando a ação, mas agora é o objeto.
Esta preposição indica quem ou o que executa a ação: a cobra.

Sujeito — **Verbo** — **Objeto**

The **boy** was attacked **by** the **snake**.

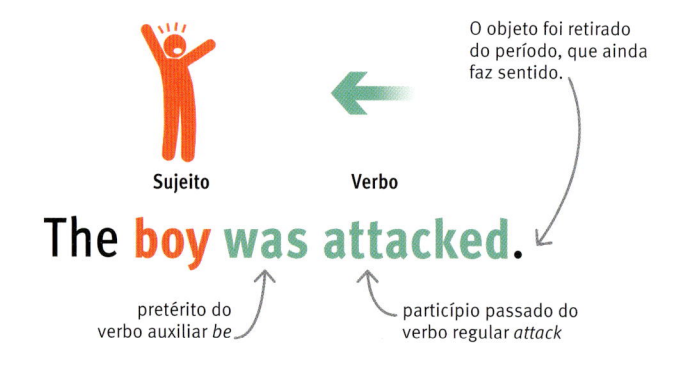

O objeto foi retirado do período, que ainda faz sentido.

Sujeito — **Verbo**

The **boy** was attacked.

pretérito do verbo auxiliar *be*
particípio passado do verbo regular *attack*

MUNDO REAL
Persuasão passiva

Quase sempre se usa a voz passiva em placas oficiais, porque ela costuma ser menos impositiva que a voz ativa. Nessas situações, em geral é desnecessário revelar quem realiza a ação.

Modo indicativo

Existem três modos principais em inglês. A maioria dos verbos é usada no modo indicativo, que indica um estado real, diferentemente de um estado pretendido, esperado ou suposto. Esse modo é usado para afirmar fatos.

Como este período afirma um fato – algo que ocorreu em algum ponto do passado –, ele está no modo indicativo.

The boy was terrified.

Modo imperativo

O modo imperativo é usado para dar ordens ou fazer pedidos. Costuma estar presente em períodos exclamativos que terminam justamente com ponto de exclamação.

Esta ordem também é uma exclamação.

Isto é um pedido.

Go away! Please leave me alone.

Modo subjuntivo

Em inglês, raramente se usa o modo subjuntivo, que só pode ser percebido na terceira pessoa ou pela presença do verbo *be*. É usado depois de verbos e locuções que exprimam obrigação ou desejo – como *demand*, *require*, *suggest* ou *it is essential that* – e indica que a obrigação ou o desejo pode não se realizar.

> **GLOSSÁRIO**
>
> **Auxiliary verb (verbo auxiliar)** Verbo, como *be* ou *have*, que ajuda a ligar o verbo principal do período ao sujeito.
>
> **Exclamation (exclamação)** Período que expressa um sentimento forte, como surpresa, ou tom de voz alterado.
>
> **Modal auxiliary verb (verbo auxiliar modal)** Verbo auxiliar que com um verbo de ação exprime comando, obrigação ou possibilidade.
>
> **Past participle (particípio passado)** Forma verbal que geralmente termina em -ed ou -en. É usado com o verbo auxiliar *be* para formar a voz passiva.

▷ **Terceira pessoa**
Para formar a maioria dos verbos no subjuntivo, tira-se o final *s* para formar a terceira pessoa.

He demanded that the zookeeper remove the snake.

O presente do subjuntivo segue o verbo com conjunção *demanded that*. É usado porque o zelador do zoológico poderia não retirar a cobra.

▷ **Exceção**
A principal exceção é o verbo *be*, que assume a forma *be* no presente e *were* no pretérito.

The zookeeper requested that the boy be quiet.

O presente do subjuntivo segue o verbo com conjunção *requested that*. O zelador do zoológico quer que o garoto fique quieto, mas ele talvez não fique.

🔍 Identifique o subjuntivo em períodos condicionais

Os períodos condicionais são usados para indicar que a ação de uma oração principal ("going to the beach") só pode acontecer caso se realize determinada situação, contida na oração subordinada ("if the weather is hot"). A maioria dos períodos condicionados começa com *if* ou *unless*. Se a ação descrita muito provavelmente acontecerá, usa-se o modo indicativo. Se a ação descrita é hipotética (impossível de prever), usa-se o pretérito do subjuntivo.

Muitos períodos condicionais começam com *if*.

If the weather...

Como eles irão à praia com quase toda a certeza se estiver calor, usa-se o modo indicativo.

If the weather is hot, we will go to the beach. ✓

If the weather were hot, we would be happier. ✓

Como não está calor, a crença de que eles ficariam mais alegres é hipotética, o que exige a forma subjuntiva *were*.

O verbo auxiliar modal *would* em geral aparece nos períodos condicionados com o subjuntivo.

Verbos frasais

FORMAM-SE NOVOS VERBOS QUANDO SE ACRESCENTA UM ADVÉRBIO OU UMA PREPOSIÇÃO A UM VERBO EXISTENTE.

VEJA TAMBÉM	
‹ 38-9 Verbos	
‹ 40-1 Advérbios	
Preposições	60-1 ›
Hífen	106-7 ›

Um verbo frasal (*phrasal verb*) é o conjunto de um verbo e um advérbio, um verbo e uma preposição ou um verbo, um advérbio e uma preposição. Os verbos frasais procedem como verbos regulares, mas são usados principalmente no discurso informal.

Verbos frasais adverbiais

Compostos de um verbo seguido de advérbio, os verbos frasais adverbiais comportam-se do mesmo modo que um verbo regular – como uma só unidade. O advérbio é essencial no verbo frasal, tanto para intensificar o sentido do verbo de origem quanto para mudar seu significado por inteiro. Os advérbios *up*, *down*, *out* e *off* são usados com frequência para formar verbos frasais.

O advérbio *up* muda o sentido do verbo *get* – o conjunto passa a significar "levantar-se, em geral depois de dormir", em vez de "receber" ou "obter".

I got up early.

verbo frasal adverbial

Em sua maioria, os **novos verbos** da **língua inglesa** são **verbos frasais**.

- As palavrinhas usadas para formar verbos frasais – **advérbios** e **preposições** – costumam ser chamadas de **partículas**.
- Os verbos frasais **nunca têm hífen**.

I got up early because Daniel
We ran into Paulo, who was

Verbos frasais preposicionais

Os verbos frasais preposicionais consistem em um verbo seguido de preposição, como *by*, *after*, *in*, *on* ou *for*. A preposição liga o verbo ao substantivo ou pronome que o segue – o objeto direto. Os verbos frasais preposicionais são sempre transitivos, mas, ao contrário dos verbos frasais adverbiais, em geral não podem ser separados pelo objeto direto (veja "Ordem das palavras").

talk about
stand by
listen to
call on
take after
wait for
run into

Verbos versáteis

Não são necessários muitos advérbios e preposições para criar uma série de verbos frasais com sentidos diversos. O uso de um verbo frasal diferente pode mudar por completo o significado de um período. Por exemplo: "Paulo is **looking after** the game" (está cuidando, está no comando do jogo) é bem diferente de "Paulo is **looking forward to** the game" (está ansioso para jogar).

VERBOS FRASAIS   57

GLOSSÁRIO

Direct object (objeto direto) Substantivo ou pronome que recebe diretamente a ação do verbo.
Intransitive verb (verbo intransitivo) Aquele que não tem objeto.
Transitive verb (verbo transitivo) Aquele que precisa ter um objeto.

Identifique quando o verbo frasal pode ser separado

Alguns verbos frasais transitivos podem ser separados pelo objeto direto; outros, não. Um jeito simples de saber se o verbo frasal é ou não separável é pôr o pronome *it* (representando o objeto direto) entre o verbo e o advérbio ou preposição. Se a frase resultante fizer sentido, o verbo frasal pode ser separado.

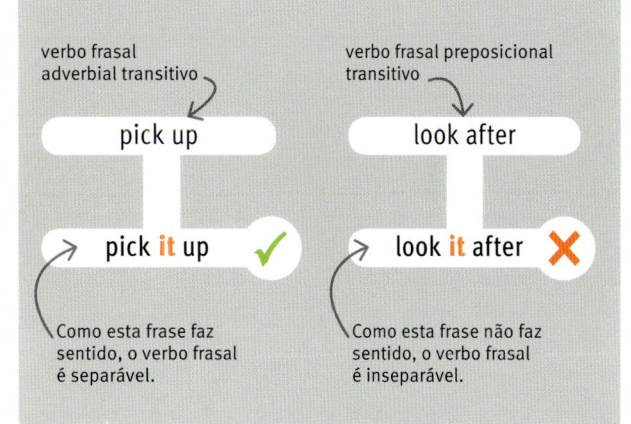

verbo frasal adverbial transitivo
pick up
→ **pick it up** ✓
Como esta frase faz sentido, o verbo frasal é separável.

verbo frasal preposicional transitivo
look after
→ **look it after** ✗
Como esta frase não faz sentido, o verbo frasal é inseparável.

Ordem das palavras

Como os verbos regulares, os verbos frasais podem ser transitivos ou intransitivos. Os transitivos exigem objeto direto para receber a ação, e os intransitivos, como *get up* ou *eat out*, fazem sentido sem objeto. O verbo e o advérbio podem em geral ser separados por um objeto direto.

Daniel was taking me out for lunch.

objeto direto

Como este verbo frasal adverbial é transitivo, ele pode ser separado pelo objeto direto.

was taking me out for lunch.
looking forward to the game.

look forward to
look over
look out
look through
look at
look after

Verbos frasais advérbio-preposicionais

Certos verbos frasais são compostos de um verbo, um advérbio e uma preposição. Como os verbos frasais preposicionais, eles devem ter objeto direto, mas as partes não podem ser separadas pelo objeto.

verbo
Paulo was looking forward to the game.
advérbio preposição objeto direto

Conjunções

UMA CONJUNÇÃO RELACIONA PALAVRAS, LOCUÇÕES E ORAÇÕES.

Também chamadas de conectivos, as conjunções são usadas para ligar duas ou mais partes de um período, que podem ter importância igual, ou uma oração principal a uma subordinada, por meio de uma conjunção subordinativa.

VEJA TAMBÉM	
Locuções	64-5 ⟩
Orações	66-7 ⟩
Período composto	70-1 ⟩
Períodos complexos	72-3 ⟩
Uso correto das orações	74-5 ⟩
Vírgula	96-9 ⟩

👍
- Pronomes relativos, como **who**, **whom**, **which** e **that**, são usados do mesmo modo que as conjunções subordinativas.
- É bom não começar os períodos com conjunções como **because** e **and**, porque essa prática quase sempre resulta em **períodos incompletos**.

Conjunções coordenativas

Sem as conjunções, a língua seria composta de vários períodos curtos. As conjunções acabam criando períodos mais longos, evitando que o discurso fique truncado. As conjunções coordenativas são usadas para ligar palavras, locuções ou orações de importância igual. Entre elas estão *and*, *but*, *or*, *nor*, *yet*, *for* e *so*.

roses and sunflowers

Esta conjunção coordenativa é usada para relacionar dois tipos de flor.

Flora tried to water her roses and
She cut both the hedge and the

👍
- Nunca use vírgula para ligar duas **orações principais**, que devem ser relacionadas por **conjunção**, **ponto e vírgula** ou **dois-pontos**.

GLOSSÁRIO

Main clause (oração principal) Grupo de palavras que contém sujeito e verbo e tem sentido completo isoladamente.

Subordinate clause (oração subordinada) Grupo de palavras que contém sujeito e verbo, mas depende de uma oração principal para ter sentido.

Conjunções em par

As conjunções podem ser palavras únicas ou locuções, e muitas vezes aparecem em par. Pares como *both/and*, *either/or* e *not only/but also* são às vezes chamadas "conjunções correlativas", porque atuam juntas. Cada uma das partes deve ser colocada logo antes das palavras que elas ligam.

par de conjunções

She cut both the hedge and the tree.

substantivos ligados por conjunção em par

CONJUNÇÕES 59

Identifique quando usar ponto e vírgula

Advérbios como *however*, *accordingly*, *besides* e *therefore* podem ser usados como conjunções para relacionar duas orações principais. Diferentemente de conjunções coordenativas e subordinativas, esses advérbios devem ser precedidos de ponto e vírgula e seguidos de vírgula.

duas orações principais
She was confident. She hadn't cut the hedge before.

conjunção coordenativa une as duas orações principais
She was confident, **but** she hadn't cut the hedge before.

Já que este advérbio é usado como conjunção, ele deve ser precedido de ponto e vírgula e seguido de vírgula.
She was confident; **however**, she hadn't cut the hedge before.

Vários sujeitos coordenados

Quando se usa uma conjunção coordenativa para ligar duas orações principais com sujeitos diferentes, deve-se colocar uma vírgula antes da conjunção. Isso ajuda a mostrar onde termina uma oração e começa a outra.

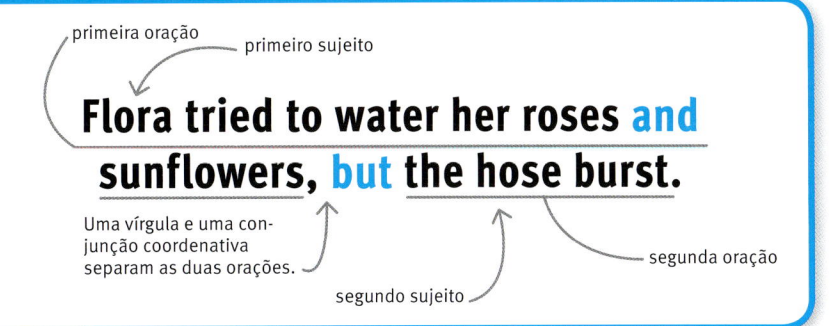

primeira oração — primeiro sujeito
Flora tried to water her roses **and** sunflowers, **but** the hose burst.
Uma vírgula e uma conjunção coordenativa separam as duas orações.
segundo sujeito — segunda oração

Subordinativas

As conjunções subordinativas são usadas para ligar palavras, locuções e orações de importância desigual. A oração subordinada adiciona informação à oração principal, explicando por quê ou quando algo acontece. As orações subordinadas começam com conjunções subordinativas como *before*, *if*, *because*, *although* e *while* e podem ser postas no início ou no final do período.

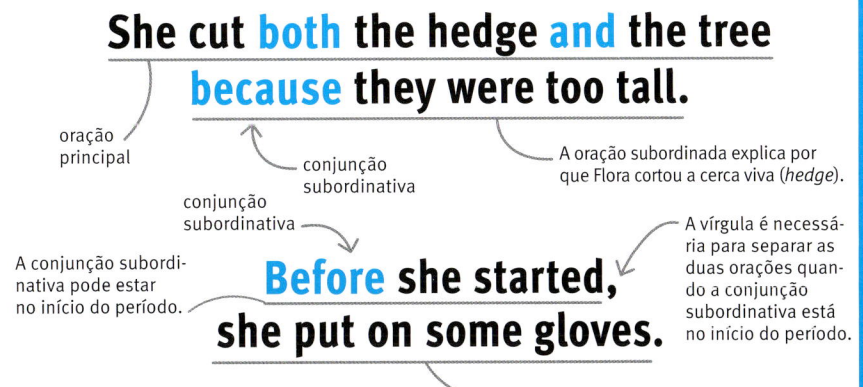

She cut **both** the hedge **and** the tree **because** they were too tall.
oração principal — conjunção subordinativa
A oração subordinada explica por que Flora cortou a cerca viva (hedge).

A conjunção subordinativa pode estar no início do período.
Before she started, she put on some gloves.
A vírgula é necessária para separar as duas orações quando a conjunção subordinativa está no início do período.
oração principal

Preposições

AS PREPOSIÇÕES LIGAM SUBSTANTIVOS E PRONOMES A OUTRAS PALAVRAS DO PERÍODO.

As preposições são palavras curtas que expressam a relação de um substantivo ou pronome com outra parte do período – em geral a posição física de uma coisa em relação a outra.

VEJA TAMBÉM	
‹ 20-1 Classes gramaticais	
‹ 22-3 Substantivos	
‹ 30-1 Artigos	
‹ 34-5 Pronomes	
‹ 56-7 Verbos frasais	
Locuções	64-5 ›
Vírgula	96-9 ›

Preposições simples

As preposições são comuns em inglês escrito e falado. Costumam fazer parte de orações prepositivas na forma de palavras como *for*, *about*, *with*, *of* e *on*. Uma locução prepositiva compõe-se de uma preposição seguida de seu objeto, que é um substantivo, pronome ou locução substantiva.

preposição — adjetivo
for a long bicycle ride
artigo — locução substantiva e o objeto da preposição

• Na **escrita formal**, os **períodos não devem terminar** em **preposição**, mas essa é uma prática corriqueira no inglês falado. "What are you talking about?" é um bom exemplo.

• As **locuções prepositivas** contêm apenas o **objeto** de uma oração, nunca o sujeito. No período "They sped **down a hill**", *hill* é o objeto e *they* é o sujeito.

Daisy went for a long bicycle ... a hill and through a stream

Winston Churchill, contrário a regras rígidas sobre a colocação das **preposições**, soltou esta frase famosa: "That is nonsense **up with which** I shall not put".

Preposições paralelas

Os escritores podem melhorar sua escrita usando uma linguagem coerente. Quando há necessidade de preposições diferentes para substantivos diferentes, todos devem ser incluídos no período. Se uma preposição é usada para introduzir uma série de substantivos, ela só deve ser aplicada antes do primeiro substantivo. A mesma preposição até pode aparecer antes de cada substantivo, mas isso é repetitivo.

Como os substantivos e objetos *hill* e *stream* exigem preposições diferentes, ambos devem constar no período.

They raced down a hill and through a stream.

Como esta preposição aplica-se aos dois substantivos, ela só precisa aparecer antes do primeiro.

They sped through a stream and a forest.

PREPOSIÇÕES   61

🔍 Identifique os verbos frasais preposicionados

Um verbo frasal preposicionado constitui-se de um verbo seguido de preposição. Esse tipo de verbo deve ter um objeto, mas a preposição não pode ser separada do verbo pelo objeto. Se a preposição for retirada do verbo frasal preposicionado, o período não terá sentido.

Daisy was **annoyed** and **afraid of** Ed's poor cycling skills. ✗
— Se as palavras *and afraid* são retiradas, o período não faz sentido.

Daisy was **annoyed of** Ed's poor cycling skills. ✗
— Este verbo frasal tem sentido sozinho.

Daisy was **afraid of** Ed's poor cycling skills. ✓
— A preposição correta foi acrescentada ao período.
— objeto, locução substantiva

Daisy was **annoyed by** and **afraid of** Ed's poor cycling skills. ✓

O uso de locuções prepositivas

As locuções prepositivas são usadas como adjetivo e advérbio para modificar substantivos ou verbos. Elas podem dar mais detalhes a respeito do objeto, de modo que o leitor ou ouvinte saiba a que ou a quem elas se referem, ou podem indicar onde algo está ou quando ou por que algo aconteceu.

Esta locução prepositiva funciona como adjetivo, por referir-se a um substantivo, *eagle*.

Daisy saw an eagle in a tree.

Esta locução prepositiva funciona como advérbio, por assinalar o lugar em que eles correram.

They raced down a hill.

ride **with** Ed. They raced **down** and stopped **next to** a bridge.

Preposições complexas

Às vezes, preposições simples são usadas com uma ou duas outras palavras para formar preposições complexas, que atuam em unidade. Como as preposições de uma palavra, elas vêm antes de substantivos ou pronomes em locuções prepositivas ou podem funcionar como adjetivo ou advérbio.

except for **next to**
out of **as for** **in front of**
in spite of **along with**

GLOSSÁRIO

Adjective prepositional phrase (locução prepositiva adjetiva) Locução prepositiva que qualifica um substantivo.

Adverb prepositional phrase (locução prepositiva adverbial) Locução prepositiva que modifica um verbo.

Noun phrase (locução substantiva) Várias palavras que, agrupadas, desempenham a mesma função de um substantivo.

Object (objeto) Substantivo ou pronome que recebe a ação do verbo.

Prepositional phrasal verb (verbo frasal preposicionado) Conjunto formado por um verbo e uma preposição, no qual os dois elementos atuam como uma unidade.

Prepositional phrase (locução prepositiva) Preposição seguida de substantivo, pronome ou locução nominal que operam juntos como adjetivo (descrevendo um substantivo) ou advérbio (modificando um verbo) num período.

Interjeições

INTERJEIÇÕES SÃO PALAVRAS OU EXPRESSÕES QUE APARECEM SOZINHAS OU NUM PERÍODO E EXPRESSAM EMOÇÕES.

Consideradas uma das classes gramaticais, as interjeições não têm função gramatical no período. São uma ou mais palavras usadas para exclamar, protestar ou ordenar e raramente surgem na escrita formal.

VEJA TAMBÉM	
‹ 20-1 Classes gramaticais	
Períodos	68-9 ›
Coloquialismos e gíria	86-7 ›
Vírgula	96-9 ›
Ponto de exclamação	112-3 ›

Palavras de emoção

As interjeições ocorrem com frequência no inglês falado. São úteis na escrita informal – especialmente em narrativas ou roteiros –, pois ajudam a transmitir as emoções das personagens, mas são usadas na escrita formal apenas em citações diretas. O tempo todo inventam-se novas interjeições para descrever emoções diferentes, e elas variam de região para região.

Emoção	Interjeição
dor	ouch, ow, oh
nojo	yuck, ugh, ew
surpresa	eek, yikes, ooh, wow, eh, well, really
euforia	hurrah, yippee, ha, woo-hoo, whoopee
prazer	mmm, yeah
alívio	phew, whew, whoa
tédio	blah, ho-hum
constrangimento	ahem, er
decepção	aw, meh, pfft
consternação	oh no, oh, oops
pânico	help, ah, uh oh
irritação	hmph, huh, hey, oy
reprovação	tsk-tsk, tut-tut
compreensão	aha, ah
pena	dear, alas, ahh
dúvida	hmm, er, um

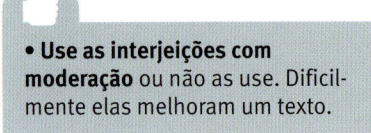

• Use as interjeições com **moderação** ou não as use. Dificilmente elas melhoram um texto.

O uso das interjeições

As interjeições que expressam emoções fortes, como consternação ou surpresa, em geral servem de exclamação e aparecem em uma palavra ou em locuções seguidas de ponto de exclamação. Emoções mais leves tendem a ser expressadas por uma interjeição seguida de vírgula.

Uh oh!

Aqui usa-se exclamação por se tratar de uma emoção forte (pânico).

Phew, that was scary.

Esta interjeição suave foi incorporada ao período. É separada da parte principal do período por uma vírgula.

INTERJEIÇÕES   63

MUNDO REAL
Eureca!

Dizem que Albert Einstein teria usado a interjeição *Eureca!* ao chegar à sua teoria especial da relatividade. *Eureca* é uma palavra grega que significa "achei". Momentos parecidos de revelação podem ser marcados por interjeições como *hurrah!* ou *aha!* – e a vantagem é que uma interjeição de uma só palavra pode transmitir muito mais emoção do que um período simples.

Cumprimentos

Cumprimentos do dia a dia, como *hello*, *hi*, *goodbye* e até *yoo-hoo*, são interjeições que fazem efeito sozinhas ou integram um período. Como acontece com outras interjeições, se um cumprimento é retirado do período, o sentido não é prejudicado.

Hello, what are you doing?

Esta interjeição significa "be quiet!" (silêncio!).

Shh! I'm concentrating.

Interrupções e introduções

Muitos falantes do inglês usam as interjeições *er* ou *um* para preencher pausas em seu discurso, como quando não se tem certeza do que dizer. Elas são chamadas às vezes de recursos de hesitação. *Yes*, *no* e variações também são interjeições, tais quais outras expressões introdutórias, como *indeed* and *well*. Elas podem ser usadas sozinhas em resposta a pergunta ou afirmação.

I, **er**, have no idea what has happened to, **um**, the snake charmer.

Se uma interjeição amena aparece no meio de um período, usam-se vírgulas de cada lado dela, como recurso de hesitação.

Yes, he's been gone for ages. Where is he?

As interjeições *yes* e *no* são usadas no começo do período, seguidas de vírgula, ou sozinhas.

Apartes

Costuma-se usar interjeições entre parênteses para indicar um aparte ou uma ação. Isso é particularmente útil num roteiro de artes cênicas, por indicar o tom de um período e orientar os atores.

The snake charmer is (**cough!**) temporarily unavailable.

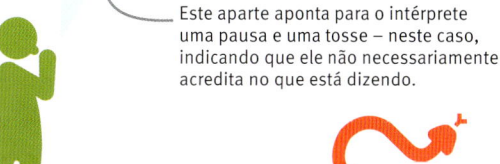

Este aparte aponta para o intérprete uma pausa e uma tosse – neste caso, indicando que ele não necessariamente acredita no que está dizendo.

Locuções

LOCUÇÃO É UM GRUPO DE PALAVRAS QUE FAZ PARTE DE UM PERÍODO.

VEJA TAMBÉM	
‹ 22-3	Substantivos
‹ 26-7	Adjetivos
‹ 40-1	Advérbios
‹ 46-7	Particípios
‹ 60-1	Preposições
Posição dos modificadores	76-7 ›

As locuções acrescentam informação ao período, mas só fazem sentido completo por pertencerem a ele. Essas locuções não contêm verbo e podem ter função de adjetivo, advérbio ou substantivo.

Locuções adjetivas

Como os adjetivos, as locuções adjetivas qualificam substantivos ou pronomes. Em geral, elas começam por um advérbio ou uma preposição. Podem estar antes ou depois do substantivo ou pronome a que se referem.

very red-faced — advérbio
Esta locução adjetiva compõe-se de um advérbio seguido de adjetivo; pode ser usada após o substantivo que ela qualifica.

the **very red-faced** drummer
Esta locução adjetiva pode ser colocada também antes do substantivo que ela qualifica.

of the band — preposição
Esta é uma locução adjetiva porque dá mais informação sobre *members*, um substantivo.

The drummer, very red-faced,
The shocked members of the band

- As **locuções** podem ser usadas **em lugar de adjetivos** ou **advérbios** para tornar o texto mais **interessante**.

A maioria das **definições de dicionário** é formada por **frases adjetivas**.

Locuções substantivas

As locuções substantivas são compostas por um substantivo e palavras que o modifiquem, inclusive artigos, determinantes e adjetivos ou locuções adjetivas. As locuções substantivas atuam exatamente do mesmo modo que substantivos no período.

Esta é uma locução substantiva porque realiza a ação do verbo – *hid*. Essa locução é o sujeito do período.

the shocked members of the band
Esta locução adjetiva faz parte da locução substantiva.

the drummer — artigo
Esta locução substantiva simples consiste de um artigo e um substantivo.

LOCUÇÕES **65**

Locuções adverbiais

Como os advérbios, as locuções adverbiais modificam verbos, adjetivos e outros advérbios. Respondem a perguntas como quando, por quê, onde e com que frequência.

angrily across the stage

Esta locução é adverbial porque se refere ao modo (*angrily*) como o baterista andou naquele local (*across the stage*).

behind their instruments

Esta é uma locução adverbial por se referir ao local em que os membros da banda se esconderam.

GLOSSÁRIO

Adjectival phrase (locução adjetiva) Grupo de palavras que qualifica um substantivo ou um pronome.

Adverbial phrase (locução adverbial) Grupo de palavras, como "in July last year", que executa o mesmo papel de um advérbio e responde a perguntas como como, quando, por quê, onde e com que frequência.

Noun phrase (locução substantiva) Várias palavras que, agrupadas, desempenham a mesma função de um substantivo.

Prepositional phrase (locução prepositiva) Preposição seguida de substantivo, pronome ou locução nominal que operam juntos como adjetivo (descrevendo um substantivo) ou advérbio (modificando um verbo) num período.

---

strode angrily across the stage.
hid behind their instruments.

Locuções prepositivas

O tipo de locução mais comum é a locução prepositiva, que sempre atua como adjetivo ou advérbio no período, modificando substantivos ou verbos. Portanto, ela se encontra dentro de locuções adjetivas ou adverbiais ou as compõe. A locução prepositiva é constituída de uma preposição mais um substantivo ou locução substantiva que a segue.

behind their instruments

preposição

Esta locução prepositiva opera como um advérbio, por modificar o verbo *hid*.

across the stage

preposição

Esta locução prepositiva também atua como advérbio, porque modifica o verbo *strode*.

of the band

preposição

Esta locução prepositiva funciona como adjetivo, porque qualifica o substantivo *members*.

Orações

A ORAÇÃO É O ELEMENTO FUNDAMENTAL DO PERÍODO.

Oração é um grupo de palavras que contém um sujeito e um verbo. Pode fazer parte de um período ou ser um período simples completo. As orações podem ser principais ou subordinadas e funcionar como adjetivo ou advérbio.

VEJA TAMBÉM	
‹ 22-3 Substantivos	
‹ 26-7 Adjetivos	
‹ 40-1 Advérbios	
‹ 58-9 Conjunções	
Períodos	68-9 ›
Período composto	70-1 ›
Períodos complexos	72-3 ›
Uso correto das orações	74-5 ›
Orações relativas	82-3 ›

Oração principal

Também chamada em inglês de *independent clause*, a oração principal conta com um sujeito e um verbo e exprime uma ideia completa. Oração principal é o mesmo que período simples, porque tem de fazer sentido sozinha.

SUJEITO The cat — **VERBO** slept.

ideia completa

Oração subordinada

Uma oração subordinada (também chamada em inglês *dependent clause*) contém um sujeito e um verbo, mas não faz sentido sozinha. Depende da oração principal para ter sentido. As orações subordinadas quase sempre explicam ou acrescentam informação sobre onde, quando, por quê ou como ocorre o que está na oração principal. As orações relativas e adverbiais são tipos de orações subordinadas.

because — **SUJEITO** the cat — **VERBO** was lazy

🔍 Identifique as orações principal e subordinada

Tanto a oração principal quanto a subordinada têm sujeito e verbo, mas só a principal faz sentido sozinha. A maneira mais fácil de identificar uma oração subordinada é localizar pronomes relativos, como *which* ou *that*, ou conjunções subordinativas, como *because* e *although*.

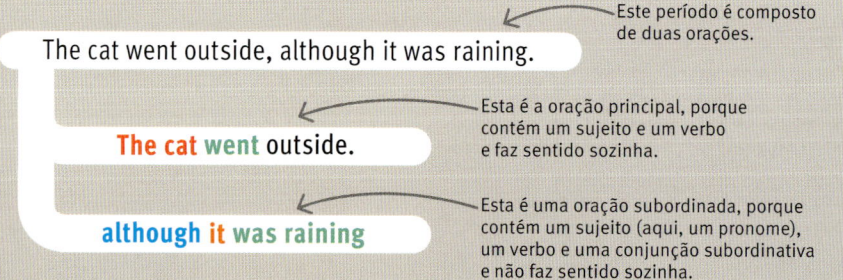

The cat went outside, although it was raining.
— Este período é composto de duas orações.

The cat went outside.
— Esta é a oração principal, porque contém um sujeito e um verbo e faz sentido sozinha.

although it was raining
— Esta é uma oração subordinada, porque contém um sujeito (aqui, um pronome), um verbo e uma conjunção subordinativa e não faz sentido sozinha.

ORAÇÕES **67**

Oração relativa

As orações relativas, também chamadas orações adjetivas, são um tipo de oração subordinada. Do mesmo modo que os adjetivos e as locuções adjetivas, as orações relativas descrevem substantivos e pronomes. Ao contrário dos adjetivos, elas só podem vir após o substantivo ou pronome que modificam. Começam sempre com um dos pronomes relativos – *who*, *whom*, *whose*, *which* e *that* –, que atuam como sujeito ou objeto da oração.

▽ **Sujeito**
O pronome relativo *which* é o sujeito da oração relativa, que pode ser usado para modificar um substantivo.

which (VERBO) **was** (ADJETIVO) **normal**

▷ **Objeto**
Aqui, o pronome relativo *which* é o objeto da oração – ele recebe a ação do verbo *did*.

which (SUJEITO) **the cat** (VERBO) **did** (LOCUÇÃO ADVERBIAL) **every morning**

Oração adverbial

Oração adverbial é um tipo de oração subordinada que funciona como advérbio. Dá mais informação a respeito de como, quando, onde e por que algo ocorre. As orações adverbiais começam com conjunções subordinativas como *because*, *although*, *after*, *while*, *as* e *until*.

▷ **Por quê?**
Esta oração adverbial explica por que o gato fez alguma coisa, mas não faz sentido sem a oração principal.

as (conjunção subordinativa) (SUJEITO) **the cat** (VERBO) **wanted** (OBJETO) **breakfast**

▷ **Quando?**
Esta oração adverbial explica quando o gato fez isso, mas não faz sentido sem a oração principal.

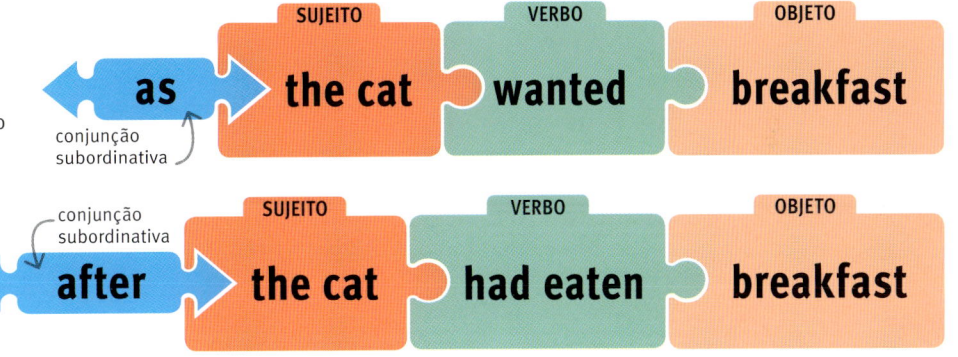

(conjunção subordinativa) **after** (SUJEITO) **the cat** (VERBO) **had eaten** (OBJETO) **breakfast**

GLOSSÁRIO

Adverbial phrase (locução adverbial) Grupo de palavras que executa o mesmo papel de um advérbio e responde a perguntas com como, quando, por quê, onde e com que frequência.

Object (objeto) Ser ou coisa que recebe a ação do verbo.

Relative pronoun (pronome relativo) Pronome que liga uma parte de um período à outra introduzindo uma oração relativa, que remete a um substantivo ou pronome anterior.

Subject (sujeito) Ser ou coisa que realiza a ação do verbo.

Subordinator (conjunção subordinativa) Palavra usada para ligar palavras, frases e orações de importância desigual.

• Pode-se transformar uma **oração principal** em **oração subordinada** acrescentando uma **conjunção subordinativa** – por exemplo, "**while** the cat slept, it was raining".

Períodos

EXISTEM MUITOS TIPOS DE PERÍODO, COM GRAU DE COMPLEXIDADE VARIADO.

Período é uma unidade da língua escrita que contém sujeito e verbo e tem sentido completo sozinho. Deve começar com letra maiúscula e terminar com ponto, ponto de exclamação ou ponto de interrogação.

VEJA TAMBÉM	
◀ 38-9 Verbos	
◀ 54-5 Vozes e modos verbais	
◀ 64-5 Locuções	
◀ 66-7 Orações	
Período composto	70-1 ▶
Períodos complexos	72-3 ▶
Ponto e reticências	94-5 ▶
Ponto de interrogação	110-1 ▶
Ponto de exclamação	112-3 ▶

Período simples

O período simples funciona do mesmo modo que a oração principal. Deve ter sujeito e um verbo principal e expressar uma só ideia. O sujeito é o ser ou coisa que executa a ação (o verbo), mas um sujeito pode se constituir de mais que um ser ou uma coisa. A maioria dos períodos simples conta com um objeto, que é o ser ou a coisa que recebem a ação.

The chef cooked.
- letra maiúscula
- sujeito
- verbo
- Um ponto encerra o período.

The chef and his friends ate the delicious meal.
- O sujeito pode ser composto por mais de um ser ou coisa.
- objeto
- Pode-se inserir palavras descritivas e expressões para dar mais informação, mas se há só um verbo o período continua sendo simples.

Afirmação

Afirmação é um período que transmite um fato ou uma informação. O sujeito vem sempre antes do verbo. Quase todos os períodos simples são afirmações, que terminam com um ponto.

The pie had exploded.
- Esta é uma afirmação, porque admite um fato e termina com ponto.

👍
- **Períodos curtos** tendem a ser **mais eficazes** para transmitir informações.
- É importante **variar a construção dos períodos** nos textos, para que não se tornem monótonos.
- Pode-se usar **períodos simples** para **criar tensão** numa história.

Interrogação

Este é um tipo de período que pede informação e termina com ponto de interrogação. Ao contrário da afirmação, põe-se o sujeito após o verbo auxiliar. Como só os verbos auxiliares trocam de lugar com o sujeito, o período interrogativo deve conter um verbo auxiliar como *be*, *do* ou *can*. Muitas perguntas começam com palavras como *why*, *when*, *where* and *how*.

Why did the pie explode?
- palavra interrogativa
- sujeito
- verbo principal
- verbo auxiliar
- Esta é uma interrogação porque pede informação e termina com ponto de interrogação.

PERÍODOS 69

🔍 Identifique um período

Uma oração torna-se um período quando começa com letra maiúscula e termina com ponto, ponto de interrogação ou ponto de exclamação. Todos os períodos devem ter sujeito e verbo e fazer sentido sem informação adicional.

❌ **the chef loves cooking**
Este não é um período porque não começa com letra maiúscula nem termina com ponto.

✅ **The chef loves cooking.**

What is. ❌
Este não é um período porque não tem sujeito, não faz sentido e a palavra interrogativa *what*, no início, indica que a frase deve terminar com ponto de interrogação.

What is he cooking? ✅

something is burning! ❌
Este não é um período porque não começa com letra maiúscula.

Something is burning! ✅

Comando

Comando é um período em que se dá uma ordem ou uma instrução. As instruções são mais eficientes quando escritas com períodos simples. O sujeito de um comando está mais implícito que presente – é a pessoa que o recebe. Em geral as ordens terminam com ponto de exclamação, e as instruções costumam terminar com ponto.

Como este período expressa uma ordem, ele termina com ponto de exclamação.

Do not open the oven!

O sujeito implícito é a pessoa que recebe a ordem de não abrir o forno.

Please do not touch the pie.

O sujeito implícito é a pessoa a quem se pede que não toque na torta.

Como este período expressa uma instrução, ele termina com ponto.

Exclamação

A exclamação funciona do mesmo modo que a afirmação, mas expressa emoção forte, como surpresa ou pavor. As exclamações sempre terminam com ponto de exclamação.

The pie had exploded!

O uso de ponto de exclamação em lugar do ponto dá mais emoção à afirmação, tornando-a mais dramática.

O **período completo mais curto** em **inglês** é "I am".

MUNDO REAL
"Careful you must be..."

Quando as regras simples de construção do período não são obedecidas, os períodos tornam-se muito difíceis de entender. A fala de Yoda, personagem de *Guerra nas estrelas*, é um bom exemplo. Em vez de usar períodos no padrão sujeito-verbo-objeto, Yoda mistura os períodos, pondo o objeto primeiro, depois o sujeito e o verbo. Essa é uma peculiaridade do personagem.

GLOSSÁRIO

Auxiliary verb (verbo auxiliar) Verbo, como *be* ou *have*, que ajuda a ligar o verbo principal do período ao sujeito.

Main clause (oração principal) Grupo de palavras que contém um sujeito e um verbo e faz sentido sozinho.

Object (objeto) Ser ou coisa que recebe a ação do verbo.

Subject (sujeito) Ser ou coisa que realiza a ação do verbo.

Período composto

PERÍODO COMPOSTO É AQUELE QUE TEM MAIS DE UMA ORAÇÃO PRINCIPAL.

VEJA TAMBÉM	
◄ 58-9 Conjunções	
◄ 66-7 Orações	
◄ 68-9 Períodos	
Períodos complexos	72-3 ►
Ponto e vírgula	100-1 ►
Dois-pontos	102-3 ►

Os períodos compostos são formados com duas ou mais orações independentes, não subordinadas. As orações principais são ligadas por conjunções, e o período resultante transmite ideias diferentes de igual importância.

A união de orações principais

Os períodos compostos são úteis para conectar duas ou mais ideias de igual importância. Ajudam a melhorar a fluência do texto, uma vez que muitos períodos simples sucessivos podem tornar a leitura desconfortável. Para formar a maioria dos períodos compostos, duas orações principais – cada qual com sujeito e verbo – são ligadas por conjunções coordenativas, como *and*, *but* e *so*. Usa-se vírgula antes da conjunção coordenativa para separar as duas orações.

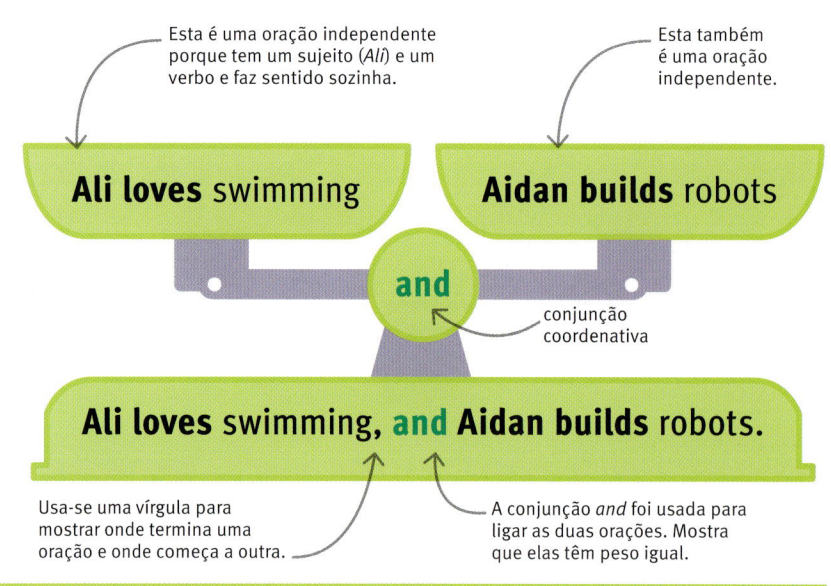

Esta é uma oração independente porque tem um sujeito (*Ali*) e um verbo e faz sentido sozinha.

Ali loves swimming

Esta também é uma oração independente.

Aidan builds robots

and — conjunção coordenativa

Ali loves swimming, **and Aidan builds** robots.

Usa-se uma vírgula para mostrar onde termina uma oração e onde começa a outra.

A conjunção *and* foi usada para ligar as duas orações. Mostra que elas têm peso igual.

O uso de conjunções

Existem sete conjunções coordenativas principais, usadas de maneiras diferentes. A conjunção *and* une duas coisas que são similares ou mostra que uma coisa segue a outra. *But* é usada para confrontar uma ideia com outra, e *so* indica que a segunda coisa ocorre como resultado da primeira. *Yet* é empregada com o sentido de "apesar de", *or* e *nor* fazem a ligação de alternativas e *for* aparece em períodos compostos com o sentido de "pois".

A segunda oração prevalece, apesar da primeira oração.
Ali loves swimming, **yet she swims** rarely.

A segunda oração existe em função da primeira.
Ali loves swimming, **so she swims** often.

Ali might go swimming, **or she might see** her friends.
As duas orações mostram ações alternativas que o sujeito poderia praticar.

or / yet / so / for / but / and / nor

A segunda oração faz uma afirmação que confronta a primeira oração.
Ali loves swimming, **but she hates** running.

Ali loves swimming, **for she grew up** near the sea.
A segunda oração explica a primeira.

As duas orações dão informação de igual importância.
Ali loves swimming, **and she loves** hot weather.

As duas orações apresentam ações que o sujeito não realizou.
Ali did not go swimming, **nor did she see** her friends.

PERÍODO COMPOSTO

A junção de várias orações independentes

Às vezes, três ou mais orações são conectadas. Se o período resultante é uma sequência de orações com ideias parecidas, usa-se uma vírgula para separar as duas primeiras orações e emprega-se uma conjunção antes da terceira oração.

Usa-se uma vírgula para separar as duas primeiras orações numa sucessão de três orações.

Ali loves swimming, **Aidan builds** robots, **and Sophie enjoys** reading.

Usa-se uma conjunção coordenativa para unir a terceira oração à segunda.

Ponto e vírgula

Outro modo de fazer um período composto é ligar as duas orações com ponto e vírgula, que desempenha o mesmo papel que uma conjunção e pode, portanto, substituí-la. Mostra que as duas orações têm relação próxima e importância igual.

Como as duas orações dão informações diferentes mas correlatas sobre Aidan, elas podem ser ligadas por um ponto e vírgula.

Aidan builds robots; **he** also **repairs** motorcycles.

As mesmas orações podem ser ligadas por uma conjunção.

Aidan builds robots, **and he** also **repairs** motorcycles.

Dois-pontos

O sinal de dois-pontos também é usado para formar um período composto. Em vez de conectar duas ideias similares, os dois-pontos são usados para mostrar que a segunda oração é uma explicação da primeira. Ao contrário do ponto e vírgula, os dois-pontos não podem ser substituídos por uma conjunção.

Aidan has an unusual hobby: **he builds** robots.

As duas orações principais são ligadas por dois-pontos, porque a segunda oração é uma explicação da primeira.

GLOSSÁRIO

Co-ordinating conjunction (conjunção coordenativa) Palavra que liga palavras, expressões e orações de importância igual.

Main clause (oração principal) Grupo de palavras que contém sujeito e verbo e faz sentido isoladamente.

Subject (sujeito) Ser ou coisa que realiza a ação do verbo.

Subordinate clause (oração subordinada) Grupo de palavras que contém sujeito e verbo, mas depende de uma oração principal para ter sentido.

• **Nunca use vírgula para juntar duas orações principais**, que só podem ser ligadas por conjunção, ponto e vírgula ou dois-pontos.

• Se duas **orações principais** têm o **mesmo sujeito** e são ligadas por uma **conjunção**, o sujeito pode ser omitido na segunda oração. Se o período for curto, não há necessidade de vírgula antes da conjunção. Por exemplo, "Ali loves swimming **but** hates running".

Períodos complexos

UM PERÍODO COMPLEXO CONTÉM AO MENOS UMA ORAÇÃO SUBORDINADA.

VEJA TAMBÉM	
‹ 58-9 Conjunções	
‹ 66-7 Orações	
‹ 70-1 Período composto	
Posição dos modificadores	76-7 ›
Ponto e vírgula	100-1 ›
Dois-pontos	102-3 ›
Períodos mais interessantes	184-5 ›

Ao contrário do período composto, que só pode conter orações principais, um período complexo compõe-se de uma oração principal e uma ou mais orações subordinadas. A oração subordinada depende da oração principal para ter sentido.

Gradação de ideias

Os períodos complexos são úteis porque podem ser usados para indicar que uma ideia é mais importante que a outra. A ideia secundária é uma oração subordinada, que tem sujeito e verbo, mas não faz sentido sem a oração principal, à qual se liga. As orações subordinadas acrescentam informação às orações principais.

oração principal
Zoe put on her coat because it was cold.

Esta é uma oração subordinada, pois explica por que Zoe vestiu o casaco, mas não faz sentido sozinha.

Ligação de orações subordinadas

As orações subordinadas costumam começar com um pronome relativo, como *which* ou *that*, um particípio, como *dancing* ou *shouting*, ou uma conjunção subordinativa, como *because* ou *although*. Muitas conjunções subordinativas, entre elas *where*, *when* e *while*, dão uma indicação clara do tipo de informação que introduzem.

ORAÇÃO PRINCIPAL
Zoe had fun at the dance class

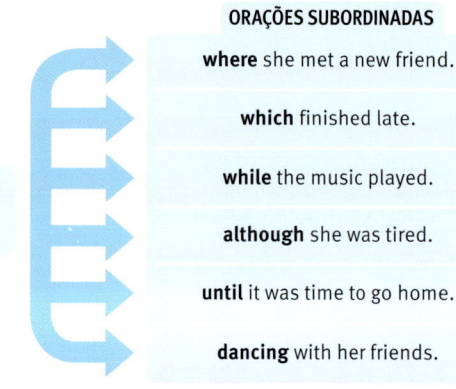

ORAÇÕES SUBORDINADAS
where she met a new friend.
which finished late.
while the music played.
although she was tired.
until it was time to go home.
dancing with her friends.

🔍 Identifique os particípios "pendentes"

Muitas vezes as orações subordinadas começam com um particípio, que remete à ação executada pelo sujeito da oração principal. Se uma oração subordinada iniciada por particípio estiver no lugar errado do período, ela se chama *dangling* ("pendente"), por não ter sujeito para se apoiar. A oração deve sempre ser posta perto do sujeito que ela modifica.

Talking to a friend, the music deafened Zoe. ✗
Este é um particípio "pendente" porque modifica o substantivo errado – *music*.

The music was **talking to a friend**. ✗
Verifique qual substantivo é modificado pela oração subordinada mudando-o de lugar para que se relacione com a oração.

Zoe was **talking to a friend**. ✓
Agora é modificado o substantivo correto.

Talking to a friend, **Zoe** was deafened by the music. ✓
Reescreva o período para que o substantivo correto fique próximo da oração subordinada.

PERÍODOS COMPLEXOS

Ordem das orações

Orações subordinadas que começam com pronomes relativos sempre seguem o substantivo ou o pronome a que se referem. No entanto, se uma oração subordinada começa com uma conjunção subordinativa ou um particípio, ela pode ocupar posições diferentes no período.

▷ **No fim do período**
Quando a oração subordinada é colocada no final do período, não se exige vírgula para separar as orações, a menos que o período seja longo e esteja confuso.

Como a oração subordinada liga-se à oração principal por uma conjunção subordinativa, a vírgula não é necessária.

Rob hid in a corner **because he hated dancing**.

▷ **No início do período**
Todavia, se a oração subordinada está no início do período, ela deve ser separada por vírgula da oração principal que a segue.

Como esta oração subordinada está no início do período, exige-se uma vírgula para separar as duas orações.

Until the class was over, Rob hid in a corner.

▷ **No meio do período**
Do mesmo modo, se a oração subordinada quebra a oração principal, exige-se uma vírgula no começo e no fim da subordinada para separá-la da oração principal.

Como esta oração subordinada divide em dois a oração principal, a vírgula é necessária para mostrar que parte pertence a qual oração.

Rob, **feeling bored**, hid in a corner.

Várias orações subordinadas

Uma vez que um período complexo contém ao menos uma oração principal, pode existir mais do que uma oração subordinada. A maneira mais fácil de construir um período complexo é começar com uma oração principal e depois acrescentar as orações subordinadas, uma de cada vez.

Tim missed the class. — oração principal

Uma oração subordinada foi acrescentada para tornar o período complexo.

Although he loved dancing, Tim missed the class. — oração principal

oração subordinada

Although he loved dancing, Tim missed the class, **which was full.**

oração principal

Outra oração subordinada foi acrescentada.

GLOSSÁRIO

Main clause (oração principal) Grupo de palavras que contém sujeito e verbo e faz sentido isoladamente.

Relative pronoun (pronome relativo) Pronome que liga uma parte de um período à outra introduzindo uma oração relativa, que remete a um substantivo ou pronome anterior.

Subject (sujeito) Ser ou coisa que realiza a ação do verbo.

Subordinate clause (oração subordinada) Grupo de palavras que contém sujeito e verbo, mas depende de uma oração principal para ter sentido.

Subordinator (conjunção subordinativa) Palavra usada para ligar palavras, frases e orações de importância desigual.

Uso correto das orações

AS ORAÇÕES DEVEM APARECER EM CERTA ORDEM PARA QUE O PERÍODO QUE CONTÉM VÁRIAS ORAÇÕES TENHA SENTIDO.

VEJA TAMBÉM	
‹ 64-5	Locuções
‹ 66-7	Orações
‹ 68-9	Períodos
‹ 70-1	Período composto
‹ 72-3	Períodos complexos

A oração principal deve ter pleno sentido isoladamente, enquanto uma oração subordinada só faz sentido quando ligada a uma oração principal. Quando as orações são postas no lugar errado do período, muda-se o significado do próprio período.

Decomposição de períodos

Certas regras devem ser seguidas para que um período complexo faça sentido. Se um período for decomposto em seus componentes, é preciso estar claro que oração se refere a qual sujeito. Cada oração deve ter sujeito e verbo próprios, e a oração principal deve expressar uma ideia completa.

Esta é uma oração principal, porque faz sentido sozinha.

Esta oração subordinada explica por que Lauren (sujeito do período) estava chateada.

Lauren was upset because she had lost her swimsuit, which was new.

Esta oração subordinada está no fim do período porque se refere ao maiô (swimsuit), não a Lauren.

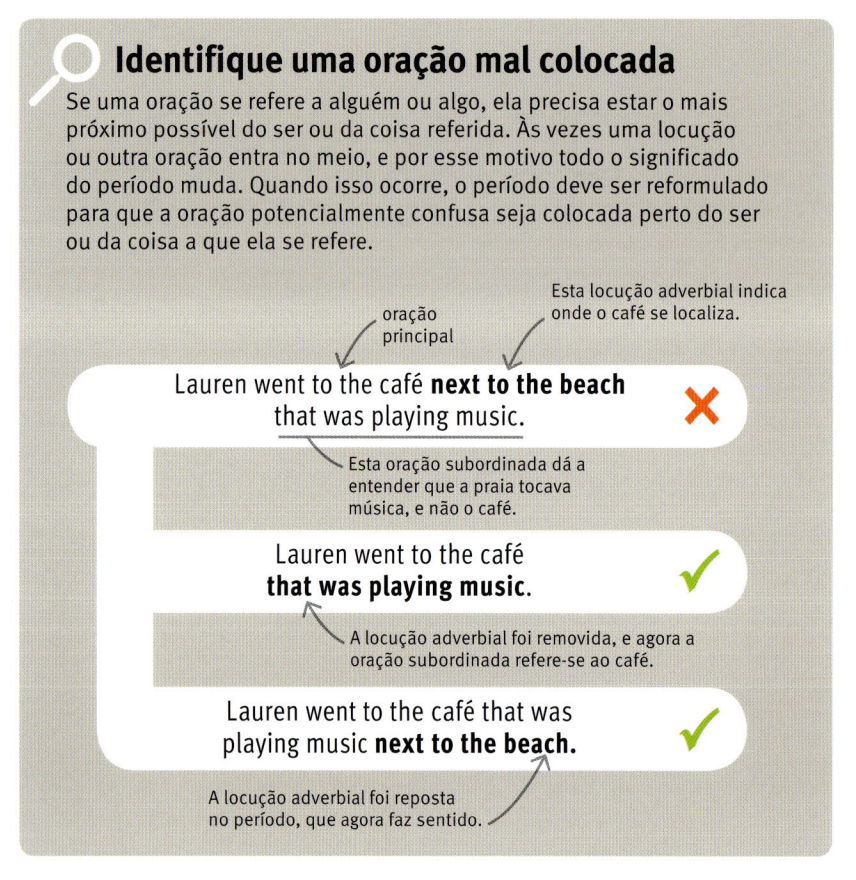

Identifique uma oração mal colocada

Se uma oração se refere a alguém ou algo, ela precisa estar o mais próximo possível do ser ou da coisa referida. Às vezes uma locução ou outra oração entra no meio, e por esse motivo todo o significado do período muda. Quando isso ocorre, o período deve ser reformulado para que a oração potencialmente confusa seja colocada perto do ser ou da coisa a que ela se refere.

oração principal

Esta locução adverbial indica onde o café se localiza.

Lauren went to the café **next to the beach** that was playing music. ✗

Esta oração subordinada dá a entender que a praia tocava música, e não o café.

Lauren went to the café **that was playing music**. ✓

A locução adverbial foi removida, e agora a oração subordinada refere-se ao café.

Lauren went to the café that was playing music **next to the beach.** ✓

A locução adverbial foi reposta no período, que agora faz sentido.

GLOSSÁRIO

Adverbial phrase (locução adverbial) Grupo de palavras, como "in July last year", que executa o mesmo papel de um advérbio e responde a perguntas com como, quando, por quê, onde e com que frequência.

Main clause (oração principal) Grupo de palavras que contém sujeito e verbo e faz sentido isoladamente.

Subject (sujeito) Ser ou coisa que realiza a ação do verbo.

Subordinate clause (oração subordinada) Grupo de palavras que contém sujeito e verbo, mas depende de uma oração principal para ter sentido.

USO CORRETO DAS ORAÇÕES   75

Separe o sujeito e o verbo
Algumas orações subordinadas podem estar no meio de um período, separando partes diferentes de uma oração principal. Se o sujeito do período estiver longe demais do verbo, fica difícil captar o sentido do período, a menos que as orações subordinadas sejam mais bem colocadas no início ou no fim dele.

▷ **Separados**
É difícil compreender este período, porque o verbo, *felt*, está separado do seu sujeito, *Lauren*, por uma longa oração subordinada.

Lauren, after walking to the café, buying two scoops of ice cream, and eating them hungrily, **felt ill**.

▷ **Reunidos**
O período foi reorganizado para que o sujeito da oração principal, *Lauren*, fique perto do verbo que corresponde a ela.

After walking to the café, buying two scoops of ice cream, and eating them hungrily, **Lauren felt ill**.

Evite frases soltas
Frases soltas são partes de períodos que não contêm todas as peças necessárias para formar um período completo. No contexto de uma conversa, as frases soltas podem ser significativas. Quando o contexto deixa de existir, contudo, elas não fazem sentido, e devem ser evitadas em textos formais.

▽ **Localização de frases soltas**
Muitas frases soltas não contêm um sujeito ou um verbo, e só fazem sentido no contexto — por exemplo, como resposta à pergunta abaixo.

What would you like?

Vanilla and fudge ice cream. ← frase solta

▽ **Formação de períodos**
Se uma frase solta perde seu contexto, o sujeito e o verbo precisam ser restaurados. Um período escrito não deve depender de períodos vizinhos para ter sentido.

sujeito ↙
I would like vanilla and fudge ice cream.
↖ verbo

MUNDO REAL
Publicidade fragmentada
A publicidade costuma usar frases soltas, pois o produto anunciado proporciona o contexto. A principal preocupação do anunciante é que a marca se destaque, de modo que o nome dela apareça no início ou no meio de frases soltas. Às vezes é mais fácil lembrar de certos slogans justamente por esse estranhamento.

Posição dos modificadores

MODIFICADOR É UMA PALAVRA, LOCUÇÃO OU ORAÇÃO QUE DESCREVE OUTRA PALAVRA, LOCUÇÃO OU ORAÇÃO.

Usados corretamente, os modificadores tornam os períodos mais descritivos e, portanto, mais interessantes. Se o modificador estiver no local errado, contudo, todo o sentido do período pode ficar alterado.

VEJA TAMBÉM	
‹ 26-7	Adjetivos
‹ 40-1	Advérbios
‹ 46-7	Particípios
‹ 64-5	Locuções
‹ 66-7	Orações
‹ 74-5	Uso correto das orações

Advérbios deslocados

Entre os modificadores de uma palavra estão os advérbios *only*, *almost*, *just* e *nearly*. Estes advérbios são em geral colocados antes da palavra a que se referem. Se o modificador estiver no local errado, o sentido pretendido pode não ficar claro, e talvez o modificador altere o ser ou a coisa errada.

Aqui, "just" significa que falei com Maria há bem pouco tempo e a convidei para almoçar.

I **just** asked Maria to lunch.

I asked **just** Maria to lunch.

Aqui, "just" significa que convidei apenas Maria para almoçar e ninguém mais.

Aqui, "almost" significa que eu queria comer a torta inteira, mas não comi nem um pouco.

I **almost** ate a whole pie.

Aqui, "almost" significa que eu praticamente comi a torta inteira.

I ate **almost** a whole pie.

O comediante Groucho Marx fez uma **piada** com um **modificador deslocado**: "One morning I shot an elephant **in my pyjamas**. How he got into my pyjamas I'll never know".

Adjetivos deslocados

Como os advérbios, os adjetivos modificadores devem estar o mais perto possível do ser ou da coisa a que se referem. Em geral, esses modificadores ficam mal colocados quando várias palavras remetem ao substantivo.

Este adjetivo refere-se a uma mulher prateada, não a uma pulseira prateada.

Jim found a **silver** woman's bracelet.

Jim found a woman's **silver** bracelet.

Agora o adjetivo se refere a uma pulseira prateada que pertence a uma mulher.

GLOSSÁRIO

Dangling participle (particípio "pendente") Frase ou oração iniciada por particípio e colocada erroneamente no período, longe do sujeito a que se refere.

Main clause (oração principal) Grupo de palavras que contém sujeito e verbo e faz sentido isoladamente.

Misplaced modifier (modificador deslocado) Modificador que foi posto tão distante do ser ou da coisa que ele pretende modificar que parece referir-se a outro ser ou coisa.

Participle (particípio) Forma verbal que termina em -ing (particípio presente) ou -ed ou -en (particípio passado).

Subject (sujeito) Ser ou coisa que realiza a ação do verbo.

Subordinate clause (oração subordinada) Grupo de palavras que contém sujeito e verbo, mas depende de uma oração principal para ter sentido.

POSIÇÃO DOS MODIFICADORES 77

Locuções prepositivas deslocadas

É frequente as locuções prepositivas ficarem em lugar errado. Se o modificador é uma locução, ela deve ser posta perto do ser ou da coisa a que se refere. Se a locução prepositiva estiver em outro lugar do período, talvez não consiga transmitir a mensagem desejada.

Laura went for a walk with the dog **in her new boots**.

Esta locução prepositiva refere-se à cadela, que, assim, está de botas.

Laura went for a walk **in her new boots** with the dog.

Esta locução prepositiva agora modifica a oração principal – "Laura went for a walk" –, indicando que Laura está de botas.

- Quando escrever, **releia** sempre o texto antes de mostrá-lo a qualquer pessoa. Por tê-lo escrito, é **fácil não notar** uma **ordem de palavras engraçada** ou **enganosa**.
- Uma boa maneira de achar **modificadores deslocados** num período é **isolar** quaisquer **palavras modificadoras** ou locuções, **marcando-as**. Então fica mais fácil perceber quais modificadores referem-se a quais substantivos e **mover** os que estiverem no **lugar errado**.

Identifique os modificadores "estrábicos"

Se um modificador é colocado entre duas locuções ou orações, talvez seja difícil identificar a qual delas ele se refere. Quase sempre se chama esse tipo de modificador de *squinting* (estrábico), porque ele olha para dois lados ao mesmo tempo. O único jeito de resolver essa ambiguidade é mover o modificador para não haver confusão.

Este advérbio pode modificar o verbo *swim*, caso em que o período diz que as pessoas que nadam com frequência ficarão em forma.

People who swim **often** will get fitter. ✗

Contudo, *often* também pode modificar a locução "will get fitter", caso em que o período diz que as pessoas que nadam são as que, com frequência, ficarão em forma.

People who **often** swim will get fitter. ✓

O advérbio modificador foi movido para que não haja ambiguidade, e as pessoas que nadam com frequência são as que ficarão em forma.

People who swim will **often** get fitter. ✓

O advérbio modificador foi movido para evitar confusão, e o período diz que as pessoas que nadam são as que, geralmente, ficam em forma.

Particípios "pendentes"

As orações subordinadas que começam com um particípio costumam confundir. Esse tipo de oração deve estar perto do seu sujeito, que pode também ser o sujeito do período. Se a oração está no lugar errado, ela modifica a coisa errada; do mesmo modo, se o sujeito visado não estiver no período, este não fará sentido. Quando tais erros ocorrem, os particípios são chamados de "pendentes".

Driving past, the camel was asleep.

Neste período, é o camelo adormecido que está dirigindo. O sujeito almejado (a pessoa que está dirigindo) está ausente do período.

Driving past, he saw a sleeping camel.

Este período foi reescrito para que o particípio *driving* passe a modificar um sujeito, *he*, que é também o sujeito do período.

Palavras usadas incorretamente

CERTOS ERROS GRAMATICAIS OCORREM COM FREQUÊNCIA.

É comum cometer erros gramaticais ao falar, mas, quando esses erros aparecem na escrita, o sentido do período costuma ser prejudicado. Veja dicas para solucionar alguns desses problemas.

VEJA TAMBÉM	
‹ 26-7 Adjetivos	
‹ 34-5 Pronomes	
‹ 40-1 Advérbios	
‹ 48-9 Verbos auxiliares	
Orações relativas	82-3 ›
Expressões, analogias e figuras de linguagem	84-5 ›
Apóstrofo	104-5 ›
Palavras enganosas	168-71 ›

That ou *which*?

Use *that* nas orações relativas restritivas, que fornecem informação essencial, e *which* nas orações relativas explicativas (*non-restrictive*, em inglês), que dão informações não essenciais. As *non-restrictive* aparecem entre vírgulas e podem ser removidas do período sem prejudicar o sentido dele.

The cats **that are black** are sleeping.

The cats**, which are black,** are sleeping.

May ou *might*?

O verbo auxiliar *may* insinua a possibilidade de algo acontecer, enquanto *might* indica uma incerteza real. Se é pouco provável que algo aconteça, use *might*.

I **may** go for a swim later.

You **might** encounter a shark.

Can ou *may*?

Can refere-se à capacidade de um ser fazer algo, ao passo que *may* é usado para pedir permissão. Esses verbos auxiliares não são intercambiáveis.

Can you cook?

May I come?

I ou *me*?

A maneira mais simples de saber que pronome usar é retirar a outra pessoa do período. Lembre-se sempre de colocar os outros em primeiro lugar.

Isabella, Rosie and **I** went to a café. — "I went to a café" faz sentido, então está correto.

Rosie bought coffee for Isabella and **me**. — "Rosie bought coffee for me" faz sentido, então está correto.

Who ou *whom*?

Pense em *who* representando *he* ou *she*, e *whom* representando *him* ou *her*. Se estiver em dúvida, faça a substituição *he/she* ou *him/her*.

Finn, **who** loved snow, went outside. — A oração substituta seria "he loved snow".

Finn found Greg, **whom** Finn had telephoned earlier. — A oração substituta seria "Finn had telephoned him".

PALAVRAS USADAS INCORRETAMENTE

Whether ou *if*?
Whether não significa o mesmo que *if*. *Whether* é usado em períodos em que existem duas ou mais alternativas (com *or*), e *if* só pode ser utilizado quando não há alternativa.

She couldn't decide **whether** to run **or** hide.

She doesn't know **if** anything will happen.

Its ou *it's*?
Use o determinante possessivo *its* ao se referir a uma coisa que pertence a algo, e a contração *it's* para representar *it is*.

It's back!

its back

Could have ou *could of*?
Na fala, a forma contraída de *could have*, *could've*, costuma ser interpretada erroneamente como *could of*. *Could of* é errado e não deve ser usado.

You **could have** told me!

Fewer ou *less*?
Usa-se *fewer* para coisas que podem ser contadas, enquanto se emprega *less* com quantidades hipotéticas – coisas incontáveis.

I got **fewer** than ten birthday presents this year.

I have **less** work to do than he has.

Bring ou *take*?
Se um objeto é levado na direção do sujeito, deve-se usar o verbo *bring*. Se o objeto é afastado, emprega-se o verbo *take*.

Shall I **bring** a book to read?

You can **take** one of my books.

Good ou *well*?
Como adjetivo, *good* é usado para qualificar substantivos. Usa-se *well* mais como advérbio, para modificar verbos, adjetivos ou outros advérbios. Porém, pode ser usado também no sentido de "healthy". Como *good* não significa "healthy", não é usado com tal sentido.

A **good** chef eats **well**, so stays **well**.

Este adjetivo qualifica o substantivo *chef*.

Este advérbio modifica o verbo *eats*.

Este adjetivo significa "saudável".

Literally
Literally significa *actually* – "literalmente" ou "na realidade". Só deve ser usada para descrever algo exatamente como aconteceu. Se não for assim, é figurativo, não literal.

I **literally** erupted with laughter!

Negativa

O NEGATIVO TRANSFORMA UMA AFIRMAÇÃO EM NEGAÇÃO.

Em inglês, para mostrar que algo está errado ou não é verdadeiro, é preciso tornar negativa uma afirmação positiva – em geral acrescentando a palavra *not* após um verbo auxiliar. Evite as negativas duplas.

VEJA TAMBÉM	
‹ 34-5	Pronomes
‹ 40-1	Advérbios
‹ 42-3	Tempos verbais simples
‹ 44-5	Tempos perfeitos e contínuos
‹ 48-9	Verbos auxiliares
‹ 52-3	Concordância verbal
Apóstrofo	104-5 ›

MUNDO REAL
Satisfeito?

Quando os Rolling Stones cantaram "I can't get no satisfaction" em 1965, eles cancelaram a negativa *can't* com *no*. Mas, apesar da negativa dupla, o sentido ficou claro, e os ouvintes do mundo todo entenderam que os Stones estavam de fato insatisfeitos.

Formação de períodos negativos

Verbos auxiliares são os únicos verbos que podem se tornar negativos. Se um período não tem um verbo auxiliar, ele deve ser acrescentado. Então, põe-se o advérbio negativo *not* imediatamente depois do verbo auxiliar. A combinação resultante é chamada de auxiliar negativo.

VERBO AUXILIAR	PALAVRA NEGATIVA	VERBO PRINCIPAL
had is will	not	been going go

Frank had not been to a German
believe he wouldn't try a curried

Contrações

Nos períodos negativos, o verbo auxiliar e a palavra negativa *not* podem se juntar e se abreviar para formar contrações, com apóstrofo para representar a letra ou as letras ausentes. Entre as contrações negativas comuns estão *haven't* (*have not*) e *can't* (*cannot*).

Verbo auxiliar	Negativo	Contração
would	not	wouldn't
do	not	don't
should	not	shouldn't
could	not	couldn't
will	not	won't

As contrações negativas são formadas, na maioria, pela junção de duas palavras, tirando-se a letra *o* de *not*.

Existem exceções: aqui, a letra *i* de *will* também foi alterada para *o*.

NEGATIVA

Identifique a negativa dupla

Quando duas palavras negativas aparecem na mesma oração ocorre a chamada negativa dupla. Embora as duas negativas queiram enfatizar a ideia de negação – uso aceito no inglês coloquial –, na realidade uma negativa depois da outra resulta em positivo. Se a oração tiver duas negativas, uma delas deve ser retirada.

Já que agora há uma só negativa, o período transmite o sentido pretendido.

Como há duas negativas nesse período, o sentido resultante é que Frank queria mais comida.

Frank didn't want no more food. ✗

didn't **no**

✓ **Frank didn't want more food.**

Como foi retirado o verbo auxiliar no passado – *did* –, o verbo *want* precisa ser posto no passado.

Frank wanted no more food. ✓

Já que agora há só uma negativa, o período transmite o sentido desejado.

GLOSSÁRIO

Auxiliary verb (verbo auxiliar) Verbo, como *be* ou *have*, que ajuda a ligar o verbo principal do período ao sujeito. Esses são os únicos verbos que podem se tornar negativos.

Clause (oração) Grupo de palavras que contém sujeito e verbo. Os períodos são compostos de uma ou mais orações.

• ***Not*** é a palavra negativa mais comum, mas outras palavras podem ser usadas do mesmo modo. Elas vão de ***never*** e ***no***, as mais contundentes, a ***seldom***, ***barely*** e ***hardly***, que representam graus mais amenos de negação.

Pronomes negativos

Alguns pronomes indefinidos já são negativos e, portanto, não precisam de *not* para se tornar negativos. Entre eles estão **no**body, **no** one, **no**thing e **no**ne.

Não é preciso acrescentar a palavra *not* depois deste verbo auxiliar, porque *nobody* é uma palavra negativa.

Nobody could believe he wouldn't try a curried sausage.

Como *nobody* é pronome singular, o verbo permanece no singular.

restaurant before. **Nobody could**
sausage. He **disliked** spicy food.

Pensamento positivo

Os períodos afirmativos costumam usar poucas palavras e são mais convincentes se escritos de forma positiva. Até palavras negativas podem ser usadas num período com intenção positiva.

Esta palavra negativa significa "não gostava", mas pode ser usada num período positivo.

He disliked spicy food.

Construção negativa	Construção positiva
did not like	disliked
was not honest	was dishonest
did not pay attention	ignored
could not remember	forgot
did not start on time	started late
is not attractive	is unattractive

Orações relativas

TAMBÉM CHAMADAS ORAÇÕES ADJETIVAS, AS ORAÇÕES RELATIVAS MODIFICAM SUBSTANTIVOS.

As orações relativas adicionam informação a um período por meio dos pronomes relativos *who*, *whom*, *whose*, *that* e *which*. As orações relativas restritivas acrescentam detalhes específicos, e as orações não restritivas acrescentam informações de caráter geral.

VEJA TAMBÉM	
‹ 34-5	Pronomes
‹ 64-5	Frases
‹ 66-7	Orações
‹ 72-3	Períodos complexos
‹ 74-5	Uso correto das orações
‹ 76-7	Colocação dos modificadores
Vírgula	96-9 ›

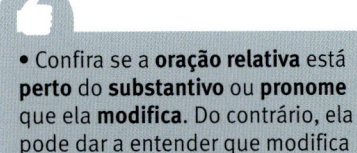

- Confira se a **oração relativa** está **perto** do **substantivo** ou **pronome** que ela **modifica**. Do contrário, ela pode dar a entender que modifica o ser ou a coisa errada.
- Às vezes pode-se usar uma oração relativa para **modificar** o **resto do período**, em vez de um substantivo ou pronome em particular. No período a seguir, a oração relativa refere-se a toda a primeira parte do período: "Joe did not look sorry, **which was normal**".

Orações relativas não restritivas

Existem dois tipos de orações relativas: não restritivas e restritivas. Também chamadas em inglês de *non-defining*, ou *non-essential clauses*, as orações relativas não restritivas dão informação adicional sobre um substantivo. São separadas do resto do período por vírgula, porque a informação que dão é acessória, não essencial.

Orações não restritivas exigem vírgulas.

The principal, who hated chaos, felt calm.

Esta oração relativa dá mais detalhes sobre o diretor, mas pode ser suprimida sem prejudicar o sentido do período.

The principal, who hated chaos, felt Joe, whom he had summoned. Joe

Pronomes relativos

As orações relativas sempre seguem um substantivo ou pronome que elas modificam. Começam com um de cinco pronomes relativos, que atuam tanto como sujeito quanto como objeto da oração relativa. *Who* sempre serve de sujeito, enquanto *whom* sempre atua como objeto. Os pronomes relativos *who*, *whom* e *whose* são usados em referência a pessoas, e *which* e *that*, em relação a coisas.

Este é o objeto da oração relativa – a pessoa que foi convocada.

whom he had summoned

Este é o sujeito da oração relativa.

Este é o sujeito da oração relativa – a pessoa que detestava desordem.

who hated chaos

Este é o objeto da oração relativa.

ORAÇÕES RELATIVAS   83

Identifique quando omitir um pronome

Às vezes um pronome relativo pode ser omitido de uma oração relativa sem prejudicar o sentido do período. Só dá certo se o pronome for o objeto da oração – a pessoa ou a coisa que recebe a ação.

oração relativa restritiva

Joe had to clean up the mess **that the toad had made**. ✓

that the toad had made — Como este é o objeto da oração relativa, ele pode ser omitido sem mudar o sentido do período.

sujeito

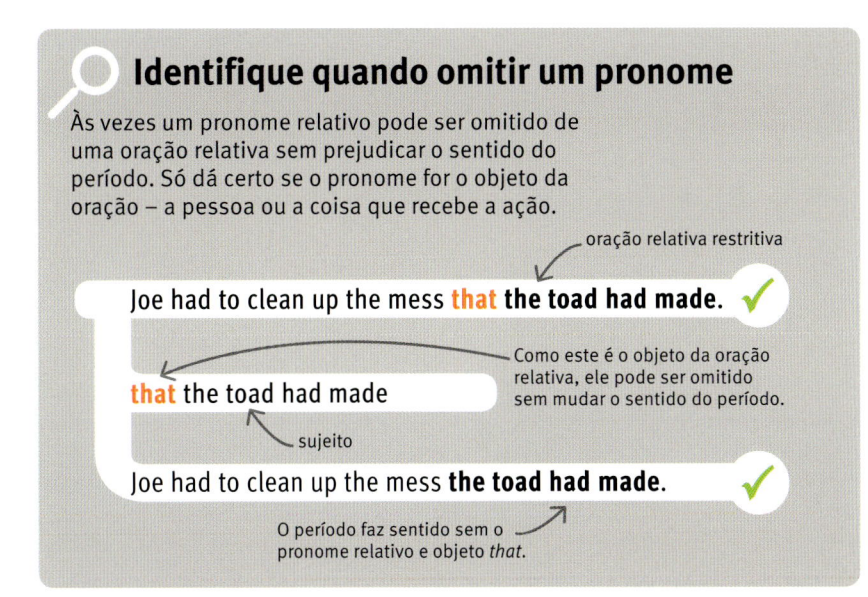

Joe had to clean up the mess **the toad had made**. ✓

O período faz sentido sem o pronome relativo e objeto *that*.

• Embora **whom** esteja correto gramaticalmente, **who** é quase sempre usado no **inglês do dia a dia**.

GLOSSÁRIO

Clause (oração) Grupo de palavras que contém sujeito e verbo. Os períodos são compostos de uma ou mais orações.

Object (objeto) Ser ou coisa que recebe a ação do verbo.

Relative pronoun (pronome relativo) Pronome que liga uma parte de um período à outra introduzindo uma oração relativa, que remete a um substantivo ou pronome anterior.

Subject (sujeito) Ser ou coisa que realiza a ação do verbo.

Which ou *that*?

Antigamente, *which* e *that* eram permutáveis e podiam ser usados em qualquer tipo de oração relativa. Atualmente se usa *that* em orações restritivas (veja abaixo) e *which* em orações não restritivas, o que ajuda a diferenciar uma informação da outra.

The principal felt calm, **which** was unusual.

Esta é uma oração relativa não restritiva, porque dá mais informação – mas não essencial – sobre o diretor (*principal*).

Joe held the toad **that** had escaped.

Esta é uma oração relativa restritiva, porque ajuda a identificar qual sapo (*toad*) está sendo descrito.

calm, **which** was unusual. He eyed held the toad **that** had escaped.

Orações relativas restritivas

As orações relativas restritivas são chamadas às vezes de "definidoras" ou "essenciais", por identificarem quem ou o que é mencionado e, portanto, são vitais para o significado do período. As orações restritivas não devem ser separadas do resto do período por vírgula.

Joe held the toad **that** had escaped.

Este pronome relativo age como sujeito da oração relativa – o animal que escapou.

Esta é uma oração relativa restritiva– ela identifica que sapo (*toad*) escapou.

Expressões, analogias e figuras de linguagem

CERTOS RECURSOS SÃO USADOS PARA TORNAR AS LÍNGUAS ORAL E ESCRITA MAIS INTERESSANTES E PERSUASIVAS.

As figuras de linguagem servem para criar efeitos diferentes, em geral enfatizando um aspecto ou ajudando os ouvintes a visualizar uma ideia. As expressões idiomáticas não teriam sentido se não fossem familiares, e as analogias ajudam a explicar as coisas por meio de semelhanças.

VEJA TAMBÉM	
Escrever para descrever	208-9 ▸
Escrever por experiência pessoal	210-1 ▸
Escrever uma narrativa	212-3 ▸

O termo **metáfora** vem do **grego** *metapherin*, que significa "**transposição**".

Expressões idiomáticas

Expressão idiomática é uma palavra ou grupo de palavras cujo significado tem pouca ou nenhuma relação com a palavra ou palavras que a compõem. As expressões idiomáticas têm sentido porque fazem parte do repertório da língua. Cada região tem suas próprias expressões idiomáticas.

Usa-se esta expressão idiomática em relação à pessoa que passa muitas horas assistindo à TV.

couch potato

Esta expressão significa "to get into bed" (ir para a cama).

hit the sack

down in the dumps

Esta expressão refere-se a alguém que se sente muito por baixo, muito infeliz.

Analogias

As analogias são usadas para explicar uma coisa comparando-a a outra e apontando semelhanças. A analogia não é uma figura de linguagem, mas funciona como uma metáfora ampliada ou símile: compara algo desconhecido com algo conhecido e enumera as características comuns. *Baking a cake*, por exemplo, pode ser usado como analogia ao ato de escrever – para fazer um bolo e escrever são necessários certos ingredientes e planejamento, e ambos têm o seu público.

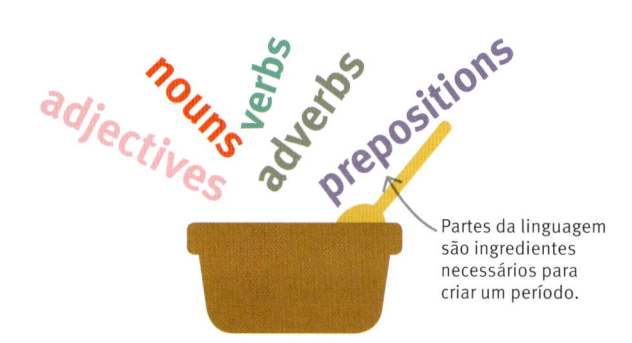

adjectives nouns verbs adverbs prepositions

Partes da linguagem são ingredientes necessários para criar um período.

MUNDO REAL
Evite os clichês

Clichês são expressões ou ideias que já foram muito usadas, a ponto de terem perdido o sentido original. Clichês como "expect the unexpected", "best-kept secret" e "the best just got better" são comuns em slogans e anúncios, mas o resultado é sempre melhor quando se escreve com originalidade.

EXPRESSÕES, ANALOGIAS E FIGURAS DE LINGUAGEM

Figuras de linguagem

As figuras de linguagem (ou de retórica) são recursos úteis da língua que ajudam o escritor ou o orador a persuadir, enfatizar, impressionar ou criar uma imagem mental. Usam-se palavras ou grupo de palavras fora do contexto literal para criar efeitos diferentes, intensificados. Quando alguém diz que está "starving", por exemplo, é improvável que esteja morrendo de fome; está só muito faminto.

- Tente **inventar metáforas interessantes** ao escrever, em vez de reproduzir as que já existem.

Aliteração
Mesma letra ou som no início de várias palavras para criar efeito de estilo.

Catherine **c**arefully **c**ombined **c**old **c**offee **c**ake and **k**iwi fruit.

Símile
Uso das palavras *like* ou *as* para comparar duas coisas.

She is **as** plump **as** a peach, but she moves **like** a ballerina.

Metáfora
Descrição de uma coisa como se fosse outra, resultante em comparação entre as duas.

Her cheeks **are** sun-blushed apples.

Eufemismo
Colocação mais amena de palavra ou grupo de palavras no lugar de outra que possa ser ofensiva.

She has **ample** proportions (she is overweight).

Trocadilho
Uso dos vários sentidos de uma palavra para fazer humor. Também chamado jogo de palavras.

She gave me her measurements as **a round figure**.

Hipérbole
Declaração extremamente exagerada feita de propósito.

She said she could **eat a rhinoceros**.

Personificação
Atribuição de características humanas a objeto ou animal. Também chamada prosopopeia.

The food **called** to her.

Oximoro
Uso conjunto de dois termos que se contradizem, para criar ênfase.

The pie looked **terribly tasty**.

Onomatopeia
Uso de uma palavra que imita o som daquilo que ela representa.

She **burped** noisily.

Anáfora
Palavra ou locução repetida no início de orações sucessivas para criar ênfase.

She ate the pie; **she ate** the cake; **she ate** the kiwi fruit.

Ironia
Coisa dita com intenção de dizer o contrário, geralmente para criar efeito humorístico.

I admired her **charming** table manners (her manners were poor).

Suavização
Amenização do tamanho ou da importância de algo.

She said she had enjoyed her **light lunch**.

Coloquialismos e gírias

COLOQUIALISMOS E GÍRIAS SÃO FORMAS DA LÍNGUA FALADA INFORMAL.

Coloquialismo é a palavra ou grupo de palavras usadas na linguagem cotidiana, informal. A gíria é ainda menos formal e em geral só é entendida pelos membros de um grupo particular. Entre as gírias existem palavras ou expressões que podem ser consideradas tabu.

VEJA TAMBÉM	
‹ 12-3 Língua falada e escrita	
‹ 14-5 Inglês ao redor do mundo	
‹ 84-5 Expressões, analogias e figuras de linguagem	
Gênero, finalidade e público	190-1 ›
Matérias de jornal	198-9 ›
O inglês falado	222-3 ›
Escrever um discurso	226-7 ›

Coloquialismos

Os falantes do inglês usam uma diversidade de palavras e expressões informais que diferem de uma região para a outra, mas são entendidas pela maioria dos nativos da língua. Essas palavras ou locuções chamam-se coloquialismos, palavra que deriva de "conversa" em latim. Eles fazem parte de uma conversa descontraída (chamada discurso coloquial), mas não devem ser usados no discurso formal nem na escrita. Os dicionários rotulam a maioria dos coloquialismos de "informal" ou com a abreviatura "colloq".

Algumas **gírias** são tão usadas que se tornam **universais** – a gíria *cool*, no sentido de "fashionable" ou "great", é um exemplo.

man: fella, dude, fellow, chap, guy, geezer, gent, bloke

money: dosh, loot, dough, readies, bread, moola, lolly

MUNDO REAL

Gíria rimada

A *rhyming slang*, também chamada *Cockney rhyming slang*, nasceu na zona leste de Londres no século XIX. É formada pela substituição de uma palavra comum por uma expressão que rime com ela. Em geral, a rima é então retirada, e o termo resultante parece pouco ou nem um pouco com a palavra de origem. A palavra *phone*, por exemplo, é traduzida na gíria rimada pela expressão "dog and bone", que depois é reduzida para "dog".

Formas reduzidas

Certas palavras têm um sentido formal e outro coloquial. A palavra *kid*, por exemplo, pode se referir a um filhote de cabra ou, informalmente, a uma criança. Os coloquialismos costumam ser curtos e mais fáceis de dizer do que as palavras que representam. Portanto, entre os coloquialismos comuns figuram formas reduzidas de palavras mais longas e palavras mescladas. Também incluem abreviações, como *ROFL* ("rolling on the floor laughing"), usadas em mensagens de texto e conversas por e-mail em lugar de expressões longas.

Forma reduzida	Termo formal
'cos	because
ain't	is not
gonna	going to
wanna	want to
BRB	be right back
BTW	by the way
DND	do not disturb
LOL	laugh out loud
TTYL	talk to you later

COLOQUIALISMOS E GÍRIAS   **87**

Gíria

A gíria só é usada na linguagem informal e às vezes em obras de ficção. Aparece no lugar de palavras convencionais referentes a coisas familiares, mas talvez incômodas, para o falante. Entre elas estão palavras consideradas tabu na maioria dos lugares. As gírias aparecem nos dicionários com a indicação "slang". Grupos diferentes de pessoas – sobretudo adolescentes – usam gírias próprias. Elas são variadas dentro de uma área geográfica pequena e mudam com rapidez.

Gíria	Significado
awesome	incrível, muito bom
bummed	deprimido
chick	moça, mulher
chillin'	estar calmo e relaxado
epic fail	fracasso de grandes proporções
feral	desagradável
gross	repulsivo
hardcore	intenso
hater	pessoa zangada ou ciumenta
hissy fit	chilique
hot	atraente
lame	fora de moda, de baixa qualidade
my bad	cometi um erro
noob	alguém desinteressante, recém-chegado
sick	muito bom
sweet	excelente, ótimo
tool	pessoa burra

Sick! That was hardcore.

?

Sentidos alterados

Novas gírias surgem o tempo todo, e as existentes costumam mudar de sentido de uma geração para a outra. Por exemplo, a gíria *busted* se referia a uma coisa que estava quebrada. O termo evoluiu para indicar o que aconteceu com alguém pego fazendo algo errado. Na gíria moderna, *busted* é às vezes usada para descrever uma pessoa atraente. Também é costume misturar gírias existentes para formar novas gírias.

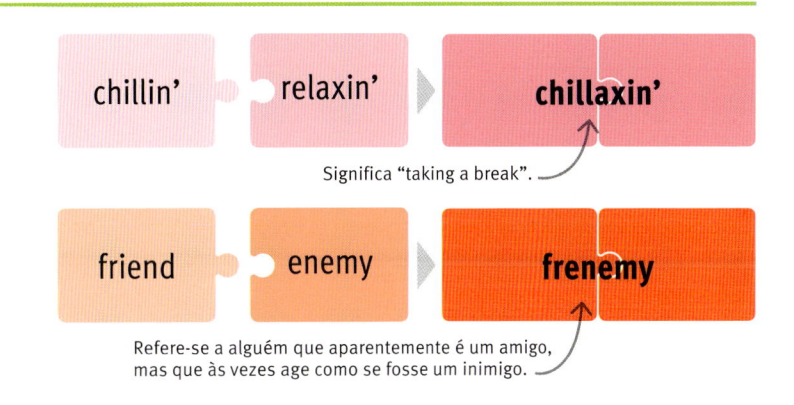

chillin' + relaxin' ▸ **chillaxin'**
Significa "taking a break".

friend + enemy ▸ **frenemy**
Refere-se a alguém que aparentemente é um amigo, mas que às vezes age como se fosse um inimigo.

Jargão

Jargão é o vocabulario técnico de uma profissão. Em geral é incompreensível para quem não é da área, mas permite aos profissionais falar das coisas com precisão e sem necessidade de dar explicações.

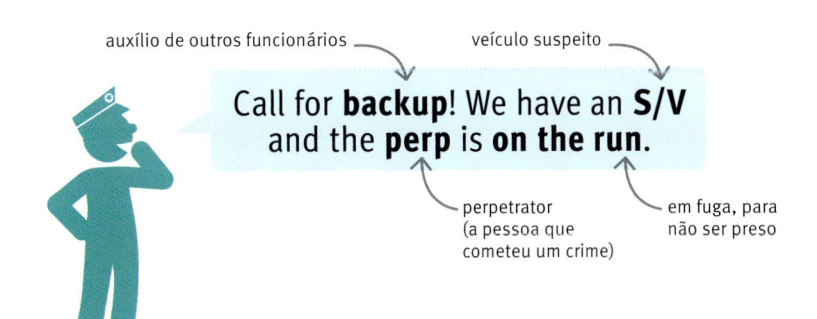

auxílio de outros funcionários — veículo suspeito

Call for backup! We have an S/V and the perp is on the run.

perpetrator (a pessoa que cometeu um crime) — em fuga, para não ser preso

Discurso direto e indireto

EXISTEM DUAS MANEIRAS DE REPRESENTAR POR ESCRITO A LÍNGUA FALADA.

O texto que reproduz as palavras exatas de uma pessoa entre aspas é chamado discurso direto. Quando se transmite a fala de uma pessoa sem reproduzir as palavras exatas e sem usar aspas, trata-se de um discurso indireto.

VEJA TAMBÉM	
‹ 22-3 Substantivos	
‹ 34-5 Pronomes	
‹ 36-7 Número e gênero	
‹ 38-9 Verbos	
‹ 40-1 Advérbios	
‹ 42-3 Tempos verbais simples	
Aspas	108-9 ›
Escrever uma narrativa	212-3 ›

Discurso direto

O discurso direto está sempre entre aspas, reproduzindo as palavras ditas por alguém. O discurso direto é em geral escrito no tempo em que foi falado e é acompanhado por uma frase simples no passado indicando ao leitor quem está falando.

What are your symptoms?

"What are your symptoms?" the doctor asked.

- Como o discurso direto representa as palavras exatas do médico, ele está entre aspas.
- Usa-se uma vírgula para separar o discurso direto da frase explicativa, mas pode-se usar um ponto de interrogação ou exclamação em lugar dela.
- Esta frase simples explica quem está falando.

Discurso indireto

O discurso indireto também é chamado em inglês de *reported speech*, porque é uma descrição – ou relato – do que alguém disse. O discurso indireto não precisa de aspas. É em geral escrito no tempo pretérito, por se referir a algo dito por alguém. O tempo presente é usado ocasionalmente ao relatar o que era e continua sendo válido.

- **Cuidado** ao **converter o discurso** de direto para indireto. Deve ficar claro pelo **contexto** do período ou na **ordem das palavras** que **pronome** se refere a qual **pessoa**.
- Ao escrever um **diálogo**, deve-se abrir um **parágrafo novo** para **cada falante**.

▷ **O relato**
Essas não são as palavras exatas ditas por Peter, mas relatam o que ele disse, exemplificando o discurso indireto.

Peter explained that **his** thumb kept twitching.

- Usa-se a terceira pessoa porque Peter não é o narrador.

▷ **Fatos manifestos**
Como esse discurso indireto relata um fato imutável, usa-se o verbo no tempo presente.

He told the doctor that **he spends** all his time playing computer games.

- Isto significa que ele sempre passou e passa o tempo jogando no computador.

DISCURSO DIRETO E INDIRETO

Identifique as personagens

A leitura de uma narrativa se torna mais interessante quando são alternadas as formas de discurso. Ao converter o discurso direto (primeira pessoa) para discurso indireto (terceira pessoa), é importante considerar quem está falando e para quem e mudar os substantivos e pronomes pertinentes para que haja coerência.

The doctor said, "I fear that you have gamer's thumb."
- O médico está falando com o paciente, que o contexto identificou como Peter.
- No discurso direto, quase sempre o orador é identificado.

The doctor said he fears that he has gamer's thumb. ✗
- O discurso direto foi transformado em discurso indireto, mas agora parece que o médico é o paciente.
- Na maioria das vezes, consegue-se descobrir pelo contexto se a personagem é masculina ou feminina.
- Este verbo está no presente. O discurso indireto costuma ser escrito no passado.

The doctor said he feared that Peter had gamer's thumb. ✓
- Agora fica claro quem está falando, e o discurso indireto encontra-se no passado.

Tempo e espaço

Se o discurso direto volta a ser contado (transformado em discurso indireto) em lugar e tempo diferentes daquele em que o fato ocorreu, os advérbios e as locuções adverbiais usados devem combinar com a nova situação. Por exemplo, o discurso direto "Go to the hospital today!" seria recontado uma semana depois desta forma: "He was told to go to the hospital that day".

Discurso direto	Discurso indireto
now	then
here	there
this (morning)	that (morning)
next (week)	the following (week)
today	that day
tomorrow	the next day/the following day
yesterday	the previous day/the day before

Use verbos variados

Os verbos mais comuns usados para relatar falas são *said*, *told* e *asked*. O discurso indireto pode ficar mais interessante se o redator usar verbos variados, assim como também é aconselhável variar os verbos usados nas orações simples que indicam quem disse o quê no discurso direto.

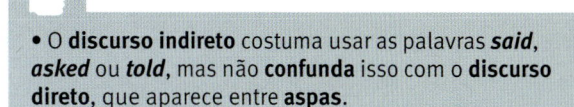

• O **discurso indireto** costuma usar as palavras *said*, *asked* ou *told*, mas não **confunda** isso com o **discurso direto**, que aparece entre **aspas**.

▷ **Discurso direto descritivo**
O verbo *sobbed* induz o leitor a se solidarizar com Peter. *Said* não teria o mesmo efeito.

"I feel like a freak!" sobbed Peter.

▷ **Discurso indireto interessante**
Use verbos incomuns, como *promised* e *begged*, para dar mais emotividade ao discurso indireto.

The doctor promised that Peter's symptoms were curable. Peter begged him to help.

2

Pontuação

O que é pontuação?

PONTUAÇÃO SÃO OS SINAIS USADOS NA ESCRITA PARA AJUDAR OS LEITORES A ENTENDER O QUE LEEM.

Às vezes as palavras não bastam para transmitir sozinhas com clareza a mensagem de um texto. Elas precisam de sinais de pontuação para mostrar a relação entre as palavras, as pausas e até as emoções.

Muitos dos principais **sinais de pontuação** também têm **uso** na linguagem **matemática**.

Sinais de pontuação

São doze os sinais de pontuação mais usados. O uso correto e cuidadoso desses sinais permite ao escritor transmitir sua mensagem com clareza. A pontuação também lhe permite indicar a velocidade com que o texto deve ser lido.

Ponto
Assinala o fim de um período.

EXEMPLO
The dog slept.

Reticências
Representam um período inacabado ou omissão de texto.

EXEMPLO
Everything seemed calm, but then...

Vírgula
Junta ou separa elementos de um período.

EXEMPLO
Hearing a cat, he jumped up.

Ponto e vírgula
Une duas orações ou separa itens de uma lista.

EXEMPLO
He ran after the cat; it ran up a tree.

Dois-pontos
Introduz uma frase num período.

EXEMPLO
He was interested in one thing: chasing the cat.

Apóstrofo
Indica um possessivo ou texto omitido.

EXEMPLO
The dog's owner couldn't see the cat.

O QUE É PONTUAÇÃO? **93**

Por que a pontuação é necessária

Algumas pessoas podem dizer que seria mais simples escrever se não existisse pontuação. No entanto, quem escreve tem algo para dizer e quer que os leitores entendam exatamente o que é dito. A pontuação possibilita essa compreensão.

	A diferença da pontuação na escrita
yes	Essa palavra não tem sinal de pontuação. É só uma sucessão de letras que, juntas, formam uma palavra. O leitor pode lê-la de qualquer modo.
Yes.	Isso é uma afirmação. Tem um ponto (.), que sinaliza o fim do período e indica ao leitor que a palavra deve ser lida calmamente, pois ela afirma um fato.
Yes?	Essa é uma pergunta. Tem ponto de interrogação (?) no fim do período. Ele indica ao leitor que a palavra deve ser lida como uma indagação, com a voz ligeiramente elevada.
Yes!	Essa é uma exclamação. Tem um ponto de exclamação (!) no fim do período, que indica ao leitor que a palavra deve ser lida com emoção.
y-e-s	As letras da palavra *yes* estão separadas por hifens (-). Eles indicam ao leitor que as letras devem ser lidas individualmente, devagar e com atenção.

Hífen
Junta ou separa palavras ou partes de palavras.

EXEMPLO
The single-minded dog barked at the cat.

Aspas
Elas contêm um discurso direto ou citação.

EXEMPLO
"Come on, Fido," his owner called.

Ponto de interrogação
Marca o fim de uma pergunta direta.

EXEMPLO
What are you doing?

Ponto de exclamação
Marca o fim de uma exclamação.

EXEMPLO
Come here, now!

Parênteses
Contêm informação adicional num período.

EXEMPLO
The dog (tail between his legs) followed his owner.

Travessão
Sinaliza informação adicional num período.

EXEMPLO
The cat – pleased with itself – leapt out of the tree.

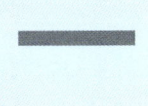

Ponto e reticências

O PONTO ENCERRA UM PERÍODO E AS RETICÊNCIAS INDICAM QUE O PERÍODO ESTÁ INACABADO OU FOI OMITIDO.

VEJA TAMBÉM	
‹ 54-5 Vozes e modos verbais	
‹ 68-9 Períodos	
Ponto de exclamação	112-3 ›
Letras maiúsculas	158-9 ›
Reduções	172-3 ›

O ponto – chamado em inglês de *full stop* ou *period* – marca o fim de uma afirmação completa e também pode ser usado para abreviar palavras. As reticências representam a omissão de um texto no período.

- Se uma **abreviação** com ponto aparece no final do período, não se põe outro ponto para encerrar o período. Por exemplo: "The undersea experiment commenced at 4.00 p.m."

Final de uma afirmação

O ponto é usado no final das afirmações. Não há espaço entre a última palavra e o ponto, mas deixa-se um espaço após o ponto. Após o ponto e o espaço, usa-se uma letra maiúscula para iniciar novo período.

The undersea experiment ended.

Este ponto assinala o fim do período.

The undersea experiment ended said, "Swim to the surface

MUNDO REAL
Endereços de internet e e-mail

O ponto é usado também nos endereços de sites e de e-mail. Nessas situações, ele é chamado em inglês de *dot* e separa as partes do endereço. Ao contrário da escrita normal, o ponto é falado quando se lê o endereço em voz alta, de modo que o exemplo abaixo seria lido "w-w-w-dot-d-k-dot-com".

DK www.dk.com

Comandos

Certos comandos, sejam ordens indiscutíveis, sejam pedidos gentis, terminam com ponto. As ordens que expressam grande emoção, como raiva ou surpresa, levam ponto de exclamação.

Swim to the surface.

Este ponto marca o fim do pedido.

Get out of the water!

Este ponto de exclamação representa urgência.

PONTO E RETICÊNCIAS

95

- Ao usar **abreviações**, seja coerente: ou use pontos ou não os use.
- Os **acrônimos ou siglas**, como **NASA**, são em sua maioria escritos sem pontuação.

Nos **telegramas** em inglês, a palavra **STOP** era usada para **finalizar um período** em vez do ponto, porque **custava menos** que a pontuação.

Abreviações

Pode-se usar um ponto no final de certas abreviações, representando letras que foram omitidas. Por exemplo, *Dr.* substitui "Doctor". Outras abreviações, como as das medidas métricas e as dos estados dos países, nunca são escritas com ponto. Também é aceitável não usar ponto no final das abreviações.

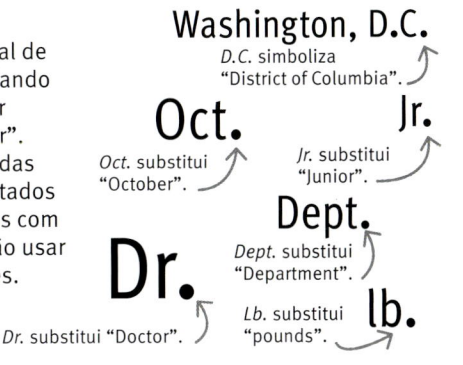

Washington, D.C.
D.C. simboliza "District of Columbia".

Oct.
Oct. substitui "October".

Jr.
Jr. substitui "Junior".

Dept.
Dept. substitui "Department".

Dr.
Dr. substitui "Doctor".

lb.
Lb. substitui "pounds".

GLOSSÁRIO

Abbreviation (abreviação) Forma reduzida de uma palavra, em geral com um ou mais pontos que representam as letras ausentes.

Acronym (acrônimo ou sigla) Abreviação feita com as letras iniciais de uma série de palavras, a qual é pronunciada como se escreve, sem soletrar uma letra de cada vez.

Command (comando) Período que dá uma instrução.

Statement (afirmação) Período que transmite um fato ou uma informação.

Leading scientist Dr. Fisher
Wait, I forgot to tell you..."

Reticências

O sinal de três pontos seguidos é chamado de reticências, que indica que o período não foi finalizado, como quando o falante fica em silêncio ou é interrompido. As reticências também representam texto omitido.

I thought... — Estas reticências indicam que o orador parou de falar de repente. O ponto não é necessário.

Could I...? — O ponto de interrogação ou de exclamação permanece após as reticências.

Estas reticências indicam que foram suprimidas palavras no início do período da citação. As palavras ausentes poderiam ser "Today we heard that".

The report said that "...Dr. Fisher...is correct....The island is near...".

Estas reticências marcam omissão de texto. Alguns escritores e jornais costumam usar espaços antes e depois das reticências.

Acrescenta-se um ponto após as aspas para indicar que o período terminou.

Se o texto é omitido após um período completo, as reticências entram após o sinal de pontuação.

Vírgula

USA-SE A VÍRGULA PARA SEPARAR OS COMPONENTES DE UM PERÍODO.

A vírgula torna clara a informação ao separar palavras, expressões ou orações. Elas organizam a informação em grupos, para que o período seja entendido corretamente.

VEJA TAMBÉM	
‹ 62-3 Interjeições	
‹ 64-5 Locuções	
‹ 66-7 Orações	
‹ 82-3 Orações relativas	
Outros usos da vírgula	98-9 ›
Parênteses e travessão	114-5 ›

Introduções

Às vezes, o período começa com uma oração, expressão ou palavra que prepara o contexto e abre caminho para o início da ação principal na segunda metade do período. Uma vírgula após a introdução faz o leitor pausar a leitura, apontando para a informação principal. A introdução do período pode conter uma palavra como *However*, uma frase como *Three years ago* ou uma oração como *If this happens*.

Once upon a time, there was a garden.

- Esta é uma frase introdutória.
- Põe-se uma vírgula após a frase introdutória, antes que a informação principal seja revelada.
- A informação principal segue a vírgula.

When Lisa visited the garden, she saw a flower.

- Esta é uma oração introdutória.
- A informação principal vem depois da vírgula.
- Põe-se uma vírgula após a oração introdutória.

Trabalho em dupla

Se o período é interrompido por uma frase não essencial para o entendimento dele, põe-se uma vírgula de cada lado da frase. Sem a vírgula, a informação é tida como essencial.

Às vezes, a interrupção é colocada no início ou no fim do período. Nesses casos, usa-se apenas uma vírgula. Não se inicia nem se finaliza um período com vírgula.

A flower, like a sock, can be stripy.

A interrupção fica entre duas vírgulas, que separam uma informação não essencial.

A flower like a sock can be stripy.

Sem as vírgulas, a informação passa a fazer parte do período principal e muda seu significado.

A flower can be stripy, like a sock.

A vírgula é colocada antes da interrupção, posta no final do período.

Like a sock, a flower can be stripy.

A vírgula é colocada antes da interrupção, que está no início do período.

VÍRGULA 97

- Em geral, como as **citações** são usadas sem introdução, a vírgula não é necessária. Por exemplo: **The guide says that this is "the best garden in France"**.
- Não use vírgula se a primeira parte da citação terminar com **ponto de exclamação** ou **ponto de interrogação**. Por exemplo: "Stop!" Tom cried. "The bridge is dangerous."

GLOSSÁRIO

Adverb (advérbio) Palavra que muda o sentido de um verbo ou objeto.
Clause (oração) Grupo de palavras que contém sujeito e verbo.
Conjunction (conjunção) Palavra que conecta frases e orações.
Direct speech (discurso direto) Texto entre aspas que representa palavras ditas por alguém.
Interjection (interjeição) Palavra ou locução que aparece sozinha e expressa emoção.
Phrase (frase ou locução) Grupo de palavras que não contém verbo.

Discurso direto

No discurso direto, a vírgula deve ser usada entre a apresentação do texto e o discurso direto em si. A apresentação pode estar no início, no fim ou no meio do período. Quando no meio, use uma vírgula de cada lado do esclarecimento, entre a primeira e a segunda parte do período.

Coloca-se a vírgula antes das aspas, após a introdução.

Grandma asked, "Can we find more of these flowers?"

Uma vírgula deve preceder as aspas, antes do esclarecimento.

Põe-se uma vírgula antes das aspas, após o esclarecimento.

"The flowers," Lisa said, "are always in bloom in May."

Vocativo

Sempre se usa uma vírgula quando nos dirigimos diretamente ao interlocutor. A localização da vírgula depende de onde o nome está no período. Põe-se a vírgula do mesmo modo que ao redor de uma interrupção: de cada lado do nome, quando este aparece no meio do período; após o nome, quando ele começa o período; e antes do nome, quando ele aparece no final do período.

- Se uma **interrupção** é tirada do período, o período deve continuar fazendo sentido.
- A vírgula com **interjeições** como *stop* ou *help* funciona do mesmo modo que no vocativo.

Let's eat Grandma.

Neste exemplo, como falta a vírgula, a vovó (*Grandma*) está prestes a virar comida.

Let's eat, Grandma.

Põe-se a vírgula antes do nome quando ele está no fim do período.

Outros usos da vírgula

A VÍRGULA É USADA PARA UNIR ORAÇÕES PRINCIPAIS, SUBSTITUIR PALAVRAS OMITIDAS E SEPARAR OS ITENS DE UMA ENUMERAÇÃO.

VEJA TAMBÉM	
‹ 26-7 Adjetivos	
‹ 58-9 Conjunções	
‹ 70-1 Períodos compostos	
‹ 72-3 Períodos complexos	
‹ 96-7 Vírgula	
Ponto e vírgula	100-1 ›
Números, datas e horas	118-9 ›

Os períodos podem ser encadeados por vírgula e uma conjunção para dar o ritmo certo e variar a escrita. Também se usa vírgula para evitar repetições e para separar palavras ou frases em enumerações.

Vírgula de união
A vírgula é usada com conjunções para encadear duas ou mais orações e formar um período. Antes da última oração principal, a vírgula é seguida por uma destas conjunções: *and*, *or*, *but*, *nor*, *for*, *yet* ou *so*. Se duas orações forem curtas e correlatas, a vírgula pode ser omitida.

começo da primeira oração principal — A vírgula separa as duas primeiras de três orações. — começo da segunda oração principal

Walkers turn left, joggers turn right, but cyclists go straight on.

começo da terceira oração principal — Põe-se uma vírgula antes da conjunção *but*.

começo da primeira oração principal — começo da segunda oração principal

Sit here and enjoy the view.

A vírgula não é necessária antes da conjunção porque esta une duas orações principais curtas e correlatas.

MUNDO REAL
Borboleta-vírgula
"Vírgula" também é o nome de uma espécie de borboleta com sinais brancos pequenos na parte inferior das asas, que lembram esses sinais de pontuação.

- Use **ponto e vírgula** para separar dois períodos correlatos sem usar uma conjunção.
- A **vírgula de união** só pode ser usada com as **conjunções** *and*, *or*, *but*, *for*, *nor*, *yet* ou *so*.
- **Evite** usar **vírgulas demais**. É difícil ler um período que contenha muitas pausas.

Vírgula de omissão
Para evitar uma repetição, que tornaria o período longo e muito provavelmente chato, usa-se uma vírgula de omissão para representar as palavras ausentes.

In the first month of the year, the flower was orange; in the second, red; and in the third, yellow.

Põe-se uma vírgula após a frase introdutória.

Cada uma das vírgulas representa a omissão da palavra *month*.

OUTROS USOS DA VÍRGULA

Vírgulas em enumerações

As vírgulas são usadas também para separar palavras ou frases em enumerações. Um jeito de verificar se a vírgula está no local correto é substituí-la pelas conjunções *and* ou *or*. Se o período não fizer sentido com *and* ou *or*, não use a vírgula.

A **vírgula** é um dos sinais de pontuação mais **mal empregados**.

Cada interesse é separado do outro por vírgula.

A última palavra da enumeração é ligada por *and* em vez de vírgula.

My interests are walking, flowers, birds and gardening.

My interests are walking flowers, birds and gardening.

Como não há vírgula separando *walking* e *flowers*, o interesse é por *walking flowers*!

A conjunção não precisa de vírgula porque ela une dois itens da enumeração, em vez de separar duas orações principais.

Vírgula com adjetivos

Uma sequência de adjetivos diante de um substantivo pode ser tratada de duas maneiras. Se cada adjetivo modifica o substantivo, ponha uma vírgula para separá-los. Porém, se o adjetivo qualifica uma série de palavras que o seguem, a vírgula não é necessária. Existem dois modos para ver se a vírgula deve ser usada. Primeiro, se *and* pode ser posto entre os adjetivos, deve-se inserir uma vírgula entre eles. Segundo, troque os adjetivos. Se o sentido não muda, é correto usar uma vírgula para separá-los.

I saw a yellow, flying saucer.

Ao pôr a vírgula aí, cada adjetivo qualifica o substantivo separadamente: o pires é voador e amarelo.

I saw a blue flying saucer.

Sem vírgula, o adjetivo *blue* qualifica *flying saucer* (disco voador).

GLOSSÁRIO

Adjective (adjetivo) Palavra que qualifica um substantivo.
Conjunction (conjunção) Palavra que conecta frases e orações.
Main clause (oração principal) Grupo de palavras que contém sujeito e verbo e faz sentido isoladamente.
Noun (substantivo) Palavra que denomina um ser, lugar ou coisa.
Verb (verbo) Palavra referente a uma ação.

• A **vírgula serial** ou de **Oxford**, posta antes do *and* em uma enumeração, é usada para esclarecer no caso de a palavra *and* aparecer duas vezes no período. Por exemplo, "The blue, pink, and black-and-white flowers have grown."

Ponto e vírgula

O PONTO E VÍRGULA INTERLIGA PARTES DO TEXTO QUE SÃO INTIMAMENTE RELACIONADAS.

O ponto e vírgula pode ser usado para indicar relação próxima entre orações principais ou para separar itens complexos em uma enumeração. Também precede certos advérbios quando estes são usados como conjunção.

VEJA TAMBÉM
- 58-9 Conjunções
- 66-7 Orações
- 94-5 Ponto e reticências
- 96-9 Vírgula
- Dois-pontos 102-3

- **Nunca use** ponto e vírgula para **ligar a oração principal a uma oração subordinada**; deve-se usar vírgula e conjunção. Por exemplo, "Sam had two red T-shirts, **which** were new".
- **Use** ponto e vírgula para **ligar duas orações principais** que não estão unidas por uma conjunção.

Ligação

O ponto e vírgula é usado para unir duas orações principais e mostrar que elas têm peso igual e são intimamente relacionadas. Essas orações sustentam-se sozinhas em períodos separados ou podem ser conectadas por uma vírgula e uma conjunção.

May was warm; it was pleasant.

Esta oração tem conexão com a oração principal anterior, pois informa por que maio foi um mês agradável.

May was warm; it was pleasant cities were rainy: London; Paris

🔍 Identifique quando usar o ponto e vírgula

Muita gente tem dificuldade para decidir quando usar dois-pontos ou ponto e vírgula. Ambos são sinais usados para interligar duas orações principais bastante correlatas, mas os dois-pontos indicam especificamente que a segunda oração é uma explicação direta da primeira ou resultado dela.

Como a segunda oração não explica por que estava muito frio nem é resultado direto de estar frio, usa-se ponto e vírgula para ligar os dois períodos.

The weather was dreadful.   It rained every day.

The weather was dreadful**:** it rained every day. ✓

Como a segunda oração explica por que o tempo estava terrível, usam-se dois-pontos para ligar os períodos.

It was freezing.   He was grateful for his coat.

It was freezing**;** he was grateful for his coat. ✓

PONTO E VÍRGULA   101

Muitos **escritores**, como James **Joyce**, George **Orwell** e Kurt **Vonnegut**, **recusavam-se a usar ponto e vírgula** por achá-lo sem sentido.

GLOSSÁRIO

Clause (oração) Grupo de palavras que contém sujeito e verbo. Os períodos são compostos de uma ou mais orações.

Main clause (oração principal) Grupo de palavras que contém sujeito e verbo e faz sentido isoladamente.

Subordinate clause (oração subordinada) Grupo de palavras que contém sujeito e verbo, mas depende de uma oração principal para ter sentido.

MUNDO REAL
English Grammar de Jonson

O dramaturgo inglês Ben Jonson (1572--1637) é muito citado como a primeira pessoa que elaborou regras sobre o uso do ponto e vírgula em inglês. Seu livro *English Grammar*, lançado em 1640, examinou sistematicamente o ponto, a vírgula, o ponto e vírgula e os dois-pontos. Antes, não havia uma regra para o uso desses sinais.

Antes de advérbios

O ponto e vírgula precede certos advérbios, como *however*, *therefore*, *consequently* e *nevertheless*, quando usados como conjunções entre orações.

Já que aí se usa *however* como conjunção, ele é precedido por ponto e vírgula.

> June was hot; however, some cities were rainy.

> June was hot; however, some Texas; and Boston, England.

Enumeração

Quando um período contém uma enumeração em que alguns ou todos os itens já têm vírgula, emprega-se o ponto e vírgula para separá-los, facilitando a leitura do período.

Sem o ponto e vírgula, o leitor pode se confundir e achar que *Texas* e *England* são cidades.

> Some cities were rainy: London; Paris, Texas; and Boston, England.

A vírgula separa as cidades da sua localização.

É preciso citar a localização para esclarecer a que *Paris* o texto se refere.

É preciso citar a localização para esclarecer a que *Boston* o texto se refere.

Dois-pontos

O SINAL DE DOIS-PONTOS SEPARA PARTES DO PERÍODO E TAMBÉM INDICA RELAÇÃO PRÓXIMA ENTRE ELES.

Os dois-pontos encadeiam a oração principal a outra oração, frase ou palavra. Podem ser usados para dar uma explicação, para criar ênfase ou para antecipar uma enumeração ou citação.

VEJA TAMBÉM	
‹ 70-1 Períodos compostos	
‹ 96-9 Vírgula	
‹ 100-1 Ponto e vírgula	
Aspas	108-9 ›
Marcadores	116-7 ›

Explicações

O sinal de dois-pontos indica que o que vem a seguir da oração principal é uma explicação dela. A parte que segue os dois-pontos pode ser uma oração principal ou uma palavra.

Esta oração principal explica qual é o segredo dela.

They know her secret: she is obsessed with socks.

Ênfase

Os dois-pontos podem ser usados para enfatizar certa parte do texto, levando o leitor a pausar antes de lê-la e criando uma espécie de suspense.

Esta palavra isolada enfatiza que ela está interessada em apenas uma coisa.

She thinks about one thing: socks.

Enumerações

Os dois-pontos também são usados para introduzir uma enumeração. A parte que vem antes dos dois-pontos deve ser uma afirmação completa, mas a parte que vem depois dos dois-pontos pode ser apenas uma enumeração de coisas.

Her socks have the following patterns: stripy, spotty and swirly.

Esta é a introdução da enumeração.

Os itens da enumeração seguem os dois-pontos.

Em matemática, os dois-pontos mostram **proporção** e **escala**. Por exemplo, **3:1** indica uma proporção de **três para um**.

> **GLOSSÁRIO**
>
> **Clause (oração)** Grupo de palavras que contém sujeito e verbo e faz sentido isoladamente.
>
> **Main clause (oração principal)** Oração que faz pleno sentido sozinha.
>
> **Subordinate clause (oração subordinada)** Grupo de palavras que contém sujeito e verbo, mas depende de uma oração principal para ter sentido.

DOIS-PONTOS 103

MUNDO REAL
Emoticons

No mundo digital, os sinais de pontuação, especialmente os dois-pontos, são usados para criar representações gráficas descontraídas de emoções, os chamados "emoticons" (*emotional* + *icon*). Os sinais mais usados são dois-pontos, ponto e vírgula e parênteses.

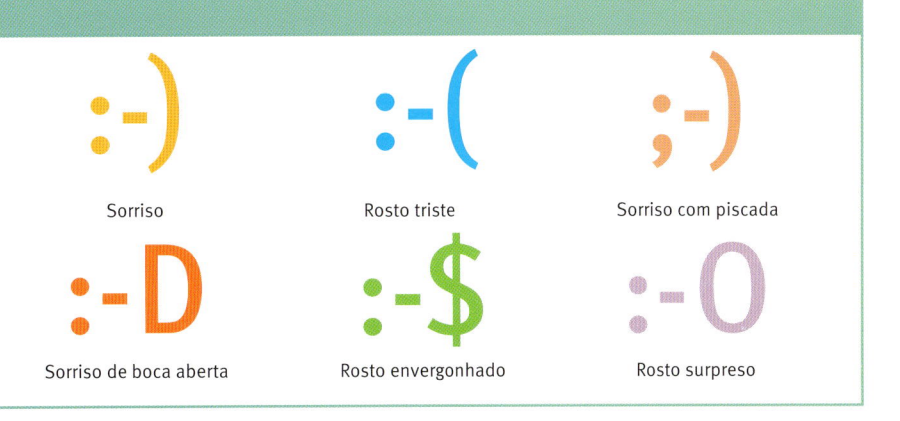

:-) Sorriso
:-(Rosto triste
;-) Sorriso com piscada
:-D Sorriso de boca aberta
:-$ Rosto envergonhado
:-O Rosto surpreso

Citações

Os dois-pontos costumam ser usados para introduzir uma citação, sobretudo as literárias, nas quais são reproduzidas as palavras exatas do autor.

A citação vem a seguir dos dois-pontos.

She was quoted in the newspaper: "I love socks!"

Títulos

Os dois-pontos às vezes são usados em títulos de obras literárias, cinematográficas, artísticas e musicais. Se o título tem um subtítulo, os dois-pontos separam ambos.

título — *subtítulo, após os dois-pontos*

Socks: The Sure-footed Life of a Collector

Citações bíblicas

Ao fazer uma citação da Bíblia, o capítulo e o versículo são separados por dois-pontos.

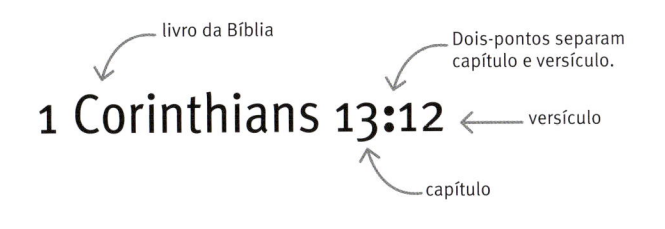

livro da Bíblia — *Dois-pontos separam capítulo e versículo.*

1 Corinthians 13:12

← *versículo*
← *capítulo*

- Os dois-pontos nunca vêm depois de **verbo**.
- Pode-se usar um **travessão** em vez de dois-pontos, mas os **dois-pontos criam uma pausa maior** e uma sensação de expectativa do que vem depois. Use o travessão para dar ênfase e dramatizar.
- Após os dois-pontos, põe-se sempre **um espaço**.
- A **primeira palavra** depois dos dois-pontos deve ser em **minúscula**, a menos que já tenha letra maiúscula.

Apóstrofo

O APÓSTROFO INDICA POSSE OU OMISSÃO.

Usa-se o apóstrofo para criar a forma possessiva de substantivos e representar letras que foram omitidas em contrações. Ele também pode ser adicionado para criar substantivos plurais incomuns.

VEJA TAMBÉM
- 32-3 Determinantes
- 48-9 Verbos auxiliares
- 80-1 Negativa
- Mais palavras enganosas 170-1

Ausência de letras

O apóstrofo representa as letras que faltam numa contração, que é a abreviação de palavras por meio da omissão de letras. Existem cerca de cem contrações comuns. Só os verbos auxiliares, como *be* e *have*, podem ser usados dessa maneira.

Forma original	Forma contraída
it is	it's
she is	she's
who is	who's
I am	I'm
you are	you're
we are	we're
they are	they're
I have	I've
we have	we've
would have	would've

Forma original	Forma contraída
he had; he would	he'd
I shall; I will	I'll
you will	you'll
who will	who'll
is not	isn't
has not	hasn't
cannot	can't
could not	couldn't
will not	won't
did not	didn't

Rafael wasn't happy that the his name with two f's on

MUNDO REAL
Catástrofe do apóstrofo

Hoje é muito comum encontrar placas de loja com o apóstrofo aplicado incorretamente. Abaixo, "Specialists" é plural, não possessivo – portanto, não deve levar apóstrofo.

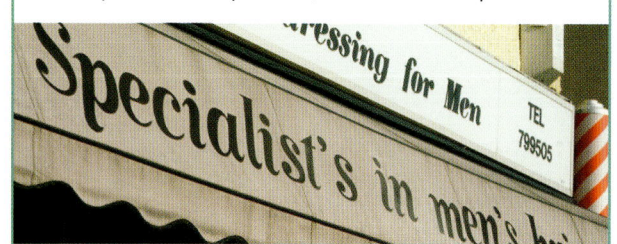

Formas plurais

Os apóstrofos são usados ocasionalmente para criar plurais quando o acréscimo apenas de um *s* causaria confusão, como ao construir o plural de uma abreviação ou de uma letra só. Poucas palavras são pluralizadas desse modo. A maioria dos plurais dos substantivos é formada com a adição de um *s*.

with two f's

Sem o apóstrofo, não ficaria claro que a frase se refere à letra *f*.

APÓSTROFO 105

- Ponha um apóstrofo onde as letras foram **omitidas**. Nem sempre é onde as palavras se unem.
- Outra maneira de formar o **possessivo de um substantivo** é mudar de posição o possuidor e a coisa possuída e ligá-los com a palavra *of*. Por exemplo, em vez de escrever "the Netherlands**'s** tulips", escreva "the tulips **of** the Netherlands".

O **apóstrofo** é frequente em **sobrenomes**, como **O'Neill**, **N'Dor** e **D'Agostino**.

Formação do possessivo

O apóstrofo indica a posse do substantivo (propriedade) de algo. Há duas formas de apóstrofo possessivo. A primeira – um apóstrofo seguido de um *s* (-'s) – mostra a posse de um substantivo singular. A segunda – um apóstrofo após o *s* (-s') – assinala a posse de um substantivo plural terminado em *s*.

Ao formar o possessivo de um plural terminado em *s*, só se acrescenta um apóstrofo.

grapes' seeds

Estas sementes são das uvas (*grapes*), que estão no plural.

Este é o novo diretor da peça, que está no singular.

play's new director

Para formar o possessivo de um substantivo singular, adicione um apóstrofo seguido da letra *s*.

women's story
people's faces

Se uma palavra no plural termina em qualquer letra que não o *s*, como *e*, *i* ou *n*, põe-se um apóstrofo seguido da letra *s*.

play's new director had spelt Socrates' revised script.

Palavras terminadas em *s*

O possessivo de um nome próprio terminado em *s* é escrito conforme sua pronúncia. Se o possessivo de um nome próprio não é pronunciado com um *s* no final, só se acrescenta o apóstrofo. Se o possessivo é pronunciado com um *s* a mais no final, ele precisa de um apóstrofo seguido de *s*.

Só o apóstrofo é necessário, pois não se pronuncia um *s* a mais depois de *Socrates*.

Socrates' revised script

Aqui é necessário o apóstrofo seguido de *s*, pois se pronuncia outro *s*.

Jess's disbelief

GLOSSÁRIO

Auxiliary verb (verbo auxiliar) Único verbo cuja forma admite contração.

Contraction (contração) Forma reduzida de uma palavra ou palavras em que as letras omitidas no meio são substituídas por um apóstrofo.

Hífen

USA-SE O HÍFEN PARA JUNTAR OU SEPARAR PALAVRAS OU PARTES DE PALAVRAS.

Às vezes, a ligação de dois termos precisa estar clara, pois eles formam uma unidade, mas às vezes a separação de dois termos também precisa ser destacada. O hífen pode ser usado com ambos os fins.

VEJA TAMBÉM	
‹ 26-7 Adjetivos	
‹ 56-7 Verbos frasais	
Números, datas e horas	118-9 ›
Ordem alfabética	128-9 ›
Sílabas	134-5 ›
Radicais	140-1 ›
Prefixos e sufixos	142-3 ›

Clareza

O hífen é essencial quando o sentido de uma frase pode ser confundido. Quando usado entre duas ou mais palavras, o hífen as une e se forma um modificador composto, que indica que as palavras funcionam juntas para modificar outra palavra.

big-hair society
Este hífen indica que há um grupo de pessoas de cabelos armados.

big hair society
Sem o hífen, *big* se refere a *hair society*.

The celebrated big-hair society for a get-together about their

- Os **modificadores compostos** que contêm **advérbios terminados em -ly**, como "extraordinarily hairy experience", **nunca são hifenizados**.
- O nome dos **séculos** usados como modificadores devem ser **hifenizados** antes de substantivos, como "twentieth-century issues".
- Usa-se hífen para **dividir uma palavra longa** em duas, deixando uma **sílaba no final da linha** e o restante da palavra na **linha seguinte**.

De verbo para substantivo

Quando uma locução verbal é transformada em substantivo, ela leva hífen. As próprias locuções verbais nunca são hifenizadas. Por exemplo, a locução *get together*, em "Let's get together and talk about it", não é hifenizada, mas usa-se um hífen quando ela se torna substantivo: "for a get-together".

a break-in
a get-together
a hang-up
an eye-opener
a write-up
a put-down

HÍFEN 107

Prefixos

Às vezes o hífen é necessário em palavras com prefixos. Muitas precisam dele para evitar confusão com palavras escritas de modo parecido. Também se usa o hífen quando um prefixo terminado em vogal junta-se a um radical começado por vogal, a fim de não haver duas vogais juntas. O prefixo *self-* é sempre seguido de hífen. Por fim, o hífen é necessário quando se acrescenta um prefixo a uma palavra iniciada por maiúscula ou a uma data.

re-formed ← O hífen indica que a sociedade se formou de novo. Sem o hífen, a palavra *reformed* significa "mudado para melhor".

co-owner ← Este hífen é necessário para separar os dois *os* e facilitar a leitura.

self-service ← O prefixo *self-* sempre é seguido de hífen.

pre-Roman ← Um hífen acompanha o prefixo antes de letra maiúscula.

post-1500 ← Um hífen segue o prefixo que antecede uma data.

GLOSSÁRIO

Compound modifier (modificador composto) Termo composto por duas ou mais palavras usado para qualificar um substantivo.

Phrasal verb (verbo frasal) Composição de verbo com advérbio ou preposição que atuam juntos, em unidade.

Prefix (prefixo) Grupo de letras que se liga ao início de uma palavra e pode mudar o sentido original dela.

Root word (radical) Parte essencial da palavra, a que podem ser acrescentados prefixos e sufixos.

Suffix (sufixo) Grupo de letras que se liga ao final de uma palavra e pode mudar o sentido original dela.

Composição de números

Os hifens são necessários para escrever frações ou números de *twenty-one* (21) a *ninety-nine* (99).

twenty-four   **three-quarters**

re-formed after twenty-four years beard- and hair-loss issues.

Hífen suspenso

Às vezes se vê um hífen sozinho no final de uma palavra. Ele se chama hífen suspenso e aparece quando dois ou mais modificadores compostos (que qualificam um substantivo) encadeados por *or*, *and* ou *to* usam a mesma palavra. Para evitar repetição, a primeira ocorrência da palavra é omitida.

beard- and hair-loss issues

↑ Este hífen suspenso seguido de *and* indica que houve tanto uma *beard-loss issue* quanto uma *hair-loss issue*.

Modificadores compostos

Quando duas ou mais palavras se juntam para modificar outra palavra, em geral se põe um hífen para mostrar que essas palavras qualificativas atuam em unidade. Esses modificadores compostos são quase sempre hifenizados ao preceder um substantivo, mas não quando vêm depois dele, exceto se o hífen for necessário por clareza.

hair-loss issues ← substantivo

Antes do substantivo, o modificador composto é hifenizado.

Depois do substantivo, o modificador composto não leva hífen.

issues of hair loss

Aspas

AS ASPAS ASSINALAM DISCURSO DIRETO OU CITAÇÃO.

As aspas, chamadas em inglês de *inverted commas*, *quotation marks* ou *speech marks*, são sempre usadas em pares. Além de indicarem discurso direto ou citação, também destacam palavras incomuns.

VEJA TAMBÉM	
‹ 88-9 Discurso direto e indireto	
‹ 96-9 Vírgula	
‹ 102-3 Dois-pontos	
Itálico	122-3 ›
Leitura e comentários de textos	192-3 ›
Escrever para informar	196-7 ›
Escrever para analisar ou criticar	206-7 ›
Escrever uma narrativa	212-3 ›

Discurso direto

As aspas marcam o discurso direto (texto que representa o que alguém disse). O material entre aspas pode ser dividido em duas partes, uma em cada ponta do período, com um texto no meio que explica quem está falando. O discurso direto também pode ser colocado no início, no meio e no fim do período.

> **GLOSSÁRIO**
>
> **Direct speech (discurso direto)** Texto que reproduz palavras ditas por alguém.
>
> **Italics (itálico)** Estilo de letras tipográficas que são impressas inclinadas, lembrando a escrita à mão.
>
> **Quotation (citação)** Texto que reproduz as palavras exatas de um escritor.

O discurso direto está no início do período.

A pontuação que faz parte do discurso direto permanece dentro das aspas.

Este texto explica quem disse aquilo.

DISCURSO DIRETO "Do pandas eat meat?" **FALANTE** one visitor asked.

Este texto explica quem vai falar.

Põe-se uma vírgula antes do discurso direto.

O discurso direto está no final do período.

FALANTE One visitor asked, **DISCURSO DIRETO** "Do pandas eat meat?"

Do pandas eat meat?

Palavras incomuns

As aspas podem ser usadas para destacar certas palavras ou frases no texto. Elas podem indicar palavras incomuns ou usadas fora de contexto, ou sinalizar ironia por parte de quem escreve.

The zookeeper said that the panda show was "thrilling", but three pandas were asleep.

O escritor pôs aspas nesta palavra para indicar que não achou o espetáculo tão emocionante quanto havia sido anunciado.

Identifique onde pôr a pontuação

No discurso direto, usa-se a vírgula para separar o texto que explica quem está falando na citação. Só a pontuação que faz parte do discurso direto deve ficar dentro das aspas. Se o final do discurso direto cai no fim do período, só é necessário um sinal de pontuação. Ao fazer a citação, a pontuação e as letras maiúsculas do texto devem ser escritas exatamente como aparecem no texto original.

The zookeeper continued "Pandas are very agile." ✗

As aspas contêm o discurso direto.

The zookeeper continued, **"Pandas are very agile."** ✓

Esta é a introdução do discurso.

Põe-se a vírgula antes do discurso direto.

Como o ponto faz parte do discurso e também está no final da afirmação do tratador de animais, não se põe outra pontuação.

Can you believe the panda cub "can fit on your hand?" ✗

A citação fica entre as aspas.

Can you believe the panda cub **"can fit on your hand"**? ✓

O ponto de interrogação deve ficar fora das aspas porque não faz parte da citação.

Aspas simples

As aspas simples são usadas em citação dentro de outra citação. Quaisquer aspas duplas dentro do discurso direto ou de citação viram aspas simples para distinguir as palavras do resto do discurso ou citação.

- As aspas são usadas para **destacar citações**, do **mesmo modo** que elas destacam o **discurso direto**.
- Às vezes as **aspas simples** são usadas em **citações** para economizar espaço. Nesses casos, empregam-se aspas duplas nas citações dentro de citações.

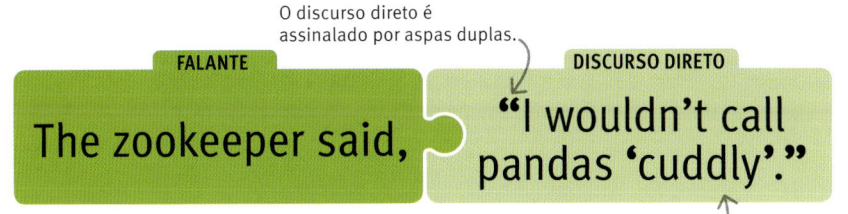

O discurso direto é assinalado por aspas duplas.

FALANTE: The zookeeper said,
DISCURSO DIRETO: "I wouldn't call pandas 'cuddly'."

Como o tratador está citando a qualificação que alguém fez dos pandas, a palavra entre aspas fica com aspas simples, sinalizando uma citação dentro da outra.

MUNDO REAL
Aspas manuais

A citação de palavras ou frases em conversas pode ser assinalada com as mãos, imitando o formato das aspas. Esse gesto destaca palavras incomuns, como as aspas fazem na escrita, e dá um traço de sarcasmo à fala da pessoa.

Títulos de obras curtas

Usam-se aspas em títulos de obras curtas, como ensaios, matérias jornalísticas e nome de músicas. Os títulos de obras mais longas, como livros e filmes, são escritos em itálico.

O nome da matéria está entre aspas.

The article "Panda Facts" was an eye-opener.

Ponto de interrogação

O PONTO DE INTERROGAÇÃO MARCA O FIM DE UM PERÍODO EM QUE SE FAZ UMA PERGUNTA.

VEJA TAMBÉM	
‹ 34-5 Pronomes	
‹ 68-9 Períodos	
‹ 88-9 Discurso direto e indireto	
‹ 108-9 Aspas	
Ponto de exclamação	112-3 ›
Itálico	122-3 ›

Usa-se um ponto para indicar o fim do período. Contudo, se o período é uma pergunta, ele deve terminar com um ponto de interrogação.

Pergunta direta

Um período interrogativo que espera uma resposta é uma pergunta direta e exige ponto de interrogação. Nas perguntas diretas, o sujeito (um substantivo ou pronome) vem depois do verbo auxiliar. É a ordem contrária das palavras numa afirmação, em que o verbo segue o sujeito. Muitas perguntas diretas começam com palavras interrogativas, como *when*, *who*, *where*, *why* e *how*.

Esta palavra interrogativa indica o início da pergunta.
verbo auxiliar
sujeito

When did you last see your cat?

Põe-se um ponto de interrogação no final do período.

Pergunta implícita

Pergunta implícita é aquela que aparece num período longo, a seguir de uma frase introdutória. A ordem das palavras na pergunta implícita repete a de uma afirmação, com o sujeito antes do verbo. Se o período inteiro indica uma pergunta, é necessário o ponto de interrogação.

A pergunta implícita está no fim do período.

Esta frase é quase sempre usada para introduzir uma pergunta implícita.

Como este período faz uma pergunta, ele termina com ponto de interrogação.

Do you know where the cat is?

O verbo vem após o sujeito, *cat*.

Pergunta indireta

A pergunta indireta termina sempre com um ponto. Esse tipo de pergunta declara o que se quer saber, em vez de fazer uma pergunta direta. Não repete as palavras exatas do falante e em geral não exige uma resposta. As perguntas indiretas nunca terminam com ponto de interrogação.

He asked me if I knew where the cat was.

Esta é uma pergunta indireta porque não exige uma resposta e termina em ponto.

PONTO DE INTERROGAÇÃO

- Uma pergunta pode ser **uma só palavra**, como *Who?*, *What?*, *Where?*, *When?*, *Why?* ou *How?*
- O ponto de interrogação **não deve ser usado com outro sinal de pontuação**. Uma **exceção** é quando um **ponto** é usado em abreviações no fim do período – por exemplo, "Shall we meet at 3.00 p.m.?"
- Quando o ponto de interrogação faz parte de um título em **itálico**, ele também deve ficar em itálico.

Em **espanhol**, usa-se um **ponto de interrogação invertido** (¿) para indicar o **início** da pergunta, e um ponto de interrogação normal no final.

Partículas interrogativas

As partículas interrogativas (*tag questions* ou *question tags*, em inglês) são acrescentadas ao final de uma afirmação. O falante motiva o ouvinte a responder de certa forma e então faz a pergunta no final, para confirmar. As partículas interrogativas vêm no fim da declaração, após uma vírgula.

Esta é uma afirmação que faz sentido sozinha.

You don't think I'm responsible, do you?

Esta é uma pergunta, mas não pode estar sozinha porque não faz sentido sem o resto do período.

Pergunta retórica

Pergunta retórica é aquela feita apenas para frisar uma ideia. Costuma conter um traço de emoção ou, às vezes, exagero. Não se espera uma resposta, pois a resposta à pergunta é óbvia ou desconhecida. As perguntas retóricas terminam sempre com um ponto de interrogação.

Do I look like a thief?

Não se espera uma resposta, porque o falante não acha que tem cara de ladrão.

MUNDO REAL
Can we help you?

Às vezes o ponto de interrogação é usado para indicar postos ou placas de informação turística. Essas placas existem em muitos lugares, mas são mais úteis para os turistas nos países em que a língua falada tem uma escrita diferente, como o Japão.

GLOSSÁRIO

Abbreviation (redução) Forma reduzida de uma palavra, em geral com um ou mais pontos que representam as letras ausentes.

Italics (itálico) Estilo de letras tipográficas que são impressas inclinadas, lembrando a escrita à mão.

Phrase (frase ou locução) Grupo de palavras que não contém verbo.

Question (pergunta) Período que pede uma informação.

Statement (afirmação) Período que transmite um fato ou uma informação.

Subject (sujeito) Ser ou coisa que realiza a ação do verbo.

Ponto de exclamação

USA-SE O PONTO DE EXCLAMAÇÃO NO FINAL DE FRASES EXCLAMATIVAS.

VEJA TAMBÉM	
54-5	Vozes e modos verbais
62-3	Interjeições
68-9	Períodos
110-1	Ponto de interrogação
Parênteses e travessão	114-5

O ponto de exclamação indica o fim de uma exclamação, período que expressa sentimentos. Ele também pode ser usado para enfatizar algo.

Sentimento

O ponto de exclamação é usado no fim de uma exclamação para indicar uma emoção forte, como surpresa, empolgação e raiva, ou tom de voz alterado.

This is so unexpected!

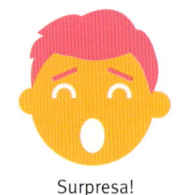

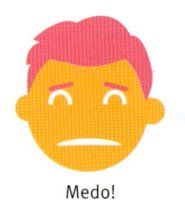

Surpresa!

I love cheese!

Medo!

I'm allergic to cheese!

Stop nibbling on the cheese!

Empolgação!

Raiva!

- Na **escrita formal**, use ponto de exclamação **moderadamente**.
- Se a necessidade do ponto de exclamação não estiver clara, lembre que **normalmente é preferível terminar uma afirmação com ponto**.

GLOSSÁRIO

Exclamation (exclamação) Período que expressa um sentimento forte, como surpresa, ou tom de voz alterado.

Interjection (interjeição) Palavra ou locução que aparece sozinha e expressa emoção.

Question (pergunta) Período que pede uma informação.

MUNDO REAL
Gibis

O ponto de exclamação é uma característica das histórias em quadrinhos – algumas o usam em quase todo período. O ponto de exclamação pode ainda aparecer, solitário, perto da cabeça de uma personagem para indicar surpresa, ou com interjeições que representam sons, como *Pow!* ou *Zap!* Nos anos 1950, o ponto de exclamação era apelidado de "bang", talvez porque sempre aparecesse sozinho num balão de texto perto do cano de uma arma, para mostrar que ela havia sido disparada.

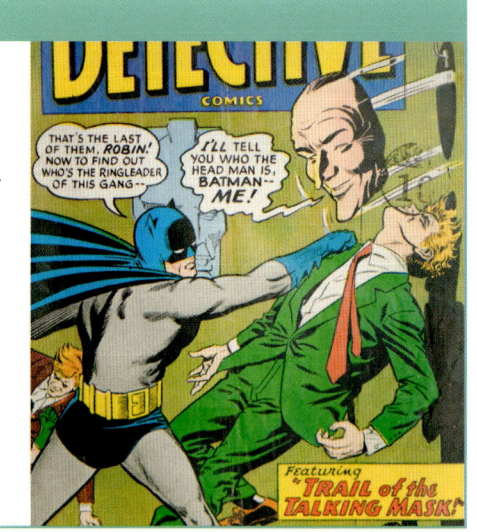

PONTO DE EXCLAMAÇÃO 113

Exclamações

Quase todo período pode ser transformado em exclamação. Os tipos mais comuns de exclamação são declarações emocionais, ordens e interjeições.

> É raro um **nome** ter ponto de exclamação, mas a cidade canadense de **Saint-Louis--du-Ha! Ha!** tem dois.

Afirmações
Uma afirmação, que em geral termina em ponto, pode se tornar uma exclamação se transmitir emoções. Uma afirmação emotiva termina em ponto de exclamação, não em ponto.

↓

There's a mouse in the kitchen**!**

Comandos
Quase sempre a reprodução por escrito de comandos termina com ponto de exclamação, especialmente quando se trata de ordens diretas e não de solicitações educadas.

↓

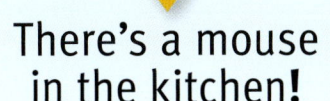

Be quiet and don't move suddenly**!**

Interjeições
As interjeições – palavras em geral exclamadas, por urgência ou surpresa – estão entre as exclamações mais comuns. As interjeições costumam ser palavras sozinhas, não períodos.

↓

Help**!**

Ênfase

Costuma-se pôr um ponto de exclamação nos apartes entre parênteses ou travessões para dar ênfase à interrupção. Não use um ponto de exclamação junto com ponto de interrogação.

O aparte usa um ponto de exclamação para enfatizar o alívio do falante.

Our hero (thankfully!) arrived just in time.

- **Um ponto de exclamação** tem impacto maior do que vários; portanto, **deve-se evitar usar mais de um** ponto de exclamação.

🔍 Identifique as exclamações

Os períodos iniciados com *what* e *how* podem tanto perguntar quanto afirmar algo. A única maneira de saber qual sinal de pontuação deve ser usado é entender o que o período diz e como é dito.

What a nightmare this is? ✗

What a nightmare this is! ✓

Este período está afirmando algo, não perguntando. É uma exclamação, então exige um ponto de exclamação, não um ponto de interrogação.

What is a nightmare! ✗

What is a nightmare? ✓

Este período está perguntando algo, não exclamando. É uma pergunta, então exige um ponto de interrogação, não um ponto de exclamação.

Parênteses e travessão

PARÊNTESES E TRAVESSÃO INDICAM UMA FORTE INTERRUPÇÃO NO PERÍODO.

Os parênteses (*brackets*, em inglês) e os travessões (*dashes*) servem para o escritor interromper o andamento de um período e inserir outra informação. Os parênteses são sempre usados em par à volta do texto, e o travessão pode aparecer sozinho ou em par.

VEJA TAMBÉM	
‹ 88-9 Discurso direto e indireto	
‹ 96-9 Vírgula	
‹ 106-7 Hífen	
Números, datas e horas	118-9 ›
Abreviações	172-3 ›

• Pode-se usar **parênteses** em torno de um *s* para mostrar que pode haver **um ou mais** do que se menciona – por exemplo, "boy(s)".

Parênteses em interrupções

Os parênteses contêm uma informação acrescentada ao período. Normalmente, esse texto interrompe o andamento do período, mas pode ser retirado sem prejudicar o sentido dele. Os parênteses também podem conter um período inteiro.

(which was late)

Esta é uma informação extra, que pode ser retirada sem afetar o sentido geral do período.

The driver bought a new watch. (His old one had stopped working.)

Este período dá informação adicional, mas pode ser tirado sem interferir na história.

O ponto final fica dentro dos parênteses.

The goods train (which was late [with] lychees (exotic fruit)". Afte

Colchetes

Os colchetes esclarecem um texto de citação ou dão informação adicional. A informação dentro dos colchetes não faz parte do texto original reproduzido, apenas o completa.

"laden [with] lychees"

Esta palavra faz parte da citação.

Os colchetes mostram que uma palavra foi acrescentada ao texto original ou alterada, para facilitar a compreensão.

Parênteses para esclarecer

Usam-se parênteses em volta de uma informação que presta um esclarecimento, como nome ou grafia diferente, tradução ou definição.

lychees (exotic fruit)

A informação dentro destes parênteses define o que são lichias.

PARÊNTESES E TRAVESSÃO 115

- Os **colchetes** são usados dentro de uma citação com a palavra latina *sic* (em itálico), que indica que as palavras da **citação** estão **reproduzidas exatamente** como foram ditas ou escritas. Por exemplo, "I heard that the farmer, Mr. Cwpat [*sic*], is alive."

O travessão é **mais longo que o hífen**. Nas antigas **máquinas de escrever**, usavam-se **dois hifens** em seguida em vez de um **travessão**.

Travessões em interrupções

Os travessões desempenham o mesmo papel que os parênteses, acrescentando informação acessória ao período. Enquanto os parênteses devem sempre ser usados em pares, só é necessário um travessão se a interrupção ocorrer no início ou no fim do período.

– by all accounts –

Como o período continuaria compreensível sem o texto entre travessões, esta parte poderia ser removida.

It was a long wait – the longest I'd ever had.

Há um espaço de cada lado do travessão.

Esta parte do período dá informação adicional sobre a duração da espera.

was – by all accounts – "laden 5–6 hours, it finally arrived.

Travessão em intervalos

O travessão pode ser usado para representar intervalos de números, como em datas ou remissão a páginas. Os números são ligados pelo travessão, sem espaços. O travessão também expressa intervalos de meses ou dias da semana e pode ser empregado para indicar a direção de uma viagem.

5–6 hours

Isto significa "from 5 to 6 hours". Se a palavra *from* estiver escrita antes do número, use *to*, não um travessão.

Monday–Friday

Isto inclui Tuesday, Wednesday e Thursday.

the Trys–Qysto route

Isto significa que o itinerário é de Trys a Qysto.

Marcadores

OS MARCADORES CHAMAM A ATENÇÃO DO LEITOR PARA PONTOS IMPORTANTES DE UM TEXTO.

Os marcadores são usados para fazer listas. Os itens com marcadores aparecem em textos técnicos, sites ou apresentações, a fim de condensar informações importantes em frases curtas ou períodos.

VEJA TAMBÉM	
❰ 98-9 Outros usos da vírgula	
❰ 100-1 Ponto e vírgula	
❰ 102-3 Dois-pontos	
Diagramação e recursos de apresentação	194-5 ❱
Escrever para informar	196-7 ❱
Escrever para explicar e sugerir	204-5 ❱
A arte da apresentação	228-9 ❱

Pontos importantes

Usam-se itens com marcadores para enfatizar pontos importantes de um documento, separando-os do texto principal e apresentando-os numa relação. Isso faz o leitor assimilar a informação essencial rapidamente. O texto com marcador pode ser escrito em período completo, frases ou palavras isoladas.

> We'll need to be fully prepared for the <u>mission briefing</u>. We'll have to make sure the <u>jetpack</u> is <u>tuned</u> up. We should also get the sewing kit out to <u>finish off</u> the <u>penguin costumes</u> we started last week. Finally, we'll need to dismantle the <u>kite</u> and <u>pack</u> it <u>up</u> as <u>kit</u>.

O texto corrido traz detalhes demais.

SLIDE 1

Before the mission briefing, we'll need to complete several tasks:
- tune up the jetpack
- finish the penguin costumes
- pack up the kite kit.

Só as informações mais importantes do texto são dadas aqui.

Como escrever com marcadores

A informação com marcadores tem impacto muito maior se os itens tiverem tamanho parecido e forem escritos da mesma maneira. Se o primeiro começa com um verbo, por exemplo, os demais também devem começar assim. Isso cria uma relação equilibrada, que é mais fácil de seguir e dá peso igual aos itens.

SLIDE 2

On the mission, we'll have to do the following activities:
- go undercover
- impersonate penguins
- follow people
- jump out of helicopters.

Todos os itens com marcadores têm tamanho parecido.

Todos os itens com marcadores começam com verbo.

MARCADORES 117

- **Use marcadores com cautela**: o uso de poucas partes com marcadores tem mais impacto que o de muitas.
- **As listas numeradas** são uma alternativa aos marcadores. Elas em geral são recuadas e pontuadas do mesmo modo que as listas com marcadores.

Embora o estilo mais comum de **marcador** seja •, existem muitas opções, como *, – e ◊.

MUNDO REAL
Apresentações

Os palestrantes costumam usar listas com marcadores em suas apresentações como auxílio visual. Quando se dirigem a uma plateia grande e têm pouco tempo, é importante transmitir seu recado com clareza e eficácia. As listas com marcadores são ideais para isso.

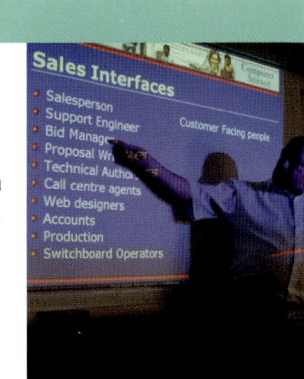

Pontuação de texto com marcador

A informação com marcadores deve ser recuada em relação ao texto principal. O texto que apresenta o trecho com marcadores precisa ser seguido de dois-pontos. As regras variam conforme o texto seja ou não de períodos completos.

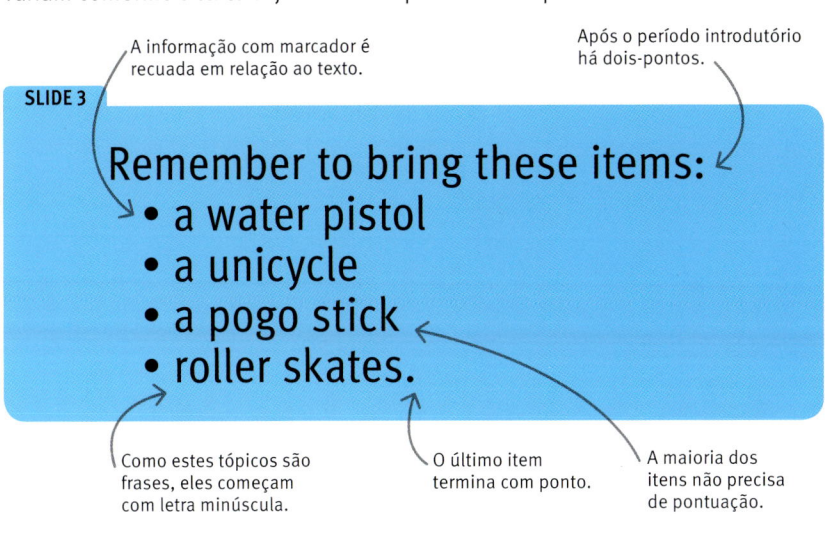

A informação com marcador é recuada em relação ao texto.

Após o período introdutório há dois-pontos.

SLIDE 3

Remember to bring these items:
- a water pistol
- a unicycle
- a pogo stick
- roller skates.

Como estes tópicos são frases, eles começam com letra minúscula.

O último item termina com ponto.

A maioria dos itens não precisa de pontuação.

◁ **Texto em minúsculas**
Se os itens com marcadores não forem períodos completos, eles começarão com letra minúscula. Como o texto introdutório e os itens com marcadores representam juntos um período completo, só o último tópico precisa de ponto, pois ele constitui o fim do período.

◁ **Períodos completos**
Se os itens com marcadores forem períodos completos, cada um deverá começar com letra maiúscula e terminar com ponto, ponto de interrogação ou ponto de exclama-

SLIDE 4

The director asked these questions:
- Do I need winter clothes?
- Will there be pirates?
- Can I bring my pig?
- Will we receive any gadgets?

Cada um destes itens é um período completo iniciado por letra maiúscula e encerrado com ponto de interrogação.

Números, datas e horas

OS NÚMEROS SÃO REPRESENTADOS NA ESCRITA TANTO POR ALGARISMOS QUANTO POR PALAVRAS.

Do mesmo modo que nos cálculos matemáticos, às vezes se usam algarismos na escrita. Eles são muito úteis para escrever datas, horas e números extensos.

VEJA TAMBÉM	
‹ 94-5	Ponto e reticências
‹ 96-9	Vírgula
‹ 102-3	Dois-pontos
‹ 106-7	Hífen
‹ 114-5	Parênteses e travessão
Abreviações	172-3 ›

- Ao dar um **intervalo de números** nas remissões a páginas, escreva a primeira e a última página da remissão e **separe os algarismos** com um travessão: por exemplo, 14–17 (que inclui as páginas 15 e 16).
- Na escrita informal, os **anos podem ser abreviados** com um apóstrofo e os últimos dois algarismos, como "the summer of '97".

Escrita de números
Frações e números até cem devem ser, preferencialmente, escritos por extenso, a menos que o texto use números com frequência, como em obras científicas e matemáticas.

eight spaceships

O algarismo 8 está por extenso.

O **sistema arábico de numeração** é mais preciso que o **romano** porque conta com o **número zero**.

GLOSSÁRIO
Arabic numerals (algarismos arábicos)
Os números comuns, como 1, 2 e 3.
Roman numerals (algarismos romanos)
Números representados por algumas letras do alfabeto, como I, V e X.

Flying on-board **eight spaceships**, discovered **325** comets on **10 Apri**

Algarismos arábicos
Os números que usamos no dia a dia chamam-se algarismos arábicos, porque os árabes os levaram da Índia para a Europa. Os dez dígitos são 0, 1, 2, 3, 4, 5, 6, 7, 8 e 9. Eles se combinam e representam todo número possível.

325 comets

Use algarismos arábicos para representar números acima de cem.

Datas
Sempre se usam números em dias e anos. Ao escrever anos com mais de quatro dígitos, como em "10,000 BCE", põe-se uma vírgula. Ao escrever o mês primeiro, é necessária uma vírgula entre a data e o ano, e depois do ano quando a data aparece no meio do período.

Formato da data	Exemplo
dia-mês-ano	The discovery on 10 April 2099 was exciting.
mês-dia-ano	The discovery on April 10, 2099, was exciting.
ano-mês-dia	The discovery on 2099 April 10 was exciting.

NÚMEROS, DATAS E HORAS 119

🔍 Identifique quando usar palavras ou números

Se um período começa com uma quantidade – mesmo muito alta –, ela deve ser representada com palavras, ou então reescreva o período para que não comece com um número.

325 comets were discovered. ❌
↳ Nunca se deve começar um período com números.

Three hundred and twenty-five comets were discovered. ✓
↳ Esta quantidade foi escrita por extenso porque está no início do período. Essa não é uma boa opção para números longos.

Este período foi reescrito e é a melhor versão. → The aliens discovered **325** comets. ✓

Algarismos romanos

Os romanos usavam letras do seu alfabeto para representar os números: I (um), V (cinco), X (10), L (50), C (100), D (500) e M (mil). Fora esses, todos os outros números são uma combinação dessas letras. Usam-se os algarismos romanos tanto em maiúsculas como em minúsculas em referência a atos e cenas de peças – por exemplo, "Act IV, scene i". Algarismos romanos em maiúsculas são às vezes usados com nomes de membros da realeza, como "King Henry VIII". Em minúsculas, podem ser usados em remissão de páginas – por exemplo, "xiv-xvii".

Se um algarismo romano menor está antes de um maior, subtraia um do outro; assim, IX é 10 (X) menos 1 (I) = 9.

Romanos	Números
I, i	1
II, ii	2
III, iii	3
IV, iv	4
V, v	5
VI, vi	6
VII, vii	7
VIII, viii	8
IX, ix	9
X, x	10

Romanos	Números
XX, xx	20
L, l	50
C, c	100
CD, cd	400
CDX, cdx	410
D, d	500
CM, cm	900
M, m	1,000
MCMXC	1,990
MMXIII	2,013

the aliens from planet Squark **IV**
2099, between **1.30** and **11 p.m.**

Horas

Em geral se usam números para reproduzir as horas, com ponto separando a hora dos minutos. Às vezes dois-pontos substituem o ponto para separar horas e minutos. Ao se referir à hora em quartos ou metades, ou ao utilizar a expressão *o'clock*, a hora deve ser escrita por extenso.

Between **1.30** and **11 p.m.**
↑ hora com números
↳ Esta abreviação significa "post meridiem" e refere-se à tarde, depois do meio-dia.
↳ hora com palavras
Between **half past one** and **eleven o'clock**.

• Em números acima de mil, põe-se uma **vírgula** antes de cada grupo de **três dígitos, exceto em endereços** – por exemplo, **20,000** e **300,000**.

• Ao escrever um horário com a expressão *o'clock*, **escreva por extenso** o número – por exemplo, **"eleven o'clock"**.

Outros sinais

BARRA, ARROBA, "E COMERCIAL" E ASTERISCO SÃO ALGUNS SINAIS DE PONTUAÇÃO MENOS USADOS.

As barras estão em endereços eletrônicos, em intervalos de tempo e em unidades de medida; além disso, indicam alternativas. O símbolo "at" (@) – arroba, em português –, o e comercial (&), o asterisco (*) e a cerquilha (#) em geral representam letras e palavras omitidas.

VEJA TAMBÉM	
◀ 86-7 Coloquialismos e gíria	
◀ 118-9 Números, datas e horas	
Abreviações	172-3 ▶
Escrever para a internet	214-5 ▶

O **sinal "at"** foi usado inicialmente para representar a **unidade de medida espanhola** chamada *arroba*.

Barra em endereços eletrônicos

A barra, chamada em inglês de *forward slash*, é usada em endereços da internet para diferenciar uma página secundária do site principal.

— site do Style Skunks
— página de notícias ligada à principal

www.styleskunks.com**/**news

Barra em alternativas

Usam-se barras para indicar alternativas, como *and/or* e *he/she*. Isso ocorre em documentos técnicos, com formulários, ou onde o espaço é escasso, como em matérias jornalísticas. Em geral é melhor escrever as alternativas.

— Isto significa que ela procurou sapatos, ou chapéus, ou ambos.

She looked for shoes and**/**or hats.

Arroba ("at")

O sinal "at" é usado em endereços de e-mail. Separa o nome exclusivo do usuário do nome do domínio.

nome do usuário ↘   ↙ domínio

questions**@**styleskunks.com

E comercial

O e comercial representa a palavra *and*. Encontra-se no nome de empresas e organizações e é usado em referências acadêmicas.

— O mesmo que "Squirrels and Swirls".

She loved the fashion label Squirrels **&** Swirls.

OUTROS SINAIS 121

Asterisco

Usa-se o asterisco para indicar que há mais informação no pé da página. Essa informação chama-se *footnote* (nota de rodapé). O asterisco também aparece em matérias jornalísticas quando uma citação contém uma palavra muito ofensiva para ser escrita por inteiro. O asterisco representa cada letra que foi omitida da transcrição. Isso reduz o impacto da palavra, que continua reconhecível para os leitores.

- Para indicar a **omissão** de uma ou mais **palavras** de uma passagem, nunca use asteriscos; use **reticências (...)**.

- Se **mais de uma nota de rodapé** for necessária na página, pode-se usar **um asterisco (*)** para a primeira nota e **dois asteriscos (**)** para a segunda, mas não use mais do que três. Nesse caso, é melhor numerar as notas de rodapé.

- Ao escrever um **endereço de internet longo** que não cabe numa linha inteira, faça a divisão dele após a barra – por exemplo, depois de ".com/".

> "My Chihuahua looks amazeb***s in these clothes!"

Os asteriscos representam *all*, ainda que *amazeballs* não seja considerado um palavrão.

Cerquilha

Presente no teclado de qualquer telefone, a cerquilha, conhecida em inglês como *hash* e usada como sinal da medida de peso libra, representa a palavra *número* na escrita informal. É preferível escrever a palavra *number* em vez de usar o *hash*.

> It was the #1 fashion website in the world.

o mesmo que "number one"

MUNDO REAL

Twitter

O serviço de rede social Twitter adotou alguns dos sinais de pontuação menos usados e lhes deu um novo significado. O sinal "@", por exemplo, é usado antes do nome de usuário de alguém para mencioná-lo ou responder a ele, e a cerquilha (#) serve para adicionar palavras-chave *(tags)*, permitindo que outros usuários as localizem.

- Há **barras** em certas abreviações. Por exemplo, *c/o* aparece em endereçamento e significa "care of", e *miles/hour* quer dizer "miles per hour".

- O **e comercial (&)** – *ampersand*, em inglês – nunca deve ser usado em lugar da palavra *and* na escrita formal, do mesmo modo que o sinal "@" não deve substituir a palavra *at* no mesmo tipo de texto.

Itálico

ITÁLICO É UM FORMATO DE LETRA IMPRESSA INCLINADA QUE LEMBRA A ESCRITA À MÃO.

Palavras ou frases podem ser formatadas em itálico para se destacar do texto em volta. O itálico é utilizado em títulos de obras, palavras estrangeiras e para dar ênfase.

VEJA TAMBÉM	
◀ 108-9 Aspas	
◀ 112-3 Ponto de exclamação	
◀ 114-5 Parênteses e travessão	
◀ 120-1 Outros sinais	
Letras maiúsculas	158-9 ▶
Abreviações	172-3 ▶

Palavras estrangeiras

As palavras e locuções estrangeiras que foram adotadas pela língua inglesa devem ser escritas em itálico. Às vezes, elas são seguidas da sua tradução, entre parênteses ou aspas. O nome científico dos seres é escrito em latim e sempre em itálico. O gênero começa com letra maiúscula; a espécie, com letra minúscula.

A palavra estrangeira está em itálico.
A tradução é feita entre parênteses.

oma (grandma)

O gênero começa com maiúscula.
A espécie é escrita com letras minúsculas.

Bombus terrestris (bumblebee)

O nome científico é grafado em itálico.
O nome popular está entre parênteses.

My **oma** (grandma) loves her
I think **Big Beach Splash!**, a film

- Se você não sabe se uma **palavra é estrangeira ou não**, consulte um **dicionário**. Se a palavra não estiver no dicionário de inglês, ela deve ser escrita em itálico.
- **Nomes próprios não são escritos em itálico** mesmo que estejam em outra língua – por exemplo, Londres (a escrita de London em português e francês).

Pontuação

Não use itálico na pontuação após palavras em itálico, a não ser que faça parte da frase em itálico.

Este ponto de exclamação está em itálico porque faz parte do título do filme.

Big Beach Splash!,

A vírgula não está em itálico porque não faz parte do título do filme.

ITÁLICO 123

Títulos

O tipo itálico é usado em títulos de obras longas, como livros, periódicos e filmes. O título de obras mais curtas, como poemas em antologias, fica entre aspas. O nome de embarcações também deve ficar em itálico.

Big Beach Splash! ← título de filme

Surfing is Simple ← título de livro

Escreva em itálico	Não escreva em itálico
• títulos de publicações impressas como livros, jornais, publicações científicas, poemas muito longos, peças teatrais, discursos famosos e coletâneas de contos e poemas.	• o nome de um livro sagrado como a Bíblia ou o Corão. • capítulos de livro, matérias de jornal ou revista, títulos de contos e poemas – escreva-os entre aspas.
• títulos de filmes e programas de rádio e televisão.	• episódios de programa de rádio e televisão – escreva-os entre aspas.
• nomes de navios, submarinos, aviões, espaçonaves e satélites artificiais.	• abreviaturas antes de nome de embarcação: RMS *Titanic*, USS *Arizona*. • marca de veículo: Rolls-Royce, Boeing 747. • nomes de trem.
• composições musicais longas, como álbuns e óperas.	• títulos de canções e composições curtas – escreva-os entre aspas.
• obras de arte, como pinturas e esculturas.	• edifícios e monumentos: the Empire State Building, the Statue of Liberty

Surfing is Simple book, but about surfing, is *much* better.

Ênfase

O itálico pode ser usado para enfatizar certas palavras ou chamar a atenção para uma oposição de termos. Também pode indicar que se deve dar mais ênfase à palavra ou frase quando pronunciada.

The film is *much* better. ← Esta palavra está em itálico para enfatizar que o filme sobre surfe é mesmo melhor do que o livro.

O estilo chama-se **itálico** porque era usado na **Itália** já no **século XVI**.

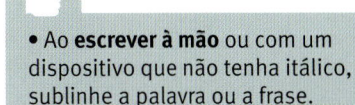

• Ao **escrever à mão** ou com um dispositivo que não tenha itálico, sublinhe a palavra ou a frase.

3

Ortografia

Por que escrever certo?

A ORTOGRAFIA É IMPORTANTE PARA A LEITURA E A ESCRITA.

As regras nos ajudam a escrever certo. Contudo, as exceções às regras podem dar a impressão de que a ortografia é algo muito difícil. Vale a pena escrever corretamente, para transmitir uma mensagem por escrito com clareza.

Letras

Existem 26 letras no alfabeto da língua inglesa, que podem ser escritas em maiúsculas e minúsculas. Essas letras também compõem sons específicos, e algumas representam mais que um som. Em casos especiais, duas letras – como *c* e *h* – combinam-se para representar um som único, diferente do som de qualquer letra isolada, como o *ch* de *change*. Saber quando usar letras minúsculas e maiúsculas ajuda a melhorar a grafia, e a ortografia melhora e muito a qualidade da escrita.

A palavra **alfabeto** vem das **duas primeiras letras** do alfabeto **grego**: *alfa* e *beta*.

a b c d e f g h i j k l m
n o p q r s t u v w x y z

Estas letras em minúsculas, que representam todo o alfabeto, estão dispostas em ordem alfabética.

O teclado QWERTY – assim chamado por causa das suas seis primeiras letras – foi disposto desse modo para que as letras mais comuns em inglês ficassem próximas, evitando os erros que provocavam acavalamento nas primeiras máquinas de escrever. O leiaute desse teclado é o de língua inglesa, diferente do adotado no Brasil, que acompanha as normas da ABNT.

Significados

Muitas palavras do inglês vêm do latim e do grego. Aprendendo a reconhecer esses radicais e saber o que significam, torna-se mais fácil escrever certo. Por exemplo, *mar*, palavra latina correspondente a "sea", é usada em palavras inglesas como *marine* e *maritime*. Um exemplo comum do grego é *dec*, que significa "ten" e é empregado em palavras inglesas como *decade* e *decathlon*. Outros radicais, como *build* (vindo do inglês antigo *byldan*), são reconhecidos na hora e constituem palavras correlatas, entre elas *building*, *builder* e *rebuild*.

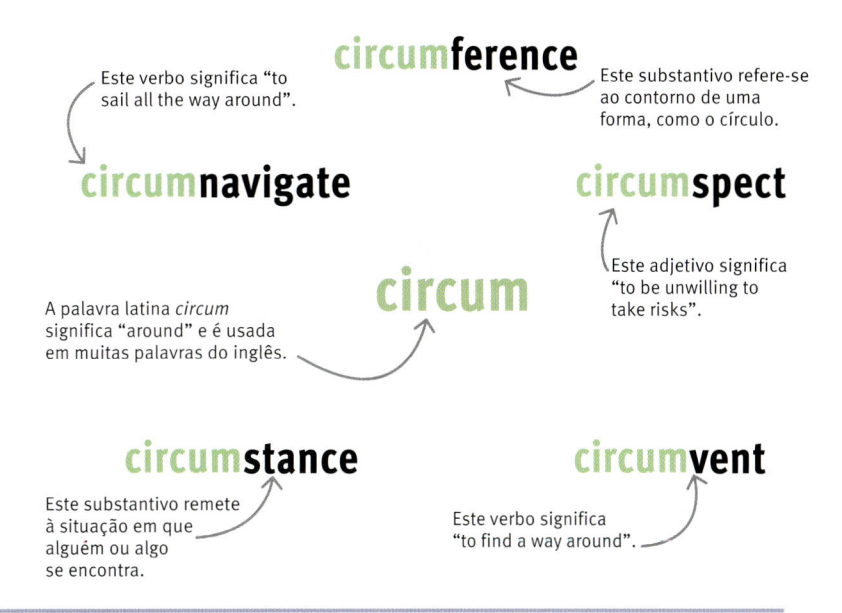

circumference — Este substantivo refere-se ao contorno de uma forma, como o círculo.

circumnavigate — Este verbo significa "to sail all the way around".

circumspect — Este adjetivo significa "to be unwilling to take risks".

circum — A palavra latina *circum* significa "around" e é usada em muitas palavras do inglês.

circumstance — Este substantivo remete à situação em que alguém ou algo se encontra.

circumvent — Este verbo significa "to find a way around".

Prefixos e sufixos

A algumas palavras podem ser acrescentados elementos que transformam seu sentido original. Esses elementos chamam-se prefixo (acrescentados no início da palavra) e sufixo (no final). Por exemplo, *social* adquire um sentido contrário quando associada ao prefixo *anti-*, resultando em *antisocial*. Todavia, quando o sufixo *-ite* é adicionado à mesma palavra original, o resultado é *socialite*, que designa uma pessoa que desempenha atividades sociais.

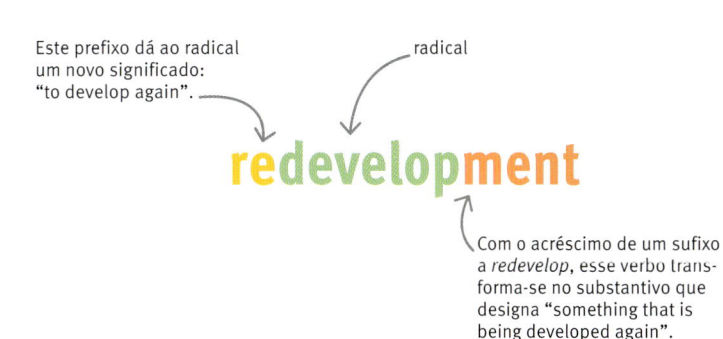

redevelop**ment**

- Este prefixo dá ao radical um novo significado: "to develop again".
- radical
- Com o acréscimo de um sufixo a *redevelop*, esse verbo transforma-se no substantivo que designa "something that is being developed again".

Escolha as palavras certas

Em certos casos, os erros de grafia podem resultar em um sentido diferente do desejado. Isso ocorre muito com palavras que são escritas de modo diferente mas pronunciadas igual (homófonas), produzindo períodos confusos, ofensivos ou divertidos.

Mo ate a lemon **moose** under the **ewe** tree, then went for a swim. The **currant** caught him, and he let out a **whale**. Suddenly it was a scary **plaice**. If he didn't **dye**, he'd have an epic **tail**.

- Substitua por *mousse*, um doce.
- Substitua por *yew*, uma espécie de árvore.
- Substitua por *current*, uma corrente de água.
- Substitua por *wail*, um grito bem agudo.
- Substitua por *place*, um local.
- Substitua por *die*, que significa morrer.
- Substitua por *tale*, um tipo de história.

ORTOGRAFIA

Ordem alfabética

A ORDEM ALFABÉTICA É UMA MANEIRA SIMPLES DE ORGANIZAR PALAVRAS.

De uma lista curta dos alunos de uma sala de aula a um longo índice remissivo, a ordem alfabética facilita o armazenamento e a localização de informações.

Organizando uma lista

Ordem alfabética é a organização de palavras conforme a posição de suas letras iniciais no alfabeto. Por esse sistema, as palavras são ordenadas pela primeira letra, depois pela segunda e assim por diante. Por exemplo, as palavras *buy* e *biscuit* começam com a letra *b*, mas a segunda letra de cada palavra é diferente: como a letra *i* de *biscuit* vem antes da letra *u* de *buy*, *biscuit* viria antes de *buy* numa lista alfabética.

VEJA TAMBÉM	
‹ 126-7 Por que escrever certo?	
Letras maiúsculas	158-9 ›
Abreviações	172-3 ›
Planejamento e pesquisa	186-7 ›

• Se uma palavra longa tem as mesmas letras que uma curta mas continua – como *cave* e *caveman* –, a **palavra curta (cave, no caso) sempre virá primeiro** no dicionário.

• A ordem alfabética é útil para **localizar uma poltrona** no cinema ou **um livro numa biblioteca**, pois as fileiras e os livros costumam estar ordenados conforme o alfabeto.

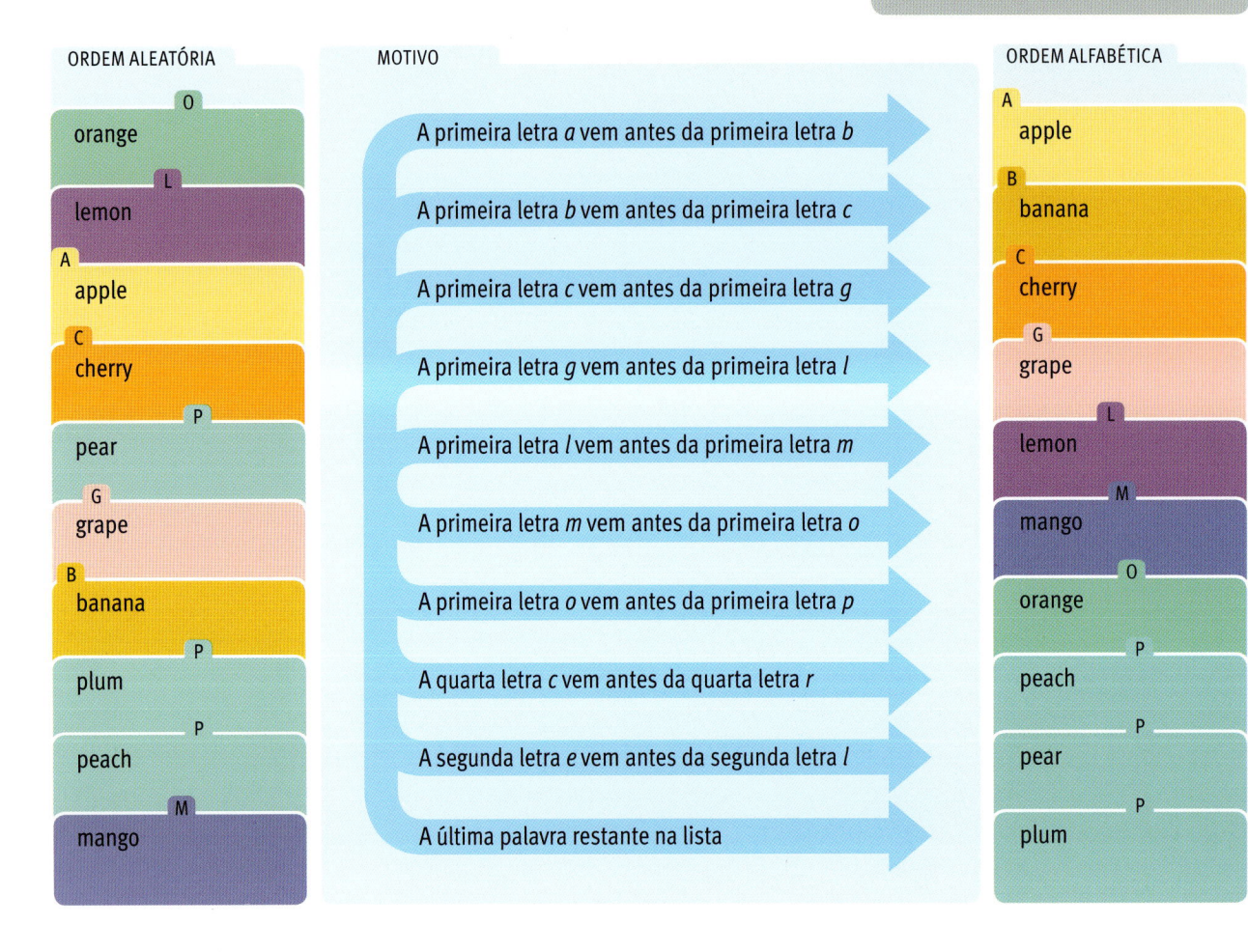

ORDEM ALEATÓRIA	MOTIVO	ORDEM ALFABÉTICA
O orange	A primeira letra *a* vem antes da primeira letra *b*	A apple
L lemon	A primeira letra *b* vem antes da primeira letra *c*	B banana
A apple	A primeira letra *c* vem antes da primeira letra *g*	C cherry
C cherry	A primeira letra *g* vem antes da primeira letra *l*	G grape
P pear	A primeira letra *l* vem antes da primeira letra *m*	L lemon
G grape	A primeira letra *m* vem antes da primeira letra *o*	M mango
B banana	A primeira letra *o* vem antes da primeira letra *p*	O orange
P plum	A quarta letra *c* vem antes da quarta letra *r*	P peach
P peach	A segunda letra *e* vem antes da segunda letra *l*	P pear
M mango	A última palavra restante na lista	P plum

ORDEM ALFABÉTICA 129

Casos especiais

A organização de palavras de acordo com sua primeira letra nem sempre funciona. Por exemplo, abreviações, letras maiúsculas e números precisam de tratamento especial. Em todos os casos, porém, a coerência é importante.

O **alfabeto** da língua inglesa provém do alfabeto dos **romanos**.

king cobra
kingfisher
king penguin

Se os termos têm mais de uma palavra, ordene-as como se fossem escritas sem o espaço. Nesse exemplo, a lista está disposta conforme a quinta letra.

Faça com as palavras com inicial maiúscula exatamente o mesmo que com as palavras em minúsculas.

blueberry
Coconut Island
date

Hague, The
Hamburg
High Wycombe

Se uma palavra tem um artigo, como *the*, ignore-o e ponha em ordem alfabética pela segunda palavra.

Sacramento
St. (Saint) Helier
Salzburg

Os nomes de pessoas são ordenados pelo sobrenome, e o primeiro nome vem após uma vírgula.

Dahl, Roald
Meyer, Stephenie
Twain, Mark

Ordene as palavras abreviadas conforme a grafia.

∏ (Pi)
101 Dalmations
Toy Story

Separe os termos com símbolos ou números e ponha-os no início da lista.

O dicionário

Dicionário é uma coleção de palavras em ordem alfabética com as respectivas definições. As palavras são ordenadas assim para serem encontradas mais facilmente.

handwriting
writing done by hand, not typed or printed

han**g**
to support something from above

hang**a**r
a very large building where aircraft are stored

hang**-g**lider
a huge kite that a person can hang from

ha**p**pen
to take place

happ**y**
pleased and content

As três primeiras letras são *han*, mas a quarta letra (*d*) de *handwriting* vem antes da letra *g* de *hang*.

Esta palavra aparece depois da palavra de quatro letras *hang* por ter a quinta letra, *a*.

Ignore o hífen (-) e ordene a palavra pela quinta letra, *g*.

A terceira letra *p* vem depois da terceira letra *n* de *hang-glider*.

Como a quinta letra *y* vem após a quinta letra *e* de *happen*, esta é a última palavra.

MUNDO REAL
Índices remissivos

Índice remissivo é uma lista de tópicos importantes em livros de consulta, dispostos em ordem alfabética. Ao lado de cada tópico, um ou vários números remetem à página em que o item se encontra no livro. Com isso, o leitor acha com mais facilidade e rapidez a informação que deseja.

Sons vocálicos

O ALFABETO INGLÊS TEM CINCO VOGAIS: *A, E, I, O, U.*

Cada vogal tem um fonema (ou som) curto ou longo. Cada som produzido por uma vogal é representado por um grafema – uma ou mais letras escritas que indicam esse som.

VEJA TAMBÉM	
❮ 120-1	Outros sinais
❮ 126-7	Por que escrever certo?
❮ 128-9	Ordem alfabética
Sons consonantais	132-3 ❯
Sílabas	134-5 ❯
Letras mudas	160-1 ❯
Grafias irregulares	164-5 ❯

Sons vocálicos curtos

Uma vogal pode ter som curto, abrupto. Por exemplo, a palavra *rat* tem um som de "a" curto e o grafema que representa esse som é *a*. Uma palavra mais complexa, como *tread*, tem um som de "e" e o grafema é *ea*. A letra *y* às vezes ocupa o lugar de uma vogal. Por exemplo, a palavra *gym* tem um som de "i" curto, mas o grafema é *y*.

A **língua taá**, falada principalmente em Botsuana, tem **112 sons diferentes**.

a ▷ **"a" curto**
Esse som (*a* ou *é*) é representado apenas pelo grafema *a*.

cat

e ▷ **"e" curto**
Esse som (*é*) é representado pelos grafemas *a, ai, e, ea, eo, ie*.

many   said   reptile
head   leopard   friend

i ▷ **"i" curto**
Esse som (*i*) é representado pelos grafemas *e, i, o, u, y*.

pretty   insect   women
busy   rhythm

o ▷ **"o" curto**
Esse som (*ó*) é representado pelos grafemas *a, o*.

what   octopus

u ▷ **"u" curto**
Esse som (*ã*) é representado pelos grafemas *o, ou, u*.

dove   young   buffalo

Sons vocálicos longos

Uma vogal pode ter som longo, esticado. Por exemplo, a palavra *alien* tem um som de "ei" longo no começo e o grafema que o representa é *a*. Uma palavra mais complexa, como *monkey*, tem um som de "i" longo na segunda sílaba e o grafema é *ey*.

> • A letra **y é uma consoante quando é a primeira letra de uma sílaba que tenha mais de uma letra**, como *yellow*. Se o *y* estiver em outro lugar da sílaba, ele funciona como vogal: na palavra *trendy*, o *y* soa como "i".

a ▷ "a" longo
Esse som *(ei)* é representado pelos grafemas *a, ai, aigh, ay, a–e, ei, eigh, ey*.

apron   snail   straight   ray
snake   reindeer   sleigh   they

e ▷ "e" longo
Esse som *(i)* é representado pelos grafemas *e, ea, ee, ei, ey, e–e, ie, y*.

he   beaver   cheetah   ceiling
donkey   these   thief   smelly

i ▷ "i" longo
Esse som *(ai)* é representado pelos grafemas *i, eigh, I, ie, igh, i–e, y, ye, y–e*.

bison   height   I   pie   night
pike   fly   eye   type

o ▷ "o" longo
Esse som *(ou)* é representado pelos grafemas *o, oa, oe, ol, ou, ough, ow, o–e*.

cobra   goat   toe   folk
soul   dough   crow   antelope

u ▷ "u" longo
Esse som *(iu)* é representado pelos grafemas *u, ew, ue, u–e*.

unicorn   chew
barbecue   use

Sons vocálicos complexos

Em inglês, além dos sons vocálicos curtos e longos, existem sons vocálicos complexos. Por exemplo, o grafema *oo* compõe dois sons diferentes, conforme a palavra em que ele esteja: uma vogal de som curto, como na palavra *hook*, ou um som vocálico longo, como na palavra *loot*.

Som vocálico complexo	Exemplos
aw *(ó)*	**aw**ful, **au**thor
oi *(ói)*	t**oi**l, ann**oy**
ow *(áu)*	h**ou**se, c**ow**
oo (curto) *(u)*	l**oo**k, p**u**t
oo (longo) *(u)*	m**oo**t, s**ui**t

Sons consonantais

EXISTEM 21 CONSOANTES NA LÍNGUA INGLESA: O ALFABETO INTEIRO MENOS AS CINCO VOGAIS.

A maioria das consoantes tem um fonema, ou som, mas alguns sons podem ser representados por consoantes ou grupos consonantais diferentes. Como as vogais, as consoantes são escritas como grafemas.

VEJA TAMBÉM	
‹ 120-1 Outros sinais	
‹ 126-7 Por que escrever certo?	
‹ 128-9 Ordem alfabética	
‹ 130-1 Sons vocálicos	
Sílabas	134-5 ›
Letras mudas	160-1 ›

Sons consonantais simples

Sons consonantais simples são aqueles representados pelas consoantes. Por exemplo, o som consonantal simples "f" está presente na palavra *fan* e é representado pelo grafema *f*. Contudo, o som consonantal simples "f" também é ouvido na palavra *phase*, na qual ele é representado pelo grafema *ph*. As letras *c*, *q* e *x* não têm sons consonantais simples, e costumam ser acompanhadas de outras letras para formar dígrafos ou encontros consonantais.

b ▽ **O som do "b"**
Essa consoante é representada pelos grafemas *b*, *bb*.

bat   ra**bb**it

d ▽ **O som do "d"**
Essa consoante é representada pelos grafemas *d*, *dd*, *ed*.

dog   pu**dd**le   raine**d**

f ▽ **O som do "f"**
Essa consoante é representada pelos grafemas *f*, *ff*, *gh*, *ph*.

flamingo   pu**ff**
lau**gh**   dol**ph**in

g ▽ **O som do "g"**
Essa consoante é representada pelos grafemas *g*, *gh*, *gg*, *gu*.

girl   **gh**ost
ha**gg**le   **gu**inea

h ▽ **O som do "h"**
Essa consoante é representada pelos grafemas *h*, *wh*.

hen   **wh**o

j ▽ **O som do "j"**
Essa consoante é representada pelos grafemas *ge*, *gg*, *gi*, *gy*, *j*, *dge*.

gerbil   su**gg**est   **gi**raffe
gymnast   jaguar   ba**dge**r

k ▽ **O som do "k"**
Essa consoante é representada pelos grafemas *c*, *cc*, *ch*, *ck*, *k*, *que*.

cat   ra**cc**oon   **ch**ameleon
du**ck**   kitten   mos**que**

l ▽ **O som do "l"**
Essa consoante é representada pelos grafemas *l*, *ll*.

lion   bu**ll**

m ▽ **O som do "m"**
Essa consoante é representada pelos grafemas *m*, *mb*, *mm* e *mn*.

mouse   la**mb**
hu**mm**ingbird   colu**mn**

n ▽ **O som do "n"**
Essa consoante é representada pelos grafemas *gn*, *kn*, *n*, *nn*.

gnome   **kn**ot   **n**ewt   su**nn**y

p ▽ **O som do "p"**
Essa consoante é representada pelos grafemas *p*, *pp*.

pig   pu**pp**y

r ▽ **O som do "r"**
Essa consoante é representada pelos grafemas *r*, *rh*, *rr*, *wr*.

rat   **rh**inoceros
pa**rr**ot   **wr**en

s ▽ **O som do "s"**
Essa consoante é representada pelos grafemas *c*, *s*, *sc*, *ss*, *st*.

cell   salamander
science   hi**ss**   whi**st**le

SONS CONSONANTAIS 133

t ▽ **O som do "t"**
Essa consoante é representada pelos grafemas *bt, t, th, tt, ed*.

dou**bt**   **t**iger   **th**yme   ca**tt**le   jump**ed**

v ▷ **O som do "v"**
Essa consoante é representada pelos grafemas *f, v*.

o**f**   do**v**e

w ▷ **O som do "w"**
Essa consoante é representada pelos grafemas *w, wh, u*.

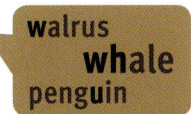

walrus   **wh**ale   peng**u**in

y ▷ **O som do "y"**
Essa consoante é representada pelos grafemas *i, y*.

on**i**on   **y**ak

z ▽ **O som do "z"**
Essa consoante é representada pelos grafemas *s, ss, x, z, zz*.

plea**s**e   **s**ci**ss**ors   **x**ylophone   **z**ebra   bu**zz**

MUNDO REAL
Alfabeto fonético da Otan

O alfabeto fonético da Otan (NATO, em inglês) é usado para evitar confusão ao soletrar as palavras. Fala-se cada palavra em lugar da letra. Os operadores de rádio dos setores militar e aeronáutico usam esse alfabeto para se comunicar.

A	Alpha	N	November
B	Bravo	O	Oscar
C	Charlie	P	Papa
D	Delta	Q	Quebec
E	Echo	R	Romeo
F	Foxtrot	S	Sierra
G	Golf	T	Tango
H	Hotel	U	Uniform
I	India	V	Victor
J	Juliet	W	Whiskey
K	Kilo	X	X-ray
L	Lima	Y	Yankee
M	Mike	Z	Zulu

Encontro consonantal

Encontro consonantal é o seguimento de duas ou mais consoantes. Ele aparece no início ou no final da palavra. Como os dígrafos, os encontros consonantais não se separam, mas se ouve o som representado por cada uma das letras. Por exemplo, a palavra *bright* começa com o encontro *br*, e o som de cada uma das letras – *b* e *r* – é ouvido com clareza.

Dígrafos e trígrafos

Dígrafo é o uso de duas letras para representar um só fonema (som). Trígrafo, o uso de três. Por exemplo, a palavra *shining* começa com o fonema "sh" e é representada pelo grafema *sh*. Esse fonema aparece em outras palavras, como *action*, mas nesse caso escreve-se *ti*.

Dígrafo	Grafema	Exemplos
ch	ch, tch	**ch**icken, wa**tch**, ha**tch**
ng	ng	fa**ng**, hatchli**ng**
sh	ce, ch, ci, sh, ss, ti	o**ce**an, **ch**ef, spe**ci**al, **sh**eep, mi**ss**ion, mo**ti**on
th (mudo)	th	slo**th**
th (pronunciado)	th	fea**th**er
zh	ge, dg	bei**ge**, lo**dge**

Encontro	Exemplos	Encontro	Exemplos
bl	**bl**ock	pl	**pl**um
br	**br**ead	pr	**pr**etzel
cl	**cl**am	pt	ada**pt**
cr	**cr**acker	sc	**sc**allop
ct	perfe**ct**	sch	**sch**ool
dr	**dr**ink	scr	**scr**ape
fl	**fl**oor	sk	**sk**eleton
fr	**fr**uit	sk	whi**sk**
ft	si**ft**	sl	**sl**ither
gl	**gl**aze	sm	**sm**oke
gr	**gr**apefruit	sn	**sn**ack
lb	bu**lb**	sp	**sp**aghetti
ld	mi**ld**	sp	cri**sp**
lf	se**lf**	sph	**sph**ere
lk	mi**lk**	spl	**spl**atter
lm	e**lm**	spr	**spr**inkle
ln	ki**ln**	squ	**squ**id
lp	pu**lp**	st	**st**eak
lt	ma**lt**	st	toa**st**
mp	cho**mp**	str	**str**awberry
nd	gri**nd**	sw	**sw**eet
nk	dri**nk**	tr	**tr**out
nt	mi**nt**	tw	**tw**in

Sílabas

A DIVISÃO DAS PALAVRAS EM SÍLABAS AUXILIA A PRONÚNCIA E A ORTOGRAFIA.

Toda palavra em inglês tem uma ou mais sílabas. A separação silábica ajuda a quebrar palavras complexas em partes simples, fáceis de lembrar.

OUTROS SINAIS	
‹ 120-1 Outros sinais	
‹ 130-1 Sons vocálicos	
‹ 132-3 Sons consonantais	
Radicais	140-1 ›
Prefixos e sufixos	142-3 ›

A pronúncia das sílabas

Um modo de encontrar a pronúncia correta de uma palavra é dividi-la em sílabas e dizer cada sílaba em voz alta. Por exemplo, a palavra *melody* pode ser separada em três sílabas: *me*, *lo* e *dy*. Palavras de uma só sílaba, como *cook* e *shop*, nunca são divididas. Existem algumas regras para a divisão silábica.

▷ **Sons vocálicos e consonantais longos**
Se a primeira sílaba de uma palavra tem um som vocálico longo e há uma consoante entre duas vogais, divide-se a palavra em geral antes da consoante.

sa faz um som vocálico longo.

sa-ving

A consoante *v* está entre duas vogais, *a* e *i*.

▷ **Sílabas de uma letra e sons especiais**
Nunca separe duas ou mais letras que juntas formem um só som. Uma vogal longa que soe sozinha forma uma sílaba.

ph tem som de *f*.

o faz um som vocálico longo.

phys-i-o-ther-a-py

th tem um som só.

▷ **Sons vocálicos e consonantais curtos**
Se a primeira sílaba da palavra tem um som vocálico curto e há uma consoante entre duas vogais, divide-se a palavra em geral após a consoante.

Mod tem som vocálico curto.

mod-est

A consoante *d* está entre duas vogais, *o* e *e*.

▷ **Prefixos e sufixos**
O prefixo é separável do radical. Se a palavra termina com o sufixo -le precedido por consoante, divide-se a palavra antes da consoante.

O prefixo *re-* é separável de *handle*.

re-han-dle

O sufixo *-le* é precedido pela consoante *d*.

▷ **Consoantes iguais e sons vocálicos diferentes**
Duas consoantes iguais juntas são separáveis. A palavra também é divisível onde dois sons vocálicos se encontram. A maioria dos sufixos é separável do radical da palavra.

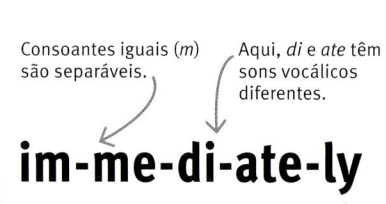

Consoantes iguais (*m*) são separáveis.

Aqui, *di* e *ate* têm sons vocálicos diferentes.

im-me-di-ate-ly

O sufixo *-ly* é separável de *immediate*.

MUNDO REAL

Haicais

Haicai é uma forma de poesia japonesa tradicional que geralmente tem dezessete sílabas. Embora os haicais japoneses sejam impressos em linhas verticais (foto), em inglês (e português) eles são escritos em três linhas, com cinco sílabas na primeira e na terceira linha e sete sílabas na linha central.

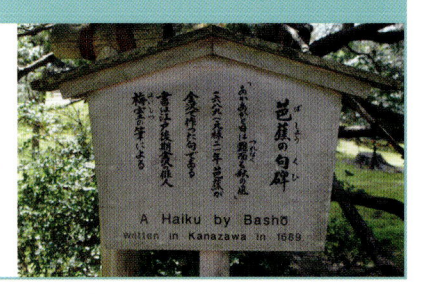

GLOSSÁRIO

Consonant (consoante) Letra do alfabeto que não é uma vogal.

Prefix (prefixo) Grupo de letras que se liga ao início de uma palavra e pode mudar o sentido original dela.

Suffix (sufixo) Grupo de letras que se liga ao final de uma palavra e pode mudar o sentido original dela.

Vowel (vogal) Cada uma das cinco letras *a*, *e*, *i*, *o* e *u*.

SÍLABAS

Acento tônico

Quando a palavra tem mais de uma sílaba, uma delas é sempre mais forte que as outras na maioria das línguas, no inglês inclusive – essa é a sílaba tônica.

Regra 1
Em muitas palavras do inglês, a tônica está na primeira sílaba.

dam-age

Regra 2
As palavras com prefixo ou sufixo têm geralmente a tônica no radical.

in-ter-**rup**-tion

Regra 3
Nas palavras iniciadas por de-, re-, in-, po-, pro- ou a-, a primeira sílaba em geral não é a tônica.

pro-**gres**-sive

Regra 4
Duas vogais juntas na última sílaba quase sempre indicam a tônica na última sílaba.

sus-**tain**

Regra 5
Uma palavra com uma dupla de consoantes no meio tem a tônica antes da consoante.

mid-dle

Regra 6
A tônica recai em geral na sílaba anterior aos sufixos -tion, -ity, -ic, -ical, -ian, -ial e -ious.

im-i-**ta**-tion

Regra 7
Geralmente, em palavras com o sufixo -ate, a tônica fica na segunda sílaba antes dele.

o-**rig**-i-nate

Regra 8
Se as regras de 1 a 7 não se aplicam, palavras com três ou mais sílabas têm tônica em uma das duas primeiras.

sym-pho-ny

Pentâmetro iâmbico

As sílabas costumam ser usadas na literatura para dar cadência aos períodos e enfatizar certas partes das palavras. A forma poética chamada pentâmetro iâmbico consiste em dez sílabas em cada linha. As dez sílabas são divididas em cinco pares de sílabas tônicas e átonas. O ritmo de cada linha lembra o som "da-DUM" do batimento cardíaco.

A única letra em inglês cujo nome tem mais de uma sílaba é o **w**, que se pronuncia "**duh-bull-you**" (dâ-bôl-iú).

▷ **Sílabas shakespearianas**
Muitas pessoas usaram essa técnica, inclusive o dramaturgo inglês William Shakespeare (1564-1616). Este verso famoso encontra-se em uma tragédia dele, *Macbeth*.

Is this - a dag - ger I - see be - fore me

A primeira sílaba do par é átona e representa o "da", mais suave, do batimento do coração.

A segunda sílaba do par é tônica e representa o "DUM", mais intenso, do batimento do coração.

Morfemas

MORFEMA É A MENOR PARTE SIGNIFICATIVA DA PALAVRA.

Todas as palavras são constituídas por ao menos um morfema. A compreensão dos morfemas pode ajudar com a ortografia, pois o morfema de uma palavra pode ser aplicado a palavras parecidas.

VEJA TAMBÉM	
◀ 20-1 Classes gramaticais	
◀ 22-3 Substantivos	
◀ 24-5 Plurais	
◀ 26-7 Adjetivos	
◀ 38-9 Verbos	
◀ 40-1 Advérbios	
◀ 104-5 Apóstrofo	
Radicais	140-1 ▶
Prefixos e sufixos	142-3 ▶

Morfemas livres e presos

Existem dois tipos de morfema: livre e preso. Os morfemas livres são palavras separadas e podem formar a raiz de uma palavra mais longa. Os morfemas presos são partes de palavras – em geral prefixos e sufixos – que se ligam a um morfema livre. Por exemplo, a palavra *cats* tem dois morfemas: o substantivo *cat* é o morfema livre e o sufixo -s é o morfema preso.

fortunate
Este morfema livre é um adjetivo referente a *good luck* ou *success*.

fortunately
Este sufixo é um morfema preso e transforma o morfema livre em advérbio.

unfortunately
Este prefixo é outro morfema preso, que dá ao advérbio o sentido contrário.

Mais informação

Um morfema preso pode acrescentar informação a um morfema livre sem mudar o sentido fundamental da palavra. Por exemplo, quando se adiciona o morfema preso -est ao final do morfema livre *fast*, obtém-se a palavra *fastest*. O sentido torna-se mais específico.

Regra 1
O acréscimo de um morfema preso -s ao final de um morfema livre resulta em um plural.

cup / cup**s**

The **cups** are very large.

Regra 2
Para indicar posse, acrescente o morfema preso -s e um apóstrofo ao final de um morfema livre.

swimmer / swimmer**'s**

The **swimmer's** goggles were too small.

Regra 3
O comparativo ocorre quando o morfema preso -ier é adicionado ao final de um morfema livre.

hungry / hungr**ier**

He was **hungrier** than his friends.

Regra 4
O superlativo ocorre quando o morfema preso -est é acrescentado ao final de um morfema livre.

long / long**est**

It was the **longest** day ever.

GLOSSÁRIO

Adjective (adjetivo) Palavra que qualifica um substantivo.

Adverb (advérbio) Palavra que modifica o sentido de um adjetivo, verbo ou outro advérbio.

Substantivo Palavra que indica um ser, lugar ou coisa.

Prefix (prefixo) Grupo de letras que se liga ao início de uma palavra e pode mudar o sentido original dela.

Suffix (sufixo) Grupo de letras que se liga ao final de uma palavra e pode mudar o sentido original dela.

Verb (verbo) Palavra referente a uma ação.

Mudança de sentido

Algumas palavras acrescentam mais que um detalhe. Por exemplo, o morfema livre e adjetivo *kind* pode se combinar com o morfema preso e sufixo -ness, formando o substantivo *kindness*. O significado da palavra também pode mudar. Por exemplo, a palavra *helpful* adquire o sentido contrário quando se acrescenta a ela o morfema preso un-, resultando na palavra *unhelpful*.

> • A compreensão dos morfemas ajuda a entender palavras desconhecidas. Veja **demagnetise**: o morfema livre é o substantivo **magnet**, mas o **sufixo -ise** o transforma em verbo. Contudo, a palavra recém-criada **magnetise** adquire o sentido oposto quando se usa o **prefixo de-** e indica o ato de tornar algo **menos magnético**.

Regra 1
O morfema preso e sufixo -ness transforma adjetivos em substantivos.

bright / bright**ness**

It is very bright in this room.

This room's bright**ness** is overwhelming.

Regra 2
O morfema preso e sufixo -ion transforma verbos em substantivos.

act / act**ion**

She wanted to act in the play.

The play contained many act**ion** scenes.

Regra 3
O morfema preso -ful liga-se ao final de um substantivo e o transforma em adjetivo.

spite / spite**ful**

The annoyed boy ignored his sister out of spite.

The spite**ful** boy became very annoyed.

Regra 4
O morfema preso un- liga-se ao começo de uma palavra para lhe dar o sentido contrário.

helpful / **un**helpful

The helpful boy carried the bags.

The unhelpful boy did not carry the bags.

No campo da linguística, **morfologia** é a identificação, análise e descrição de palavras que **formam uma língua**, entre elas radicais e classes gramaticais.

Compreenda as irregularidades do inglês

A LÍNGUA INGLESA FOI FORMADA POR MUITAS LÍNGUAS.

VEJA TAMBÉM	
❰ 86-7 Coloquialismos e gírias	
Radicais	140-1 ❱
Letras com som duro ou suave	144-5 ❱
Grafias irregulares	164-5 ❱

O inglês nasceu do latim e do grego e continua a evoluir com a adoção de palavras estrangeiras. Com tantas influências, é compreensível que o inglês tenha tantas irregularidades ortográficas.

Influência latina

O latim tem mais de 2 mil anos de idade e se originou no Império Romano. O inglês adotou o latim em épocas diferentes da história. Nos anos do Império Romano (27 a.C.-476 d.C.), o contato com Roma introduziu um novo vocabulário. Durante a Idade Média (séculos V-XV), o latim era a língua da Igreja, que exerceu enorme influência no idioma – na verdade, os primeiros livros impressos eram religiosos. Nos séculos seguintes, as pessoas inventaram nomes para coisas novas combinando palavras latinas existentes.

cominitiāre — Esta palavra latina significa "to begin" e é a origem da palavra inglesa *commence*.

superbus — Esta palavra latina significa "superior" e é a origem da palavra inglesa *superb*.

verbatim — Esta palavra latina significa "word for word" e é usada ainda hoje.

Influência grega

A antiga literatura e os mitos gregos influenciaram muito o inglês. A maioria dos termos gregos no inglês foi elaborada pela combinação de radicais gregos que descrevem coisas nomeadas na era moderna, como *dinosaur*. Por isso, palavras de origem grega são hoje termos técnicos geralmente usados na medicina e na ciência.

skeleton — Esta palavra grega significa "seco" e é igual à palavra inglesa *skeleton*.

pharmakon — Esta palavra grega refere-se ao lugar que entrega remédios e é a origem da palavra inglesa *pharmacy*.

deinos and **saurus** — Em grego, a palavra *deinos* significa "terrible" e *saurus* significa "lizard". Juntas, originaram a palavra inglesa *dinosaur*.

MUNDO REAL
Domesday Book

O Domesday Book (livro do Juízo Final) foi escrito em latim e compilado de 1085 a 1086. É o primeiro registro público da Grã-Bretanha, feito por ordem do rei William I para descrever os recursos ingleses do final do século XI. O latim era a língua usada nos documentos do governo e pela Igreja e continuou sendo utilizada em documentos importantes até a era vitoriana.

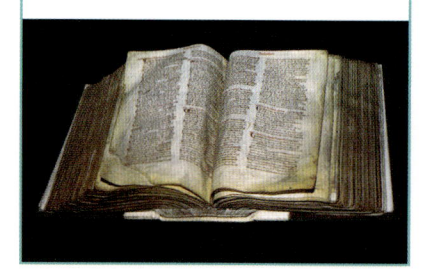

COMPREENDA AS IRREGULARIDADES DO INGLÊS

Influência do inglês antigo

Uma forma de inglês mais familiar teve início quando os povos germânicos (anglos e saxões) emigraram da Europa continental para a Inglaterra, por volta do século V. O inglês dessa época é hoje chamado Old English e era próximo do germânico. As palavras do inglês moderno que derivam do Old English em geral têm uma ou duas sílabas e referem-se a coisas cotidianas, como comida, animais, partes do corpo e relações familiares. As palavras do Old English eram escritas de modo diferente do equivalente moderno, mas são quase sempre pronunciadas de modo parecido.

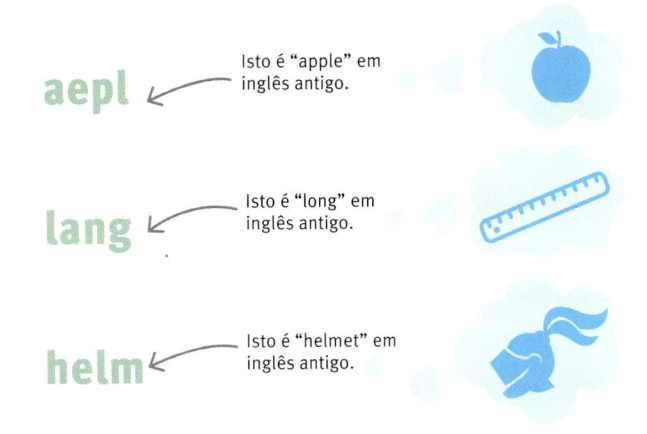

aepl — Isto é "apple" em inglês antigo.

lang — Isto é "long" em inglês antigo.

helm — Isto é "helmet" em inglês antigo.

Influência francesa

Uma das línguas que mais influenciou o inglês foi o francês, de origem latina. Isso porque, após cerca de 300 anos da Conquista Normanda de 1066, os poderosos da Inglaterra falavam uma forma de francês chamada normando. Por esse motivo, muitas palavras inglesas relativas a governo, direito, dinheiro e guerra vêm do francês.

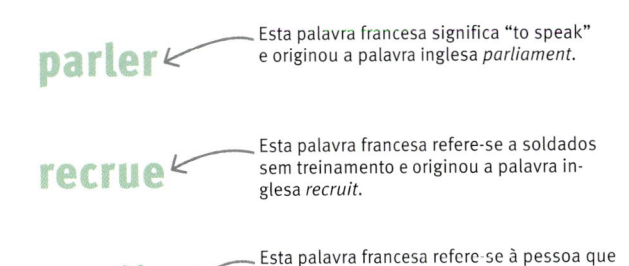

parler — Esta palavra francesa significa "to speak" e originou a palavra inglesa *parliament*.

recrue — Esta palavra francesa refere-se a soldados sem treinamento e originou a palavra inglesa *recruit*.

saudier — Esta palavra francesa refere-se à pessoa que é paga no serviço militar e originou a palavra inglesa *soldier*.

Outras influências

Muitas outras línguas influenciaram o inglês com o passar do tempo. Por exemplo, as palavras inglesas *bangle* e *shampoo* derivam de termos do híndi, e *alligator* e *canoe* provêm de palavras espanholas.

Língua de origem	Exemplos
Francês	ballet, cuisine
Alemão	hamburger, kindergarten
Italiano	fresco, graffiti
Espanhol	anchovy, bonanza
Holandês	cookie, tulip
Árabe	algebra, giraffe
Sânscrito	guru, karma
Híndi	bandanna, cheetah
Persa	balcony, lilac
Russo	gulag, mammoth
Tcheco	pistol, robot
Norueguês	fjord, ski
Dravidiano (Índia)	mango, peacock
Línguas africanas	jumbo, zombie
Línguas indígenas americanas	chocolate, igloo
Chinês	ketchup, tea
Japonês	origami, tsunami

O mais famoso remanescente do **inglês antigo** é *Beowulf*. Esse poema épico sobreviveu em um **único manuscrito** criado entre os **séculos VIII e XI**. A identidade do autor continua um mistério.

Radicais

RADICAL É A PARTE DA PALAVRA QUE TEM SIGNIFICADO, MESMO SEM PREFIXO OU SUFIXO.

VEJA TAMBÉM	
‹ 136-7 Morfemas	
‹ 138-9 Compreenda as irregularidades do inglês	
Prefixos e sufixos	142-3 ›

O radical pode ser uma palavra existente em inglês ou parte de uma palavra, e em geral deriva do latim ou do grego. Saber identificar os radicais ajuda a escrever corretamente e a aumentar o vocabulário.

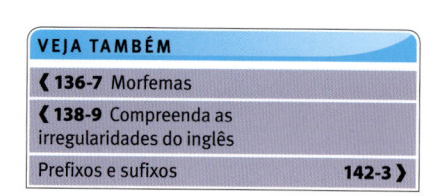

Radicais completos

O inglês tem muitos radicais que, com frequência, derivam do grego e do latim. Eles não podem ser reduzidos a palavras menores, pois já estão na sua forma mais simples. Todavia, o radical pode ficar mais longo com o acréscimo de prefixo ou sufixo. Por exemplo, a palavra *build* pode se tornar *building*, *builder* e *rebuild*. Cada nova palavra tem significado diferente, mas todas têm relação com o radical.

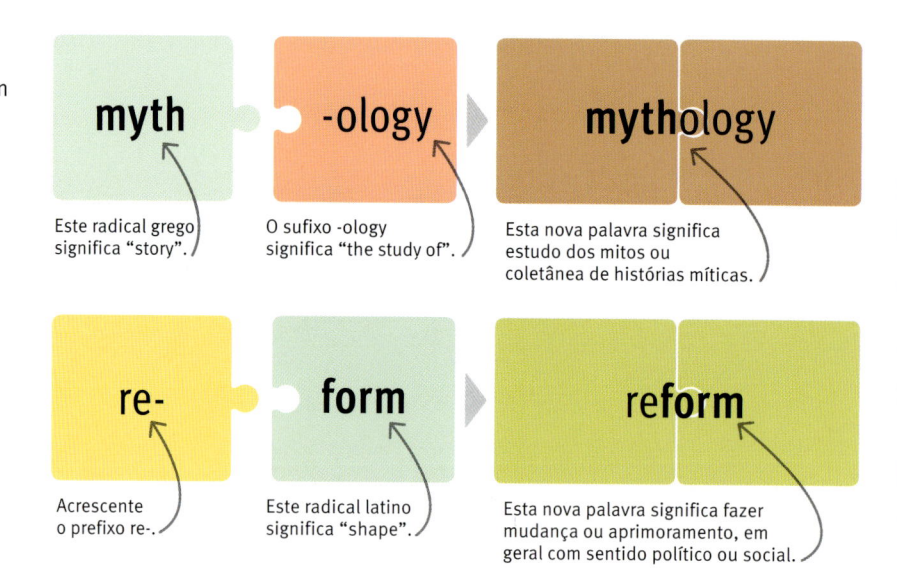

myth + **-ology** ► **mythology**

Este radical grego significa "story". O sufixo -ology significa "the study of". Esta nova palavra significa estudo dos mitos ou coletânea de histórias míticas.

re- + **form** ► **reform**

Acrescente o prefixo re-. Este radical latino significa "shape". Esta nova palavra significa fazer mudança ou aprimoramento, em geral com sentido político ou social.

Radicais parciais

Nem sempre o radical é uma palavra completa em inglês. O acréscimo de um sufixo, ou de um prefixo e um sufixo amplia o radical latino ou grego para criar uma palavra inglesa reconhecível. Por exemplo, o radical latino *aud*, que significa "hear", forma muitas palavras inglesas conhecidas, entre elas *audio*, *audience*, *audition* e *auditorium*. Ainda que essas palavras tenham significados diferentes, todas estão relacionadas ao radical original.

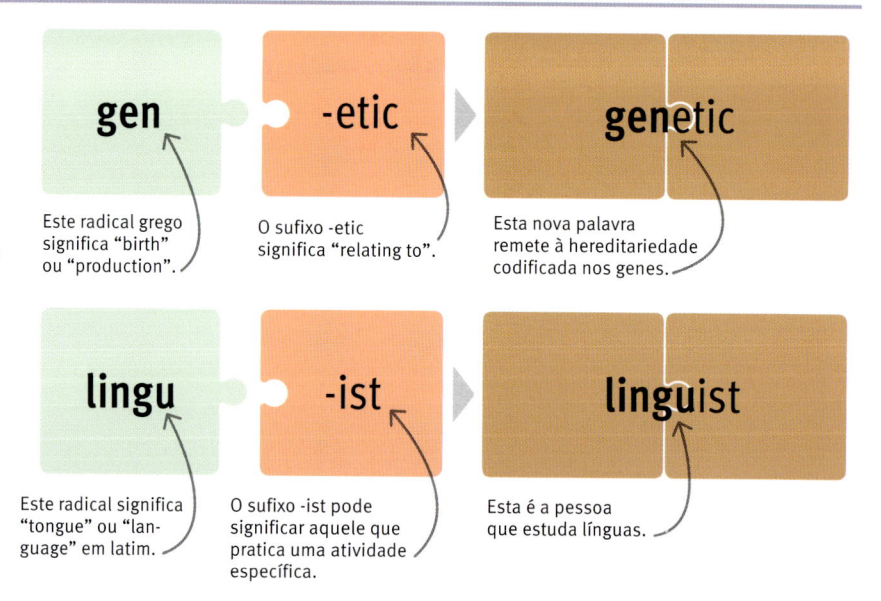

gen + **-etic** ► **genetic**

Este radical grego significa "birth" ou "production". O sufixo -etic significa "relating to". Esta nova palavra remete à hereditariedade codificada nos genes.

lingu + **-ist** ► **linguist**

Este radical significa "tongue" ou "language" em latim. O sufixo -ist pode significar aquele que pratica uma atividade específica. Esta é a pessoa que estuda línguas.

Radicais latinos

Existem cerca de mil radicais latinos usados em inglês. Muitas dessas palavras foram introduzidas pelo francês, derivado do latim, após a Conquista Normanda da Inglaterra em 1066.

Radical latino	Remete a	Exemplos
aqua, aque	water	**aqua**rium, **aqua**tic, **aque**duct
bi	two	**bi**annual, **bi**cycle, **bi**nary
cent	one hundred	**cent**ipede, **cent**ury, per **cent**
circum	around	**circum**ference, **circum**navigate, **circum**stance
form	shape	con**form**, **form**ation, trans**form**
jud	judgement	ad**jud**icate, **jud**ge, **jud**icial
liber, liver	free	**liber**ation, **liber**ty, de**liver**
liter	letter (alphabet)	**liter**al, **liter**ate, **liter**ature
mater, matr	mother	**mater**nity, **matr**iarch, **matr**only
min	small	**min**iature, **min**imum, **min**ority
pater, patr	father	**pater**nal, **patr**iotic, **patr**on
quad	four	**quad**rant, **quad**ratic, **quad**rilateral
terr	earth	extra**terr**estrial, **terr**ain, **terr**itorial
tri	three	**tri**angle, **tri**cycle, **tri**nity
uni	one	**uni**corn, **uni**form, **uni**versal

Radicais gregos

Existem centenas de radicais gregos no inglês, sobretudo relativos à ciência. Por exemplo, *scope* significa em grego "to examine" e está presente em muitas palavras inglesas, como *microscope* e *telescope*.

Radical grego	Remete a	Exemplos
aero	air	**aero**bics, **aero**sol, **aero**space
bibl	book	**Bibl**e, **bibl**iography, **bibl**iophile
bio	life	anti**bio**tic, **bio**graphy, **bio**logy
cycl, cyclo	circle	bi**cycl**e, **cycl**ical, **cyclo**ne
dec	ten	**dec**ade, **dec**agon, **dec**athlon
dem	people	epi**dem**ic, **dem**ocracy, **dem**ography
mega	great	**mega**lomania, **mega**phone, **mega**ton
pan	all	**pan**demic, **pan**orama, **pan**theism
path	feeling	**path**ology, sym**path**y, tele**path**y
phobia	fearing	agora**phobia**, arachno**phobia**, claustro**phobia**
phos, photo	light	**phos**phorus, **photo**graph, **photo**synthesis
poly	many	**poly**gon, **poly**math, **poly**technic
psych	mind	**psych**iatry, **psych**ic, **psych**ology
tele	far off	**tele**kinetic, **tele**phone, **tele**vision
therm	heat	exo**therm**ic, **therm**al, **therm**ometer

Quando palavras **usam o mesmo radical** – como *employ* nas palavras *employee*, *employer* e *employment* –, elas fazem parte de uma **família de palavras**.

- Não existe **um jeito fácil** de **reconhecer** um radical **latino** ou **grego**. É melhor procurar a palavra num **dicionário**. A origem do radical é às vezes mencionada no verbete.

GLOSSÁRIO

Prefix (prefixo) Grupo de letras que se liga ao início de uma palavra e pode mudar o sentido original dela.

Suffix (sufixo) Grupo de letras que se liga ao final de uma palavra e pode mudar o sentido original dela.

ORTOGRAFIA

Prefixos e sufixos
OS PREFIXOS E OS SUFIXOS SÃO CHAMADOS DE AFIXOS.

Os prefixos são acrescentados ao início de uma palavra, e os sufixos, ao final. Podem mudar o significado da palavra ou sua classe gramatical, ou – junto a outro radical parcial – criar uma nova palavra.

Prefixos
Os prefixos são colocados antes do radical para mudar o significado dele ou criar uma nova palavra. Por exemplo, o radical *do* adquire o sentido contrário quando a ele se adiciona o prefixo *un-* (que significa "not"), resultando na palavra *undo*. Quando o prefixo *demo-* ("common people", em grego) é acrescentado ao radical parcial *crat* ("rule", em grego), tem-se a palavra inglesa completa *democrat*. Outros prefixos podem ser adicionados ao radical *crat* para formar as palavras inglesas *aristocrat*, *autocrat* e *bureaucrat*.

VEJA TAMBÉM		
‹ 106-7	Hifens	
‹ 136-7	Morfemas	
‹ 140-1	Radicais	
Palavras terminadas em -e ou -y		146-7 ›
Palavras terminadas em -tion, -sion ou -ssion		148-9 ›
Palavras terminadas em -able ou -ible		150-1 ›
Palavras terminadas em -le, -el, -al ou -ol		152-3 ›
Consoantes simples ou duplas		154-5 ›

• A maioria dos **prefixos** não é separada do radical por um **hífen**. As exceções são **ex-** ("former") e **self-**, sempre seguidos de **hífen**.

Prefixos	Remete a	Exemplos
a-, an-	not	**a**typical, **an**onymous
ab-	away from	**ab**normal
ad-	towards	**ad**vance
al-	all	**al**most
all-	all	**all**-knowing
ante-	before	**ante**room
anti-	against	**anti**social
be-	make	**be**friend
co-, col-, com-, con-	together	**co**-operate, **col**laborate, **com**munity, **con**fidence
de-	opposite	**de**tach
de-	down	**de**cline
dis-	not	**dis**embark
em-, en-	cause to	**em**battle, **en**amour
ex-	out of, from	**ex**port
ex-	former	**ex**-husband
extra-	beyond	**extra**ordinary
fore-	before	**fore**arm
im-, in-	in	**im**port, **in**come
im-, in-, ir-	not	**im**mature, **in**credible, **ir**rational
inter-	among	**inter**national
intra-	within	**intra**mural

Prefixos	Remete a	Exemplos
intro-	in	**intro**duction
mid-	middle	**mid**way
mis-	wrongly	**mis**conception
non-	not	**non**sense
out-	more than others	**out**standing
out-	separate	**out**house
over-	too much	**over**do
para-	beyond, beside	**para**normal
per-	through	**per**form
post-	after	**post**war
pre-	before	**pre**mature
pro-	for	**pro**active
re-	again	**re**apply
retro-	back	**retro**spective
se-	away from	**se**gregate
self-	oneself	**self**-confidence
sub-	under	**sub**marine
super-, sur-	over, above	**super**natural, **sur**vive
sus-	under	**sus**pect
trans-	across	**trans**mit
ultra-	beyond	**ultra**sound
un-	not	**un**cover
under-	beneath, below	**under**mine

Sufixos

Sufixo é a partícula que vai após o radical (uma palavra inteira ou parte de uma palavra) e muda seu significado ou sua classe gramatical. Por exemplo, acrescentando-se o sufixo -ant (que se refere à pessoa que realiza uma ação) ao final da palavra *account*, surge uma palavra com significado diferente: *accountant*. Por outro lado, o verbo *exist* torna-se o substantivo *existence* quando se acrescenta a ele o sufixo -ence ("state of").

> **MUNDO REAL**
> ## Prefixos técnicos
> Surgem novos afixos em inglês o tempo todo, principalmente pelo rápido avanço tecnológico. Por exemplo, o prefixo e- (de "electronic") foi criado para formar palavras como *e-mail* e *e-commerce*. Do mesmo modo, o prefixo cyber- (relativo à informática) é usado em palavras como *cyberspace* e *cybercafé*.

Sufixos	Remete a	Exemplos
-able, -ible	able to	sustain**able**, sens**ible**
-acy	state or quality	conspir**acy**
-age	action of	advant**age**
-age	collection	assembl**age**
-al	act of	deni**al**
-al, -ial	having characteristics of	season**al**, controvers**ial**
-ance, -ence	state of	defi**ance**, compet**ence**
-ant, -ent	person who performs an action	account**ant**, stud**ent**
-ate	become	infl**ate**
-cian	profession of	techni**cian**
-cy	state of being	accura**cy**
-dom	place or state of being	free**dom**
-ed	past tense	stopp**ed**
-en	made of	gold**en**
-en	become	bright**en**
-ent	state of being	differ**ent**
-er, -or	person who performs an action	drumm**er**, investigat**or**
-er	more	short**er**
-ery	action of	robb**ery**
-ery	place of	bak**ery**
-esque	reminiscent of	pictur**esque**
-est	the most	short**est**
-ette	small	maison**ette**
-ful	full of	cheer**ful**
-hood	state of	child**hood**
-ia, -y	state of	amnes**ia**, monarch**y**

Sufixos	Remete a	Exemplos
-ic, -tic, -ical	having characteristics of	histor**ic**, poet**ic**, rad**ical**
-ice	state or quality	just**ice**
-ify	make	magn**ify**
-ing	present participle	hopp**ing**
-ish	having the quality of	child**ish**
-ism	the belief in	modern**ism**
-ist	one who	art**ist**
-ite	one connected with	social**ite**
-ity, -ty	quality of	real**ity**, socie**ty**
-ive, -ative, -itive	tending to	pass**ive**, superl**ative**, sens**itive**
-less	without	use**less**
-like	resembling	child**like**
-ling	small	half**ling**
-ly	how something is	friend**ly**
-ment	condition of; act of	entertain**ment**
-ness	state of	happ**iness**
-ous, -eous, -ious	having qualities of	ridicul**ous**, naus**eous**, cur**ious**
-s, -es	more than one	otter**s**, foxe**s**
-ship	state of	friend**ship**
-sion, -ssion, -tion	state of being	intru**sion**, permi**ssion**, classifica**tion**
-some	tending to	cumber**some**
-ward	In a direction	back**ward**
-y	characterised by	storm**y**

Letras com som duro ou suave

AS LETRAS C E G PODEM TER SOM DURO OU SUAVE.

VEJA TAMBÉM	
◀ 130-1 Sons vocálicos	
◀ 132-3 Sons consonantais	
Letras mudas	160-1 ▶
Grafias irregulares	164-5 ▶

A letra que vem após um *c* ou um *g* determina se a palavra tem som duro ou suave. Esse som pode ocorrer em qualquer parte da palavra, não só no começo.

O *c* duro e suave

A letra *c* tem som duro quando aparece antes de qualquer letra que não *e*, *i* ou *y*. O *c* suave soa como um *s* – como em *silly* – e está presente em palavras em que o *c* se encontra antes das letras *e*, *i* ou *y*.

• Às vezes, **a palavra** tem um **"c" de som duro** que é seguido pela letra *e* ou *i*. Nesses casos, acrescenta-se a letra *h* para tornar o *c* duro. Entre os exemplos estão **chemist** (a letra *e*) e **chiropractic** (a letra *i*).

▷ **Sons duros do "c"**
Existem muitas palavras em inglês com um "c" duro. Uma palavra como *cartoon* tem um "c" de som duro porque o *c* precede a letra *a*.

cartoon **cow** **crack**
re**c**all un**c**le por**c**upine

▷ **Sons suaves do "c"**
Todas essas palavras têm um "c" de som suave. A palavra *cereal* tem um "c" suave porque o *c* precede a letra *e*.

cereal **circus** **cyan**
de**c**ent pen**c**il fan**c**y

Palavras com dois sons do "c"
Às vezes a palavra conta com um som duro e um som suave do "c". Elas são incomuns em inglês, mas seguem as mesmas regras.

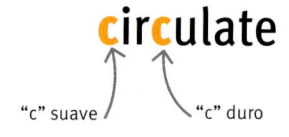

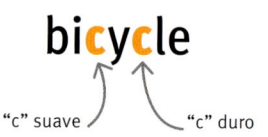

circ**ulate**
"c" suave ↑   ↑ "c" duro

bic**y**c**le**
"c" suave ↑   ↑ "c" duro

A maioria das palavras com **c ou g suave** vem do **latim**.

clearan**c**e
"c" duro ↑   ↑ "c" suave

va**c**an**c**y
"c" duro ↑   ↑ "c" suave

LETRAS COM SOM DURO OU SUAVE   **145**

O som duro e suave do *g*

A letra *g* tem som duro quando aparece antes de qualquer letra que não o *e*, *i* ou *y*. O *g* suave soa como um *j* – como em *jelly* – e em geral antecede as letras *e*, *i* ou *y*.

> • Certas palavras têm um **"g" de som duro** seguido por um som de "e" ou "i". Nesses casos, a **letra** *u* é acrescentada para formar o som duro de "g", como em **guess** (a letra *e*) e **guide** (a letra *i*).

▷ **Sons duros do "g"**
O som duro do "g" é comum em inglês. A palavra *glue* tem um "g" duro porque o *g* precede a letra *l*.

galaxy   **g**reen   **g**ullible
i**g**loo   la**g**oon   fra**g**rant

▷ **Sons suaves do "g"**
Essas palavras têm um "g" de som suave. A palavra *gene* tem um "g" suave porque o *g* precede a letra *e*.

gene   **g**inger   **g**ymnast
an**g**el   le**g**ible   aller**g**y

Palavras com dois sons do "g"

Certas palavras contam com um "g" duro e um "g" suave, mas elas são incomuns no inglês.

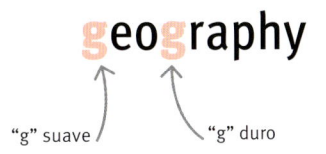

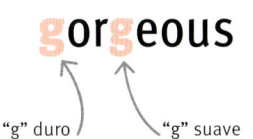

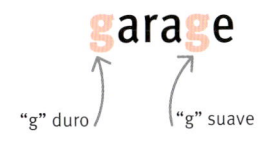

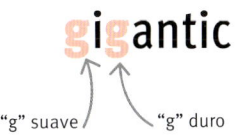

geo**g**raphy   **g**or**g**eous
"g" suave / "g" duro   "g" duro / "g" suave

gara**g**e   **g**i**g**antic
"g" duro / "g" suave   "g" suave / "g" duro

Exceções do *g* duro

Certas palavras têm um som duro quando o *g* antecede as letras *e*, *i* ou *y*. É preciso aprender essas exceções à regra; se você não tiver certeza, consulte um dicionário para ver a grafia correta.

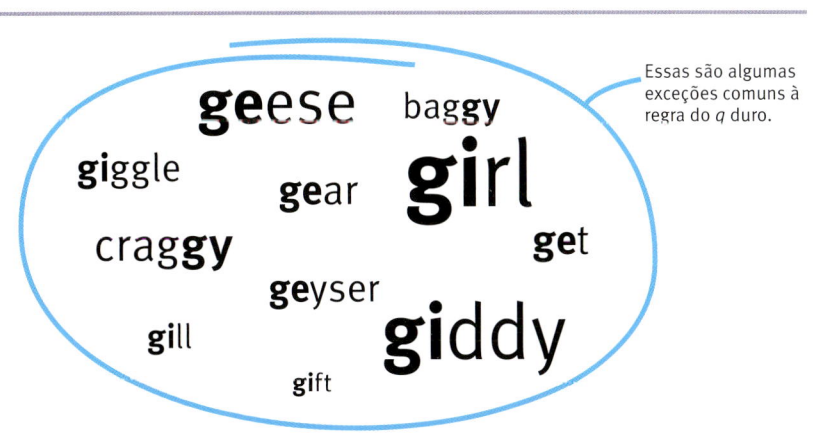

giggle   **ge**ese   ba**ggy**   **gi**rl
cra**ggy**   **ge**ar   **ge**t
gill   **ge**yser   **gi**ddy
gift

Essas são algumas exceções comuns à regra do *g* duro.

Palavras terminadas em -e ou -y

AS PALAVRAS TERMINADAS EM -E OU -Y COSTUMAM MUDAR DE GRAFIA QUANDO SE ADICIONA UM SUFIXO.

O -e final nas palavras em geral é mudo. Quando se adiciona um sufixo, às vezes o -e cai. O -y final às vezes muda para *i* quando se acrescenta um sufixo.

Palavras terminadas em -e

O -e mudo desempenha uma função importante por mudar o som vocálico da sílaba antecedente. Por exemplo, as palavras *plan* e *plane* têm grafia diferente apenas no -e mudo, e essa diferença reflete-se na pronúncia. Ao se adicionar um sufixo, a grafia das palavras terminadas em -e mudo segue certas regras.

VEJA TAMBÉM
- 130-1 Sons vocálicos
- 132-3 Sons consonantais
- 140-1 Radicais
- 142-3 Prefixos e sufixos
- Letras mudas 160-1

Radical	Sufixo	Nova palavra
argue	-ment	argument
awe	-ful	awful
due	-ly	duly
nine	-th	ninth
true	-ly	truly
whole	-ly	wholly
wise	-dom	wisdom

△ **Exceções**
Aqui estão relacionadas algumas exceções às regras abaixo.

▷ **Regra 1**
Se a palavra termina em -e mudo, este cai quando se acrescenta um sufixo iniciado por vogal.

globe + -al → global
fame + -ous → famous

- O -e mudo faz com que a vogal anterior tenha um som longo.
- Acrescente um sufixo iniciado por vogal.
- O -e mudo é substituído por um sufixo iniciado por vogal.

▷ **Regra 2**
Se a palavra termina em -e mudo, este se mantém quando se acrescenta um sufixo iniciado por consoante.

spite + -ful → spiteful
state + -ment → statement

- O -e mudo faz com que a vogal anterior tenha um som longo.
- Acrescente um sufixo iniciado por consoante.
- O -e mudo é necessário para manter o som vocálico longo anterior.

▷ **Regra 3**
Se a palavra termina em -ce ou -ge, o -e mudo se mantém com o acréscimo dos sufixos -able e -ous.

courage + -ous → courageous
notice + -able → noticeable

- O -e mudo segue a letra *c* ou *g*.
- Acrescente o sufixo pertinente.
- O -e mudo é necessário para manter o som suave do "c" ou do "g".

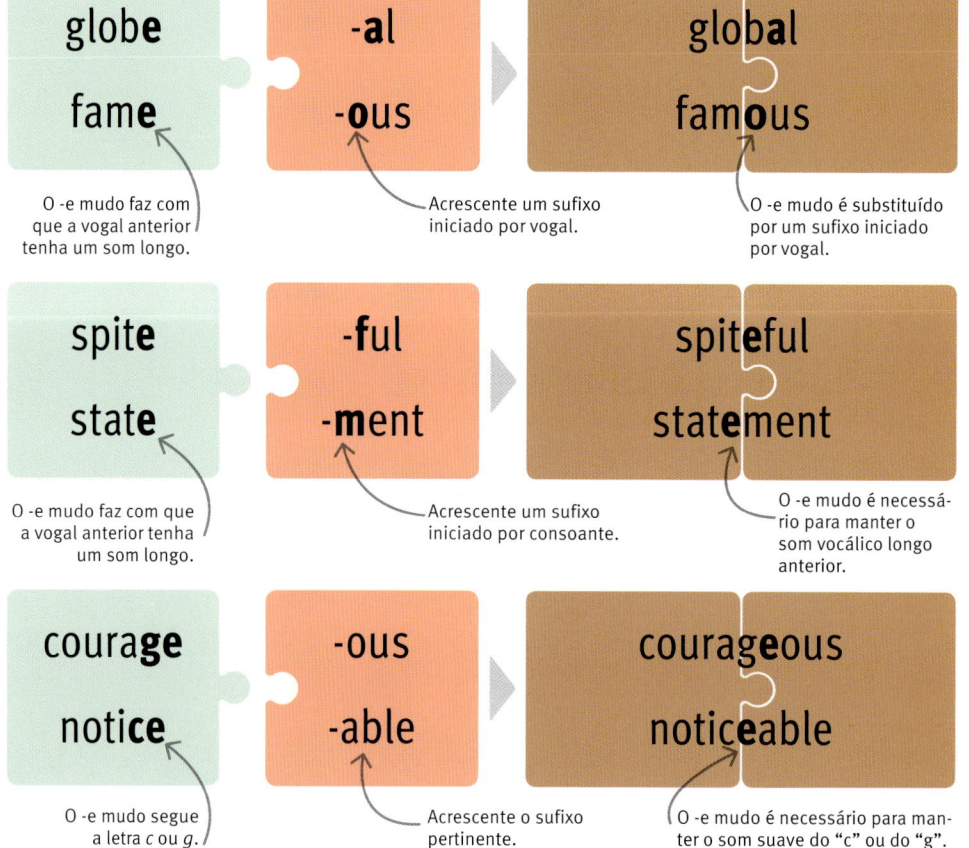

PALAVRAS TERMINADAS EM -E OU -Y 147

> **GLOSSÁRIO**
>
> **Prefix (prefixo)** Grupo de letras que se liga ao início de uma palavra e pode mudar o sentido original dela.
>
> **Root (radical)** A menor parte que contém sentido na palavra e não tem prefixo nem sufixo ligados a ela.
>
> **Suffix (sufixo)** Grupo de letras que se liga ao final de uma palavra e pode mudar o sentido original dela.
>
> **Syllable (sílaba)** Unidade de pronúncia que contém um som vocálico.

- Como o **sufixo -y atua como vogal**, ao acrescentá-lo a palavras terminadas em -e mudo, tire o -e mudo. Por exemplo, *ice* torna-se *icy* e *spice*, *spicy*.

Palavras terminadas em -y

Palavras que terminam em -y também podem mudar de grafia quando se adiciona um sufixo. O fator principal que determina a mudança de grafia é a palavra terminada em -y ter uma vogal antes dela.

Radical	Sufixo	Nova palavra
day	-ly	daily
dry	-ness	dryness
shy	-ly	shyly
shy	-ness	shyness
sly	-ly	slyly
sly	-ness	slyness

▷ **Exceções**
Assim como as palavras terminadas em -e, existem exceções às regras de palavras terminadas em -y.

▷ **Regra 1**
Se a palavra termina em consoante e -y, o -y é substituído por um *i* quando se adiciona qualquer sufixo que não -ing.

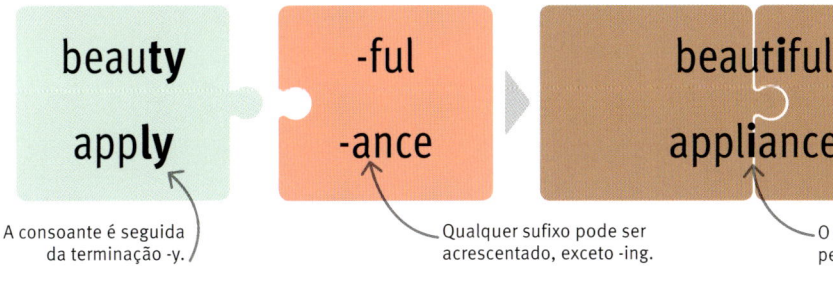

beau**ty** + -ful → beaut**i**ful
app**ly** + -ance → appl**i**ance

A consoante é seguida da terminação -y.
Qualquer sufixo pode ser acrescentado, exceto -ing.
O -y é substituído pela letra i.

▷ **Regra 2**
Se a palavra termina em -y precedido de vogal, o -y se mantém quando se adiciona um sufixo.

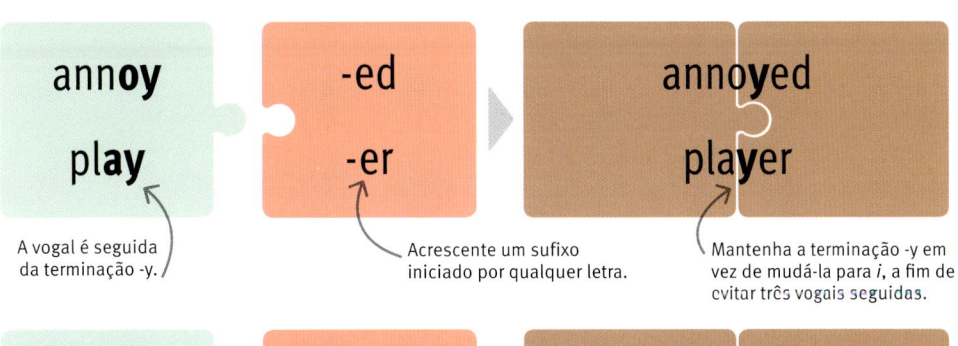

ann**oy** + -ed → anno**y**ed
pl**ay** + -er → pla**y**er

A vogal é seguida da terminação -y.
Acrescente um sufixo iniciado por qualquer letra.
Mantenha a terminação -y em vez de mudá-la para i, a fim de evitar três vogais seguidas.

▷ **Regra 3**
Se a palavra termina em -y, o -y se mantém quando se adiciona o sufixo -ing.

fly + -ing → fl**y**ing
copy + -ing → cop**y**ing

Esta palavra termina em -y.
Acrescente o sufixo -ing.
A terminação -y é necessária para evitar um i dobrado.

Palavras terminadas em -tion, -sion ou -ssion

TRÊS SUFIXOS DIFERENTES REPRESENTAM O SOM "SHUN" NO FINAL DAS PALAVRAS.

Os sufixos -tion, -sion e -ssion têm o som "shun". Certas regras ajudam a se decidir pelo final correto de determinada palavra.

VEJA TAMBÉM	
22-3	Substantivos
38-9	Verbos
130-1	Sons vocálicos
132-3	Sons consonantais
136-7	Morfemas
140-1	Radicais
142-3	Prefixos e sufixos

GLOSSÁRIO
Consonant (consoante) Letra do alfabeto que não é uma vogal.
Noun (substantivo) Palavra que denomina um ser, lugar ou coisa.
Suffix (sufixo) Grupo de letras que se liga ao final de uma palavra e muda o sentido original dela.
Verb (verbo) Palavra referente a uma ação.
Vowel (vogal) Cada uma das cinco letras *a*, *e*, *i*, *o* e *u*.

Palavras terminadas em -tion

O sufixo -tion significa "ato de" – por exemplo, *digestion* quer dizer "the act of digesting". Como a maioria dos verbos aos quais se adiciona o sufixo -tion já termina em -t, só é preciso acrescentar -ion. Esse sufixo é o mais comum.

▷ **Regra 1**
Se um verbo termina em -t, adicione -ion para não dobrar o *t* antes do sufixo.

subtract → **-ion** → **subtraction**

Este verbo termina com -t. | Este sufixo junta-se ao *t* do verbo. | Este é o substantivo recém-formado.

▷ **Regra 2**
Se um verbo termina em -te, tire o *e* e acrescente -ion.

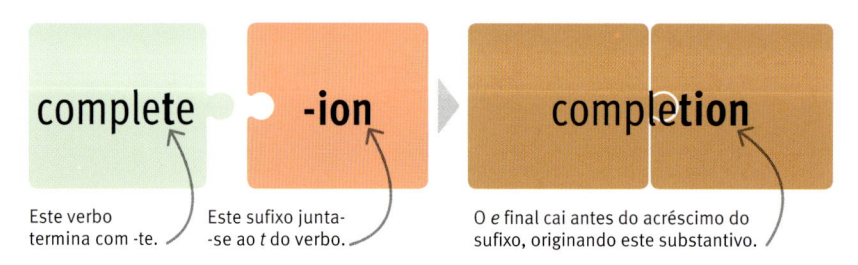

complete → **-ion** → **completion**

Este verbo termina com -te. | Este sufixo junta-se ao *t* do verbo. | O *e* final cai antes do acréscimo do sufixo, originando este substantivo.

▷ **Regra 3**
Alguns verbos perdem a última letra e ganham outra vogal antes do sufixo. Para saber que vogal acrescentar, consulte um dicionário.

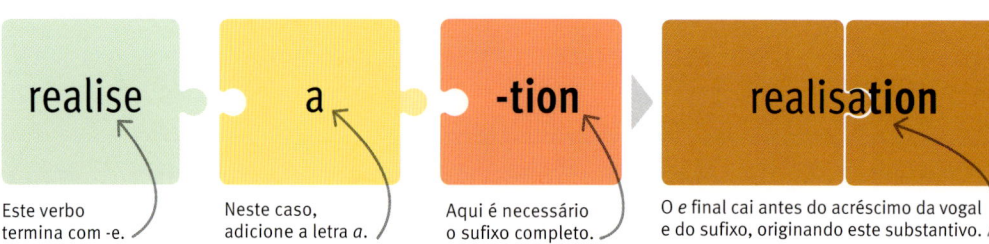

realise → **a** → **-tion** → **realisation**

Este verbo termina com -e. | Neste caso, adicione a letra *a*. | Aqui é necessário o sufixo completo. | O *e* final cai antes do acréscimo da vogal e do sufixo, originando este substantivo.

PALAVRAS TERMINADAS EM -TION, -SION OU -SSION

Palavras terminadas em -sion

O sufixo -sion significa "estado de": por exemplo, *conclusion* quer dizer "the state of concluding". Existem cerca de 50 palavras de uso corrente que terminam em -sion. O final da maioria dos verbos é mudado para receber esse sufixo.

▷ **Regra 1**
Se o verbo termina em -se, o *e* cai antes do acréscimo de -ion, porque o *s* já está presente.

Este verbo termina em -se.

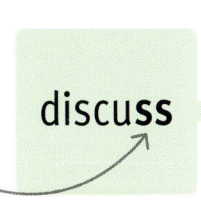

precise + **-ion** ▶ **precision**

Este sufixo junta-se ao *s* do verbo.

O *e* final cai antes de se adicionar o sufixo, originando este substantivo.

▷ **Regra 2**
Este sufixo é usado quando o verbo termina em -d, -l, -r, -s ou -t. Em geral a última letra do verbo cai a fim de receber -sion e transformar o verbo em substantivo.

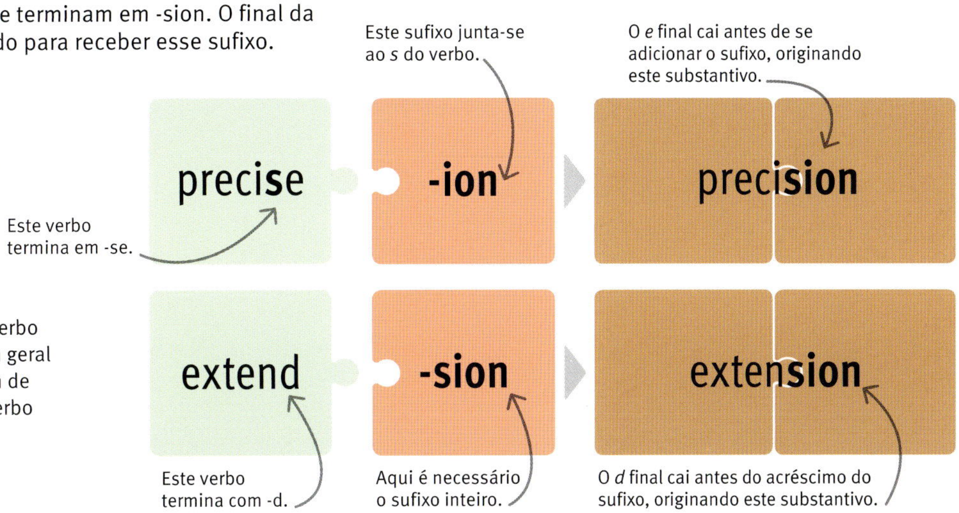

extend + **-sion** ▶ **extension**

Este verbo termina com -d.

Aqui é necessário o sufixo inteiro.

O *d* final cai antes do acréscimo do sufixo, originando este substantivo.

Palavras terminadas em -ssion

O sufixo -ssion significa "the result of" – por exemplo, *impression* quer dizer "the result of impressing". Em geral, o verbo muda de terminação antes do acréscimo do sufixo.

▷ **Regra 1**
Se um verbo termina em -ss, apenas acrescente -ion.

discuss + **-ion** ▶ **discussion**

Este verbo termina em -ss.

Este sufixo junta-se ao *ss* do verbo.

Este é o substantivo resultante.

▷ **Regra 2**
Se o verbo termina com -t, tire-o e acrescente -ssion.

omit + **-ssion** ▶ **omission**

Este verbo termina em -t.

Aqui é necessário o sufixo inteiro.

O *t* cai antes do acréscimo do sufixo, resultando neste substantivo.

Grafias incomuns

Algumas palavras que terminam com o som "shun" não seguem as regras e precisam ser memorizadas. Se estiver em dúvida sobre a grafia correta, consulte sempre um dicionário.

Final	Exemplos
-sian	A**sian**, Rus**sian**
-xion	comple**xion**, crucifi**xion**
-cion	coer**cion**, suspi**cion**
-cean	crusta**cean**, o**cean**

As únicas palavras com o **som "sh"** no início da última sílaba e escritas com *sh* são **cushion** e **fashion**.

Palavras terminadas em -able ou -ible

A GRAFIA DE PALAVRAS COM SUFIXO DE SOM PARECIDO PODE PROVOCAR DÚVIDA.

VEJA TAMBÉM
- 26-7 Adjetivos
- 136-7 Morfemas
- 140-1 Radicais
- 142-3 Prefixos e sufixos
- 144-5 Letras com som duro ou suave
- Consoantes simples ou duplas 154-5

Um dos significados dos sufixos -able e -ible é "able to". Por exemplo, *adaptable* quer dizer "able to adapt". No entanto, pode ser difícil decidir qual sufixo usar, pois eles não são permutáveis.

GLOSSÁRIO

Adjective (adjetivo) Palavra que qualifica um substantivo.

Suffix (sufixo) Grupo de letras que se liga ao final de uma palavra e muda o sentido original dela.

Syllable (sílaba) Unidade de pronúncia que contém um som vocálico.

Verb (verbo) Palavra referente a uma ação.

Vowel (vogal) Cada uma das cinco letras *a*, *e*, *i*, *o* e *u*.

Palavras terminadas em -able

Em geral se acrescenta o sufixo -able a palavras inteiras para transformá-las em adjetivo. Aprendendo algumas regras simples, fica mais fácil decidir qual sufixo usar. Como mais palavras terminam em -able do que em -ible, se tiver dúvida, escolha a primeira opção. Melhor ainda, veja a grafia correta num dicionário.

▷ **Regra 1**
Palavras terminadas em -able em geral se formam por duas palavras que fazem sentido sozinhas.

enjoy + -able ▶ enjoyable

- Esta é a primeira palavra, um verbo.
- "Able" pode ser sufixo ou radical.
- Formou-se um adjetivo.

▷ **Regra 2**
Quando se acrescenta -able a uma palavra terminada em -e, em geral o *e* é retirado.

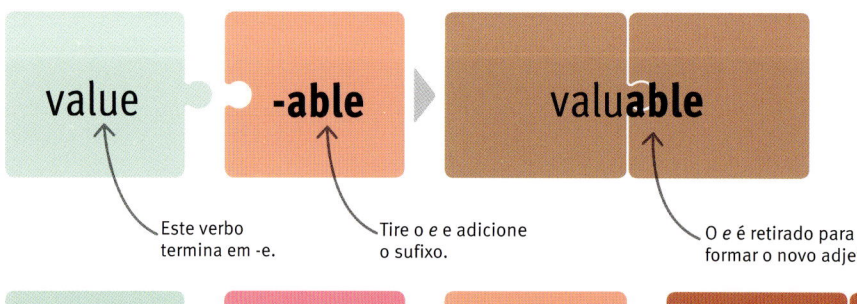

value + -able ▶ valuable

- Este verbo termina em -e.
- Tire o *e* e adicione o sufixo.
- O *e* é retirado para formar o novo adjetivo.

▷ **Regra 3**
Em geral, se a palavra termina em -y, o *y* é substituído por *i* antes de se pôr o sufixo -able.

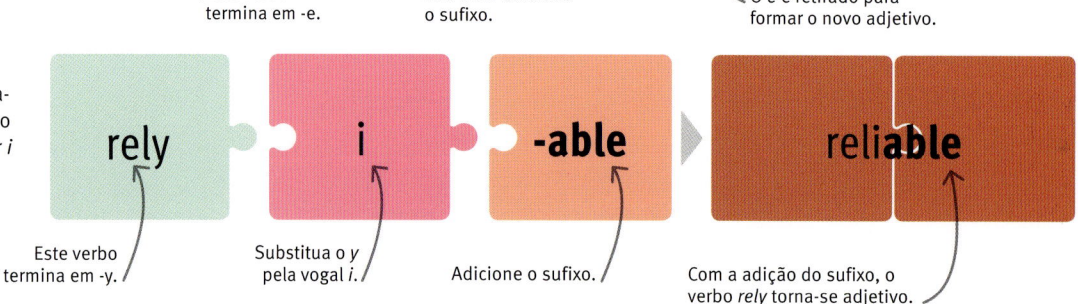

rely + i + -able ▶ reliable

- Este verbo termina em -y.
- Substitua o *y* pela vogal *i*.
- Adicione o sufixo.
- Com a adição do sufixo, o verbo *rely* torna-se adjetivo.

PALAVRAS TERMINADAS EM -ABLE OU -IBLE

Palavras terminadas em -ible

O sufixo -ible costuma ser acrescentado a radicais parciais, muitos dos quais vêm do latim ou do grego, mas também pode ser acrescentado a palavras completas. Várias regras ajudam a distinguir as palavras terminadas em -ible das terminadas em -able.

▷ **Regra 1**
A maioria das palavras terminadas em -ible não pode ser dividida em duas palavras inglesas que façam sentido sozinhas. O sufixo é necessário para formar a palavra inteira.

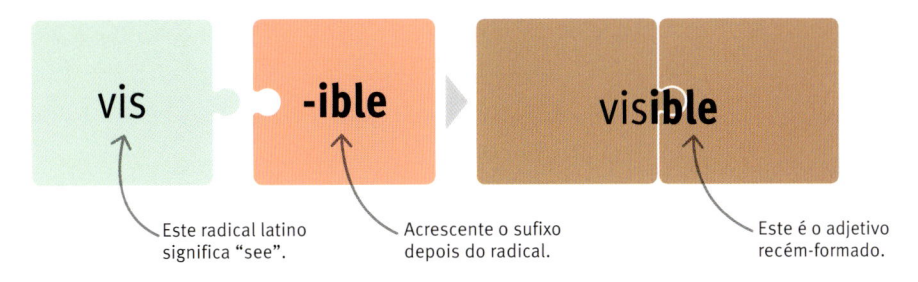

vis + **-ible** ▶ **visible**

Este radical latino significa "see".
Acrescente o sufixo depois do radical.
Este é o adjetivo recém-formado.

▷ **Regra 2**
Palavras com s ou ss antes do final em geral levam -ible. Se terminam em vogal, a vogal cai.

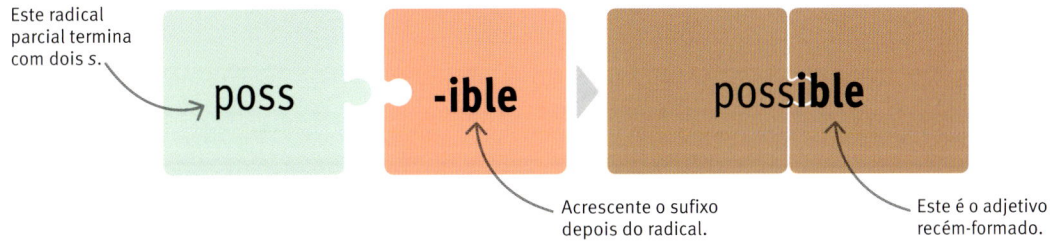

response + **-ible** ▶ **responsible**

Este radical completo termina em se.
Tire o e final do radical e adicione o sufixo.
Com o acréscimo do sufixo, o substantivo *response* foi transformado em adjetivo.

Este radical parcial termina com dois s.

poss + **-ible** ▶ **possible**

Acrescente o sufixo depois do radical.
Este é o adjetivo recém-formado.

Som suave ou duro do "c" e do "g"

As palavras que terminam em -able em geral têm um "c" ou "g" de som duro. Por outro lado, palavras que terminam em -ible têm em geral um "c" ou um "g" de som suave.

Som duro de "c" ou "g"	Som suave do "c" e do "g"
ami**cable**	for**cible**
communi**cable**	invin**cible**
despi**cable**	redu**cible**
indefati**gable**	le**gible**
navi**gable**	tan**gible**

A palavra ***uncopyrightable*** é a **palavra mais longa** do inglês em uso corrente **sem letras repetidas**.

• Muitas palavras **iniciadas por *a*** usam um **sufixo** que também começa com ***a*: -able**. Alguns exemplos comuns são ***adorable*, *advisable*** e ***available***.

Palavras terminadas em -le, -el, -al ou -ol

ESTAS TERMINAÇÕES DE PALAVRAS EM GERAL NÃO SÃO SUFIXOS.

VEJA TAMBÉM	
‹ 22-3	Substantivos
‹ 26-7	Adjetivos
‹ 38-9	Verbos
‹ 136-7	Morfemas
‹ 140-1	Radicais
‹ 142-3	Prefixos e sufixos

As terminações de palavras de som parecido, como -le, -el, -al e -ol, podem causar confusão ortográfica. Todavia, existem orientações que facilitam o uso. Como acontece com todas as grafias complicadas, os dicionários são uma fonte de consulta muito valiosa.

Palavras terminadas em -le

A terminação mais comum das citadas acima é -le. Ela não é sufixo porque não altera o sentido ou a classe gramatical da palavra. O -le em geral se encontra em substantivos (como *table*), verbos (como *tickle*) e adjetivos (como *vile*).

Outras **palavras comuns** terminadas em **-ol** são escritas com **oo** para criar um som vocálico longo, como **cool**, **pool**, **school** e **tool**.

edi**b**le
A letra *b* tem uma haste e vem antes do -le.

sam**p**le
A letra *p* tem uma perna e vem antes do -le.

wrin**k**le
A letra *k* tem uma haste e vem antes do -le.

dan**g**le
A letra *g* tem uma perna e vem antes do -le.

missile · article · role · regale · bale · textile · bicycle · capsule · chronicle · axle · debacle · docile · hostile · revile · aisle

Claro que certas palavras terminadas em -le não seguem essa regra. Algumas de uso comum estão relacionadas acima.

△ **A regra**
Palavras terminadas em -le são quase sempre precedidas de uma letra com "haste" ou "perna" – a parte da letra que vai para cima, como no *b*, ou para baixo, como no *p*.

b d f g h j
k l p q t y

GLOSSÁRIO

Adjective (adjetivo) Palavra que qualifica um substantivo.
Noun (substantivo) Palavra que denomina um ser, lugar ou coisa.
Root (radical) A menor parte que contém sentido na palavra e não tem prefixo nem sufixo ligados a ela.
Suffix (sufixo) Grupo de letras que se liga ao final de uma palavra e muda o sentido original dela.
Verb (verbo) Palavra referente a uma ação.
Vowel (vogal) Cada uma das cinco letras *a*, *e*, *i*, *o* e *u*.

PALAVRAS TERMINADAS EM -LE, -EL, -AL OU -OL

Palavras terminadas em -el e -al

Como no caso do -le, as terminações -el e -al em geral não se comportam como sufixo porque não mudam o sentido da palavra ou de sua classe gramatical.

travel — A letra *v* não tem perna nem haste.

camel — A letra *m* não tem perna nem haste.

central — A letra *r* não tem perna nem haste.

local — A letra *c* não tem perna nem haste.

Exceções com -el	Exceções com -al
ang**el**	acquitt**al**
bag**el**	betray**al**
chap**el**	capit**al**
comp**el**	coast**al**
decib**el**	frug**al**
g**el**	fundament**al**
gosp**el**	homicid**al**
host**el**	hospit**al**
hot**el**	judgement**al**
mod**el**	ment**al**
nick**el**	municip**al**
parall**el**	orbit**al**
prop**el**	pet**al**
scalp**el**	port**al**
snork**el**	verb**al**

△ **A regra**
Palavras terminadas em -el e -al são quase sempre precedidas de uma letra sem "haste" e sem "perna" (a parte da letra que sobe ou desce).

△ **Exceções à regra**
Como acontece com as palavras terminadas em -le, existem várias exceções terminadas em -el ou -al que não seguem essa regra.

A terminação -al como sufixo

A terminação -al também pode ser usada como sufixo porque às vezes muda o significado da palavra. As palavras que terminam com esse sufixo são em geral substantivos ou adjetivos.

▽ **A regra**
A terminação -al pode atuar como sufixo, ligando-se ao radical, que pode ser uma palavra ou parte de uma palavra.

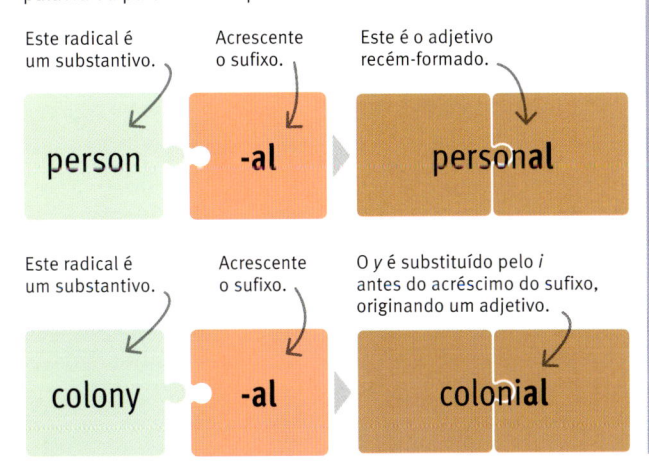

Este radical é um substantivo. **person** + Acrescente o sufixo. **-al** → Este é o adjetivo recém-formado. **personal**

Este radical é um substantivo. **colony** + Acrescente o sufixo. **-al** → O *y* é substituído pelo *i* antes do acréscimo do sufixo, originando um adjetivo. **colonial**

Palavras terminadas em -ol

Menos frequente, -ol também é usado como terminação de palavras. Essa terminação é encontrada geralmente em substantivos e verbos. Se tiver dúvida, verifique sempre a grafia num dicionário antes de escrever a palavra.

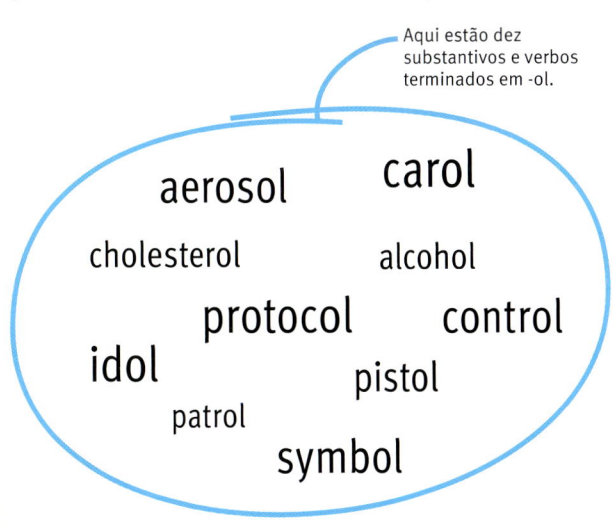

Aqui estão dez substantivos e verbos terminados em -ol.

- aerosol
- carol
- cholesterol
- alcohol
- protocol
- control
- idol
- pistol
- patrol
- symbol

Consoantes simples ou duplas

CONSOANTES SIMPLES E DUPLAS EM GERAL TÊM O MESMO SOM.

Nem sempre é óbvio se determinada palavra tem consoante simples ou dupla – algumas grafias precisam ser memorizadas. Existem algumas regras, no entanto, que podem ajudar.

VEJA TAMBÉM	
❰ 130-1	Sons vocálicos
❰ 132-3	Sons consonantais
❰ 134-5	Sílabas
❰ 136-7	Morfemas
❰ 140-1	Radicais
❰ 142-3	Prefixos e sufixos
❰ 144-5	Letras com som duro ou suave
❰ 152-3	Palavras terminadas em -le, -el, -al ou -ol
Letras mudas	160-1 ❱
Palavras compostas	162-3 ❱

Consoantes e sons vocálicos curtos

Em palavras com mais de uma sílaba, se a primeira sílaba é tônica e tem som vocálico curto, então a consoante a seguir é dobrada. Por exemplo, a palavra *letter* tem dois *t* porque a primeira sílaba, *let*, é tônica e tem um som vocálico curto. Compare-a com *retire*, que não tem dois *t*. Isso porque a tônica é na segunda sílaba, *tire*, que tem som vocálico longo.

• As letras **h**, **w**, **x** e **y nunca** são dobradas, mesmo que um sufixo começado por **vogal** seja acrescentado. Por exemplo, a consoante não é dupla nas palavras *washed*, *drawer*, *fixable* e *flying*.

dep**art** — A letra *p* não é dobrada porque a tônica está na segunda sílaba, *part*.

hamm**er** — A letra *m* é dobrada porque a tônica está na primeira sílaba, *ham*.

prep**are** — A letra *p* não é dobrada porque a tônica está na segunda sílaba, *pare*.

vall**ey** — A letra *l* é dobrada porque a tônica está na primeira sílaba, *val*.

Exceções à regra

Muitas palavras não seguem a regra acima. Na maioria dos casos, elas são radicais e, portanto, não ligadas a prefixo ou sufixo. Algumas, como *melon*, têm uma consoante simples após um som vocálico curto. As consoantes duplas também ocorrem depois de sílabas átonas, como em *correct*. Como essas exceções podem dificultar a escrita, consulte um dicionário se você estiver em dúvida.

Consoante simples	Consoante dupla
comet	accept
domino	accumulate
epic	correct
galaxy	effect
lizard	necessary
melon	occur
palace	recommend
radish	sufficient
valid	terrific

CONSOANTES SIMPLES OU DUPLAS

Consoantes duplas e sufixos

As consoantes que aparecem no fim das palavras são em geral duplicadas quando se acrescenta um sufixo. Isso se aplica especialmente aos verbos. Por exemplo, a consoante final do verbo *sit* é dobrada depois de se adicionar o sufixo -*ing*, resultando na palavra *sitting*.

> • As consoantes são **duplicadas** ao se adicionar um **prefixo** ou **outra palavra** que termine com a mesma letra que a iniciante do radical. Por exemplo, o prefixo **mis-** e a palavra **spell** juntam-se e formam **misspell**.

▷ **Regra 1**
Ao acrescentar um sufixo iniciado por vogal, como -er, a um verbo que tenha uma sílaba e termine com som vocálico curto e uma consoante, a última consoante quase sempre é duplicada.

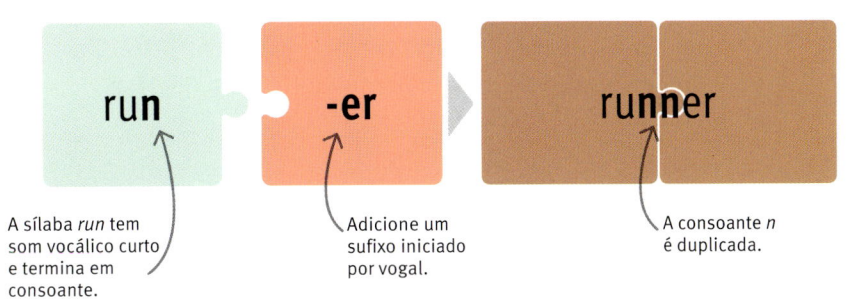

run → **-er** → **runner**

- A sílaba *run* tem som vocálico curto e termina em consoante.
- Adicione um sufixo iniciado por vogal.
- A consoante *n* é duplicada.

▷ **Regra 2**
Ao acrescentar um sufixo iniciado por vogal, como -ing, a um verbo com mais de uma sílaba que termine com som vocálico curto e uma consoante, a última consoante quase sempre é duplicada.

begin → **-ing** → **beginning**

- A segunda sílaba, *gin*, termina com som vocálico curto e uma consoante.
- Adicione um sufixo iniciado por vogal.
- A consoante *n* é duplicada.

▷ **Regra 3**
Ao acrescentar um sufixo iniciado por *e*, *i* ou *y* a um verbo terminado em *c*, a última consoante não é duplicada. Em vez disso, põe-se uma letra *k* após o *c*, a fim de manter o som duro do "c".

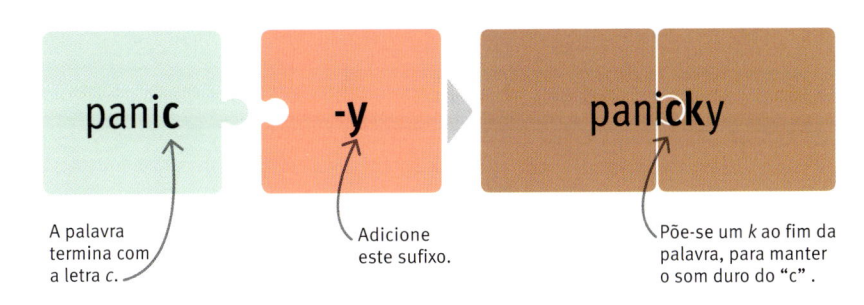

panic → **-y** → **panicky**

- A palavra termina com a letra *c*.
- Adicione este sufixo.
- Põe-se um *k* ao fim da palavra, para manter o som duro do "c".

GLOSSÁRIO

Consonant (consoante) Letra do alfabeto que não é uma vogal.
Prefix (prefixo) Grupo de letras que se liga ao início de uma palavra e muda o sentido original dela.
Suffix (sufixo) Grupo de letras que se liga ao final de uma palavra e muda o sentido original dela.
Syllable (sílaba) Unidade de pronúncia que contém um som vocálico.
Vowel (vogal) Cada uma das cinco letras *a*, *e*, *i*, *o* e *u*.

Em inglês, ***bookkeeper*** e ***bookkeeping*** são as únicas palavras com **três letras duplas** seguidas.

O *i* antes do *e*, exceto após o *c*

USA-SE ESSA REGRA PARA LEMBRAR A GRAFIA DE PALAVRAS QUE CONTÊM *IE* OU *EI*.

Faz mais de 150 anos que se emprega essa regra, que funciona na maioria dos casos. Existem, no entanto, algumas exceções, e é melhor memorizá-las e saber que elas existem.

VEJA TAMBÉM	
❮ 130-1	Sons vocálicos
❮ 138-9	Compreenda as irregularidades do inglês
Grafias irregulares	164-5 ❯

• **Não** existem palavras com **cein** na língua inglesa. Se o *c* é seguido da combinação *ie/ei* e depois um *n*, a grafia **deve sempre ser *ie***, como em **science**.

Versos

Foram criados versos rimados que são úteis para ajudar a lembrar a regra do "*i* antes do *e*". De início, eles tinham apenas duas linhas, mas foram ampliados ao longo dos anos para abranger algumas exceções à regra.

O primeiro verso significa que o *i* em geral vem antes do *e* em palavras que têm o som "ii", como *thief*.

Contudo, quando o som "ii" está após a letra *c*, o *e* vai antes do *i*, como em *receive*.

I before e,
Except after c
When the sound is "ee"
Or when sounded as "ay",
As in neighbour and weigh,
But leisure and seize
Do as they please.

O *e* também vem antes quando o som da palavra é "ei", como em *eight*.

O verso final assinala que há palavras que não seguem regra alguma.

MUNDO REAL
Palavras emprestadas

As palavras assimiladas por empréstimo de outra língua são chamadas *loan words*. Muitas palavras emprestadas são escritas com *e* antes do *i*. Entre elas estão *geisha*, do japonês, *sheikh*, do árabe, e *rottweiler*, do alemão. Muitos nomes vindos de línguas estrangeiras também são escritos com o *e* antes, como *Keith*, *Heidi*, *Neil* e *Sheila*.

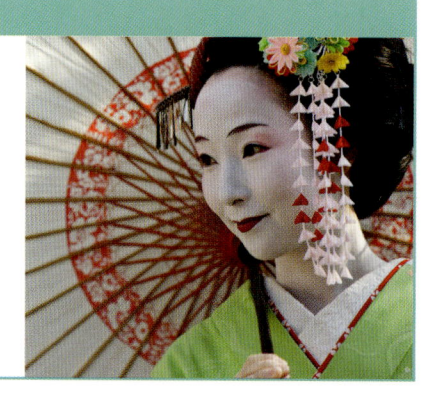

• Se tiver **dúvida**, recorra sempre a um **dicionário** para confirmar se a palavra é grafada com *ie* ou *ei*.

Sons silábicos simples

Como foi mencionado nos versos, o som *ie* ou *ei* pode ser usado para descobrir qual ordem das letras é correta. Existem quatro regras principais para lembrar se o *ie* ou o *ei* é pronunciado como uma sílaba. Todavia, a maioria das regras tem exceções, que precisam ser memorizadas.

Regra 1
Se o som é "ii", o *i* vai antes do *e*.

niece, belief, achieve, field

Existem diversas exceções a essa regra, que têm de ser memorizadas.

protein, seize, either, weird, caffeine

Regra 2
Se o som "ii" segue a letra *c*, o *e* vai primeiro.

receive, receipt, deceit, ceiling

Uma exceção à regra é quando o *ci* soa como "sh".

ancient, conscience, species

A regra também não se aplica a palavras terminadas em *y* que foram modificadas.

fancied, policies, bouncier

Regra 3
O *e* vai antes do *i* se o som é "ei" ou "ai".

weight, height, feisty

Às vezes, o som "ai" também é ouvido quando o *i* vem antes do *e*.

die, pie, lie, cried

Regra 4
O *e* vai antes do *i* se o som é "é", como em *met*.

heifer, leisure

exceções a essa regra

friend, lieutenant

Sons silábicos duplos

Se o *i* e o *e* são pronunciados separadamente, fica fácil saber qual letra vem primeiro. Se o som "ai" é pronunciado primeiro, então o *i* vem antes na grafia, e vice-versa.

di-et, qui-et, sci-ence, so-ci-e-ty

Pronuncia-se o *i* e depois o *e*
Nessas palavras, como a sílaba do *i* é dita primeiro, o *i* vem primeiro na grafia.

de-i-ty, see-ing, be-ing, re-ig-nite, here-in

Pronuncia-se o *e* e depois o *i*
Nessas palavras, como a sílaba do *e* é dita primeiro, o *e* vem primeiro na grafia.

Letras maiúsculas

O USO MAIS COMUM DE LETRA MAIÚSCULA É NO INÍCIO DO PERÍODO.

Além de iniciar períodos, em inglês as letras maiúsculas são usadas no nome de pessoas e lugares e nas expressões relativas ao tempo, como os dias da semana.

VEJA TAMBÉM
- 22-3 Substantivos
- 34-5 Pronomes
- 68-9 Períodos
- 92-3 O que é pontuação?
- 94-5 Ponto e reticências
- Abreviações 172-3
- Períodos mais interessantes 184-5
- Edição e revisão 220-1

Início do período
A primeira palavra de um período começa com letra maiúscula. Isso chama a atenção do leitor e realça o começo de um período. Uma letra maiúscula vem após um ponto, um ponto de exclamação ou um ponto de interrogação no fim do período anterior.

On that
↖ A primeira palavra do período começa com letra maiúscula.

Expressões de tempo
Dias da semana, meses do ano e feriados nacionais e religiosos, como *Christmas*, são todos escritos com letras maiúsculas. Contudo, o nome das estações do ano, como *winter*, nunca tem maiúscula inicial. Os períodos e eventos históricos, como *Industrial Revolution* e *Olympic Games*, são grafados com inicial maiúscula.

Saturday
↖ Os dias da semana sempre têm inicial maiúscula.

Bronze **A**ge
↖ Ambas as iniciais desse período histórico são em maiúscula.

Halloween
↖ Os festejos sempre começam com maiúscula.

On that **S**aturday afternoon in **O**livia as she hurried to meet he

- Lembre-se de começar toda **citação** com letra maiúscula.

A, H, I, M, O, T, U, V, W, X e **Y** são letras maiúsculas **simétricas**.

MUNDO REAL
Letras maiúsculas e títulos

No título de livros, peças teatrais, músicas, jornais, filmes e poemas todas as palavras precisam ter iniciais maiúsculas. Palavras curtas num título, como os artigos *a* e *the* ou as preposições *of* e *in*, em geral não ficam em maiúscula, a menos que estejam no começo do título. Por exemplo, *The New York Times* tem um *t* maiúsculo em *The* por ser a primeira palavra do nome do jornal.

LETRAS MAIÚSCULAS   159

• Ao contrário de outros pronomes, como *you*, *he*, *she*, *it* e *them*, *I* é **sempre escrito** com **letra maiúscula**.

O alfabeto inglês tinha de início **só letras maiúsculas**. As minúsculas surgiram no **século VIII**.

Identifique quando usar maiúsculas

É importante usar as letras maiúsculas de forma correta para ficar claro onde termina um período e começa o outro. Os nomes próprios também devem ter inicial maiúscula, para que o nome de pessoas ou lugares e as expressões de tempo se diferenciem das coisas comuns.

my friend pia travelled to france on thursday. ✗

My ✓ — Os períodos devem começar com letra maiúscula.

Pia ✓ — O nome de pessoas sempre começa por maiúscula.

France ✓ — O nome de países sempre começa com letra maiúscula.

Thursday ✓ — Os dias da semana sempre começam com letra maiúscula.

My friend **P**ia travelled to **F**rance on **T**hursday. ✓

Todas as letras maiúsculas são usadas corretamente neste período.

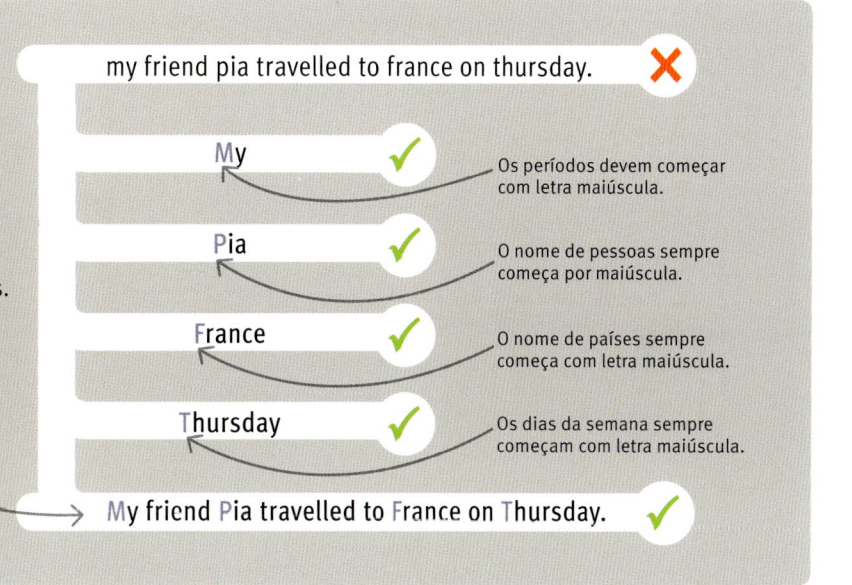

San **F**rancisco, the rain drenched friends at the **K**atwalk **C**afé.

Pessoas e lugares

Nomes próprios, como o de pessoas ou lugares, sempre começam com letra maiúscula. Também são obrigatórias maiúsculas na alusão a lugares específicos, como "the North", que pode se referir à região Norte de um país. Contudo, as letras maiúsculas não são necessárias ao indicar uma direção genérica, como em "north of the shopping centre".

San **F**rancisco — Nome de cidade exige letra maiúscula. Se a cidade tem duas palavras no nome, ambas ficam em maiúscula.

Olivia — O nome de uma pessoa deve ter maiúscula inicial.

River **N**ile — Ambas as partes do nome deste rio levam maiúscula.

Katwalk **C**afé — Ambas as palavras começam com maiúscula por formarem o nome de um estabelecimento.

Disneyland — Este é o nome de um parque temático – portanto, leva maiúscula.

Africa — O nome dos continentes tem maiúscula inicial.

Letras mudas

AS LETRAS MUDAS SÃO ESCRITAS, MAS NÃO PRONUNCIADAS.

O inglês tem muitas palavras com letras mudas, o que às vezes dificulta a grafia correta. Contudo, a identificação de certos padrões auxilia a escrever corretamente essas palavras.

VEJA TAMBÉM	
‹ 130-1	Sons vocálicos
‹ 132-3	Sons consonantais
‹ 134-5	Sílabas
‹ 136-7	Morfemas
‹ 156-7	O *i* antes do *e*, exceto após o *c*
Grafias irregulares	164-5 ›

Letras mudas

Letras que não interferem no som da palavra são chamadas de letras mudas. Em muitos casos, essas letras já foram pronunciadas com clareza, mas com o tempo a pronúncia mudou, embora a grafia tenha permanecido igual.

conde**m**n — Se o *n* mudo for tirado, o som desta palavra não muda, mas ela ficaria com a grafia errada.

Letra	Quando pode ser muda	Exemplos
a	antes ou depois de outra vogal	**a**isle, coco**a**, he**a**d
b	depois de *m*	crum**b**, lim**b**, thum**b**
	antes de *t*	de**b**t, dou**b**t, su**b**tle
c	depois de *s*	mus**c**le, s**c**ent, s**c**issors
d	antes ou depois de *n*	We**d**nesday, han**d**some, lan**d**scape
e	no fim da palavra	giraff**e**, humbl**e**, lov**e**
g	antes de *h*	dau**g**hter, thou**g**h, wei**g**h
	antes de *n*	campai**g**n, forei**g**n, **g**nome
h	no início da palavra	**h**eir, **h**onest, **h**our
	depois de *ex*	ex**h**austing, ex**h**ibition, ex**h**ilarate
	depois de *g*	g**h**astly, g**h**ost, g**h**oul
	depois de *r*	r**h**apsody, r**h**inoceros, r**h**yme
	depois de *w*	w**h**ale, w**h**eel, w**h**irlpool
k	antes de *n*	**k**nee, **k**night, **k**now
l	antes de *d*	cou**l**d, shou**l**d, wou**l**d
	antes de *f*	beha**l**f, ca**l**f, ha**l**f
	antes de *m*	a**l**mond, ca**l**m, pa**l**m
n	depois de *m*	autum**n**, hym**n**, solem**n**
p	antes de *n*	**p**neumatic, **p**neumonia, **p**neumonic
	antes de *s*	**p**salm, **p**sychiatry, **p**sychic
	antes de *t*	**p**teranodon, **p**terodactyl, recei**p**t
t	antes de *ch*	ca**t**ch, stre**t**ch, wi**t**ch
	depois de *s*	cas**t**le, Chris**t**mas, lis**t**en
u	com outras vogais	b**u**ilding, co**u**rt, g**u**ess
w	antes de *r*	**w**reck, **w**rite, **w**rong
	com *s* ou *t*	ans**w**er, s**w**ord, t**w**o

LETRAS MUDAS

Letras auxiliares

Letra auxiliar é um tipo de letra muda que modifica a pronúncia da palavra. Por exemplo, se a letra *a* de *coat* for retirada, fica escrita a palavra *cot*, que tem som e significado diferentes dos de *coat*.

kite — O *e* mudo é uma letra auxiliar porque, se retirado, o som muda – e a palavra resultante seria confundida com a palavra existente *kit*.

Letra	Quando pode ser muda	Exemplos
a	depois de *o*	bo**a**t, co**a**t, go**a**t
b	depois de *m*	clim**b**, com**b**, tom**b**
c	antes de *t*	indi**c**t
d	antes de *g*	ba**d**ge, do**d**ge, ju**d**ge
e	no fim da palavra	hop**e**, kit**e**, sit**e**
g	depois de *i* e antes de *n*	beni**g**n, desi**g**n, si**g**n
g	depois de *i* e antes de *m*	paradi**g**m
h	depois de *c*	ac**h**e
i	em apenas uma palavra	bus**i**ness
l	antes de *k*	fo**l**k, ta**l**k, wa**l**k
l	antes de *m*	ca**l**m, pa**l**m
s	depois de *i*	ai**s**le, i**s**land
w	antes de *h*	**w**ho, **w**hom, **w**hose

Variações regionais

Dependendo do sotaque, determinadas letras ficam mudas ou sonoras. A língua inglesa tem uma série de sotaques regionais, cada qual com suas peculiaridades. Porém, duas pessoas criadas na mesma região podem pronunciar a mesma palavra de modo diferente.

better — Alguns falantes do inglês não pronunciam o *r* final desta palavra.

Letra	Quando ela pode ser muda ou sonora	Exemplos
h	antes de *e*	**h**erb
h	depois de *w*	w**h**ich, w**h**ip, w**h**isky
r	depois de vogal	bo**r**n, ca**r**, sta**r**
t	antes ou depois de outra consoante	of**t**en, fas**t**en, **t**sunami

Cerca de **60%** das palavras inglesas têm uma **letra muda**.

• Algumas palavras que têm letra muda derivam de **outras línguas**. As palavras *knife*, *knock* e *know*, todas com *k* mudo, são palavras do **escandinavo antigo**. As palavras *bright*, *daughter* e *night*, todas com *gh* mudo, são **anglo-saxãs**.

ORTOGRAFIA

Palavras compostas

UMA NOVA PALAVRA FORMADA PELA JUNÇÃO DE DUAS PALAVRAS CHAMA-SE PALAVRA COMPOSTA.

A palavra composta é o resultado da união de dois termos existentes. Há muitas palavras compostas na língua inglesa.

VEJA TAMBÉM	
‹ 20-1	Classes gramaticais
‹ 22-3	Substantivos
‹ 38-9	Verbos
‹ 140-1	Radicais
Grafias irregulares	164-5 ›

Mais detalhes

Algumas palavras são agregadas a outras para acrescentar detalhes, tornando as palavras compostas resultantes mais específicas. Por exemplo, *house* pode modificar *boat* para criar o termo *houseboat*. A palavra *boat* pode ser modificada por outras palavras, como *power* e *steam*, criando palavras compostas que indicam outros tipos de barco, por exemplo, *powerboat* e *steamboat*.

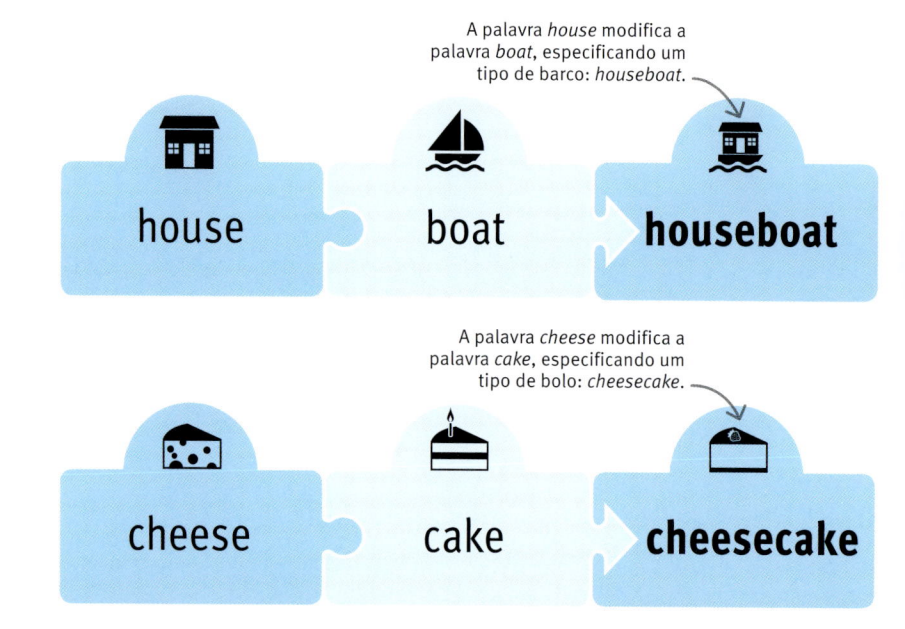

A palavra *house* modifica a palavra *boat*, especificando um tipo de barco: *houseboat*.

house + **boat** → **houseboat**

A palavra *cheese* modifica a palavra *cake*, especificando um tipo de bolo: *cheesecake*.

cheese + **cake** → **cheesecake**

• As palavras compostas são, na maioria, substantivos. Verbos formados por duas palavras tendem a continuar separados – por exemplo, o verbo *turn around* é **diferente da palavra composta** *turnaround*, um substantivo que em geral indica uma reviravolta repentina ou inesperada de algo.

GLOSSÁRIO

Noun (substantivo) Palavra que denomina um ser, lugar ou coisa.
Verb (verbo) Palavra referente a uma ação.

Primeira palavra	Segunda palavra	Palavra composta
air	craft	aircraft
baby	sitter	babysitter
book	keeper	bookkeeper
card	board	cardboard
dish	washer	dishwasher
fire	place	fireplace
ginger	bread	gingerbread
horse	shoe	horseshoe
key	hole	keyhole
news	paper	newspaper
river	side	riverside
snow	flake	snowflake
sun	rise	sunrise
tax	payer	taxpayer
wall	paper	wallpaper

PALAVRAS COMPOSTAS 163

Novo significado
Esse tipo de palavra composta surge quando duas palavras se combinam para formar um novo termo sem relação com as palavras originais. Por exemplo, *hogwash* compõe-se de duas palavras, *hog* (um tipo de porco) e *wash* (lavar). Juntas, essas palavras formam a palavra composta *hogwash* – um substantivo que indica algo sem sentido.

Algumas línguas, como o alemão e o finlandês, **unem três palavras**. Por exemplo, em alemão, *Farbfernsehgerät* significa **"colour television set"**.

A palavra *glove* junta-se à palavra *fox*, resultando numa espécie de planta: *foxglove*.

fox + glove → **foxglove**

A palavra *tail* junta-se à palavra *pony*, resultando num tipo de penteado: *ponytail*.

pony + tail → **ponytail**

- Duas palavras podem se unir para formar uma palavra composta se essa junção **criar uma ideia ou denominar algo**, como *afterlife* ou *backbone*. Se duas palavras não criam uma ideia nem denominam nada, elas devem continuar separadas.

MUNDO REAL
Evolução das palavras
Algumas palavras se juntam com tanta frequência que podem à primeira vista ser consideradas compostas, como *post office*, *half moon* e *ice cream*. Muitas palavras de início são separadas (*wild life*), depois passam a ser hifenizadas (*wild-life*) e então pode ser que acabem formando uma palavra composta (*wildlife*).

Primeira palavra	Segunda palavra	Palavra composta
block	buster	blockbuster
cart	wheel	cartwheel
heart	beat	heartbeat
honey	moon	honeymoon
in	come	income
life	style	lifestyle
lime	light	limelight
master	piece	masterpiece
off	shoot	offshoot
over	come	overcome
scare	crow	scarecrow
show	case	showcase
sleep	walk	sleepwalk
type	writer	typewriter
wind	screen	windscreen

164 ORTOGRAFIA

Grafias irregulares
CERTAS GRAFIAS NÃO SEGUEM REGRA ALGUMA.

A única maneira de lembrar as grafias irregulares é memorizá-las. No entanto, existem alguns truques que podem facilitar esse processo.

> **VEJA TAMBÉM**
> ◀ **134-5** Sílabas
> ◀ **138-9** Compreenda as irregularidades do inglês
> ◀ **156-7** O *i* antes do *e*, exceto após o *c*

Palavras esquisitas
É difícil soletrar algumas palavras porque elas não são escritas como soam. Por exemplo, *said* rima com *led* e *fed*, mas é escrita de outro modo. Outras grafias irregulares são traiçoeiras porque contradizem regras comuns. Por exemplo, a palavra *foreign* não segue a regra do "*i* antes do *e* exceto após o *c*".

• Um jeito de decorar as grafias é pendurar **lembretes** por todo lado. Escreva a palavra problemática em **letras grandes** e grude o papel na **parede** ou em qualquer lugar da casa onde ela seja **vista ao longo do dia**.

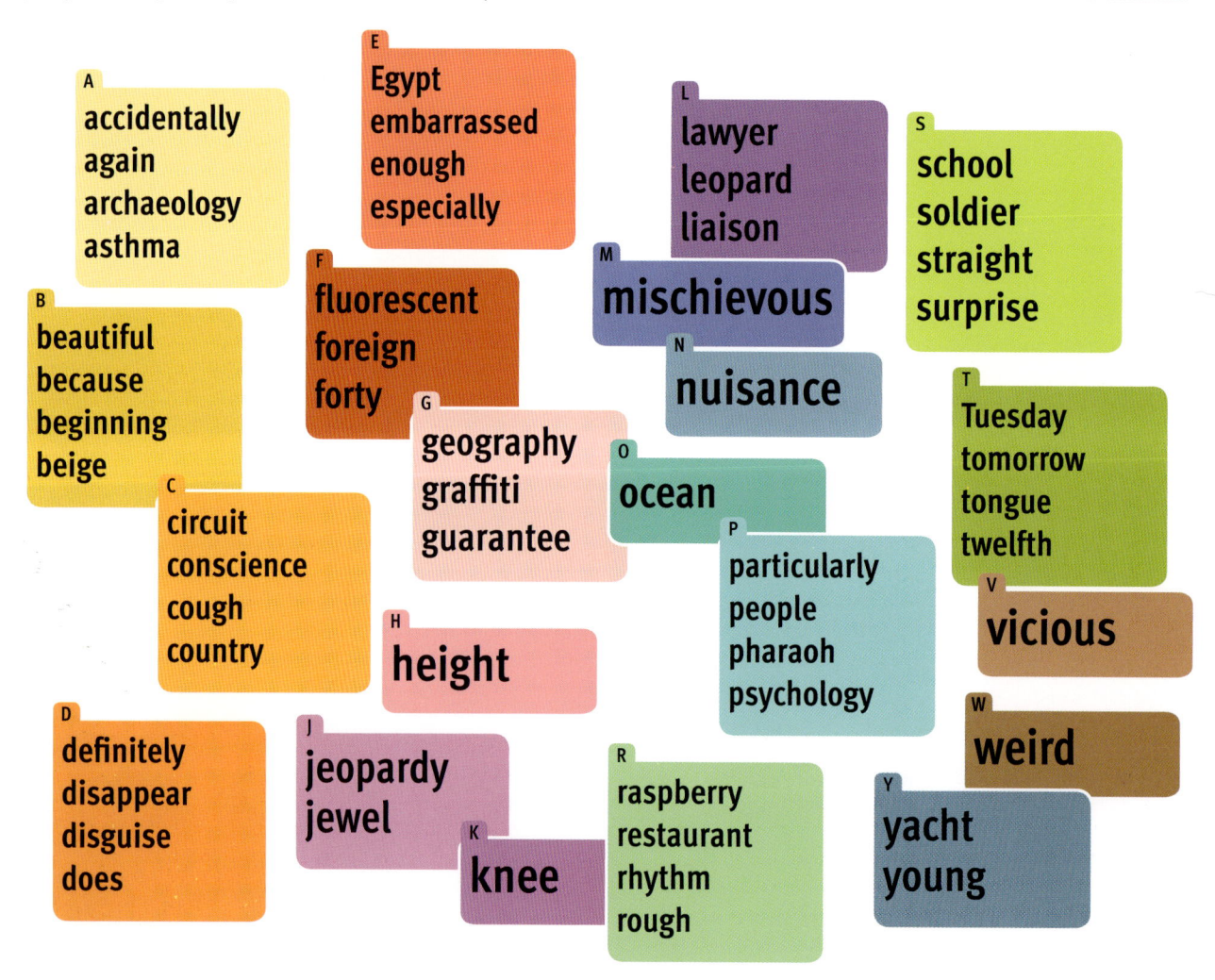

A
accidentally
again
archaeology
asthma

B
beautiful
because
beginning
beige

C
circuit
conscience
cough
country

D
definitely
disappear
disguise
does

E
Egypt
embarrassed
enough
especially

F
fluorescent
foreign
forty

G
geography
graffiti
guarantee

H
height

J
jeopardy
jewel

K
knee

L
lawyer
leopard
liaison

M
mischievous

N
nuisance

O
ocean

P
particularly
people
pharaoh
psychology

R
raspberry
restaurant
rhythm
rough

S
school
soldier
straight
surprise

T
Tuesday
tomorrow
tongue
twelfth

V
vicious

W
weird

Y
yacht
young

GRAFIAS IRREGULARES 165

Ponha no papel
Uma técnica para aprender uma grafia é olhar a palavra, cobri-la, escrevê-la de memória, depois conferi-la. Faça isso quantas vezes forem necessárias.

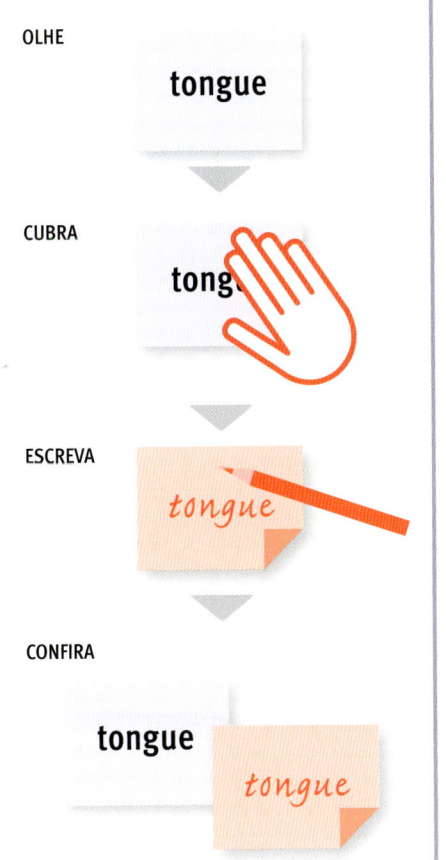

OLHE

CUBRA

ESCREVA

CONFIRA

Qual é o problema?
Outra maneira de decorar grafias irregulares é descobrir o que as torna tão complicadas. Olhe para a palavra e sublinhe a parte estranha ou difícil de lembrar. Ao destacar o problema, fica mais fácil lembrar a forma correta.

le**o**pard — O *o* é mudo.

rest**aur**ant — O *aur* soa como se estivesse escrito *er*.

twel**fth** — É estranho que esta palavra use *f* e *th* para reproduzir este som.

Em voz alta
Se a palavra não é escrita como soa, fale-a em voz alta, pronunciando-a de modo semelhante à grafia.

defin**IT**ely — Destaque o *it* para lembrar que não se escreve *at*.

WED NES DAY — Fale esta palavra separando as sílabas para escrevê-la com facilidade.

particul**ARLY** — Comece a frisar o *arly* para lembrar que não se escreve *erly*.

Palavras dentro de palavras
Outro truque é procurar palavras menores dentro de palavras longas. Isso leva a associar o termo maior com o menor. Visualize as palavras menores como se fossem figuras para facilitar a escrita da palavra longa.

Desenhe imagens como esta para visualizar as palavras dentro de palavras.

There is **a rat** in sep**a**r**a**te

Frases bobas
Você talvez se lembre melhor da grafia de certas palavras se fizer frases bizarras – os chamados processos mnemônicos. Um dos métodos é pensar numa frase com palavras iniciadas por cada letra da palavra difícil.

RHYTHM — **R**hythm **H**elps **Y**our **T**wo **H**ips **M**ove

Cada palavra do "ditado" começa com uma letra da grafia de *rhythm*.

BECAUSE — **B**ig **E**lephants **C**an't **A**lways **U**se **S**mall **E**xits

Este "ditado" lembra que a palavra tem um *c* e dois *s*.

NECESSARY — **O**ne **c**offee with two **s**ugars

Homônimos, homófonos e homógrafos

ALGUMAS PALAVRAS TÊM A MESMA PRONÚNCIA OU GRAFIA, MAS SIGNIFICADOS DIFERENTES.

VEJA TAMBÉM	
‹ 78-9	Palavras de uso incorreto
‹ 140-1	Radicais
‹ 142-3	Prefixos e sufixos
‹ 160-1	Letras mudas
‹ 164-5	Grafias irregulares
Escrever para descrever	208-9 ›

Variações na pronúncia ou na grafia diferenciam os homônimos, os homófonos e os homógrafos. É importante usar a palavra correta tanto no inglês escrito quanto no falado.

Homônimos

As palavras com grafia e pronúncia idênticas mas significado diferente chamam-se homônimos. Por exemplo, a palavra *fair* pode se referir a um parque de diversões com jogos e brinquedos ou à ideia de tratar alguém com sensatez.

A palavra **homonym** vem do grego **homos**, que significa "**mesmo**", e **onyma**, que significa "**nome**".

MUNDO REAL
Palavras cruzadas

As palavras cruzadas podem ser difíceis sem um bom conhecimento de homônimos, homófonos e homógrafos. As pistas nas palavras cruzadas aproveitam-se da confusão causada por esses termos para enganar o leitor.

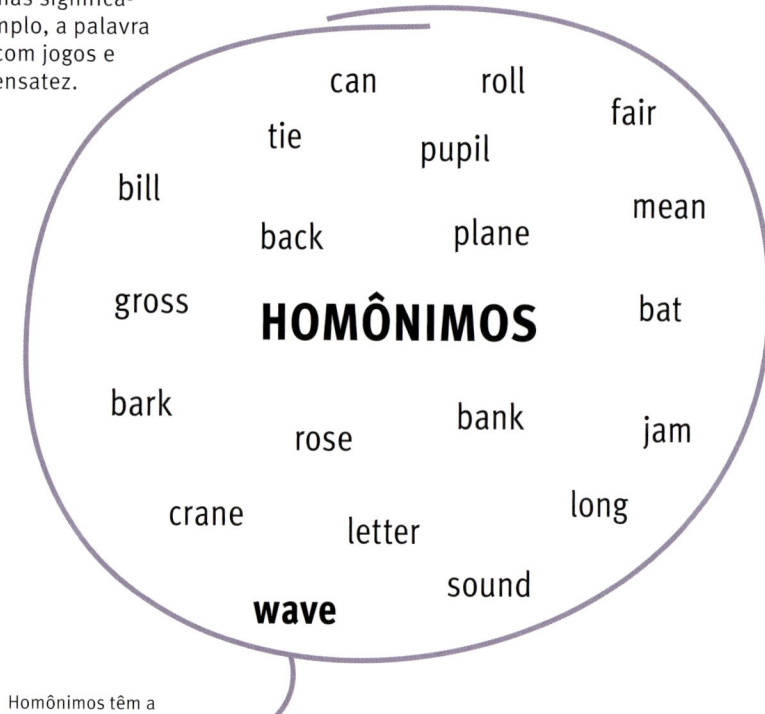

HOMÔNIMOS: can, roll, fair, tie, pupil, bill, mean, back, plane, gross, bat, bark, bank, jam, rose, long, crane, letter, sound, wave

Homônimos têm a mesma pronúncia e a mesma grafia.

▷ **Wave**
O homônimo *wave* tem vários significados. Entre eles estão as ondas do mar provocadas pelo vento e o aceno feito com a mão.

HOMÔNIMOS, HOMÓFONOS E HOMÓGRAFOS 167

Homófonos

As palavras com pronúncia igual mas grafia e significado diferentes chamam-se homófonos, que significa "mesmo som" em grego. A maioria dos homófonos forma um par, como *reed* e *read*; porém, existem alguns grupos em trio de palavras, como *to*, *too* e *two*.

Homófonos têm a mesma pronúncia mas grafia diferente.

HOMÓFONOS

- read/reed
- which/witch
- to/too/two
- week/weak
- dear/deer
- pair/pear
- buy/by/bye
- stair/stare
- knight/night
- cite/site/sight
- I/eye
- sent/cent/scent
- for/four
- bare/bear
- die/dye

△ **Pear e pair**
As palavras *pear* e *pair* são homófonas. A primeira palavra refere-se à fruta; a segunda significa um par de algo.

Homógrafos

As palavras que são escritas do mesmo modo mas são pronunciadas de modo diferente e têm sentido diferente chamam-se homógrafos, que significa "mesma escrita" em grego. Por exemplo, a palavra *tear* refere-se ao líquido que sai dos olhos ou a um rasgo em alguma coisa.

Homógrafos têm pronúncia diferente mas a mesma grafia.

HOMÓGRAFOS

- reject
- putting
- minute
- bow
- tear
- content
- live
- lead
- object
- wind
- bass
- contract
- refuse
- produce
- wound
- row
- project
- close
- does
- sow

△ **Wind**
O vocábulo homógrafo *wind* tem dois significados: um é o ato de dar corda em algo; o outro refere-se à brisa forte.

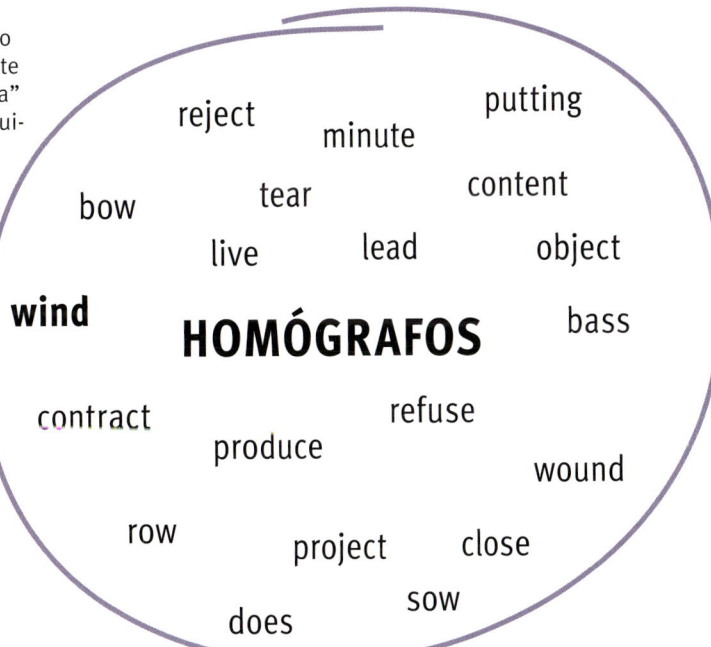

ORTOGRAFIA

Parecidas, mas nem tanto – I
PODE SER DIFÍCIL ESCREVER PALAVRAS DE SOM PARECIDO.

Reconhecendo pequenas diferenças fica mais fácil escrever corretamente palavras parecidas.

VEJA TAMBÉM	
‹ 136-7	Morfemas
‹ 142-3	Prefixos e sufixos
‹ 162-3	Palavras compostas
‹ 166-7	Homônimos, homófonos e homógrafos
Parecidas, mas nem tanto – II	170-1 ›

Confusão entre substantivo e verbo

Substantivos e verbos costumam ser confundidos por causa da pronúncia igual ou parecida. Às vezes, uma pequena mudança no som da palavra pode indicar uma classe gramatical diferente, como o substantivo *advice* e o verbo *advise*. Porém, é mais frequente as palavras terem a mesma pronúncia mas grafia e sentido diferentes, como *drawer* e *draw*.

advice — Este substantivo significa conselho. **ou** **advise** — Este verbo significa aconselhar.
→ Their **advice** was helpful.
→ I asked her to **advise** me.

breath — Este substantivo refere-se ao ar que entra e sai dos pulmões. **ou** **breathe** — Este verbo significa puxar o ar para os pulmões e expeli-lo.
→ She took a deep **breath**.
→ He had to **breathe** hard while jogging.

ceiling — Este substantivo significa o teto de um cômodo. **ou** **sealing** — Este verbo significa fechando firmemente.
→ The new light hung from the **ceiling**.
→ The plumber is **sealing** the gap.

device — Este substantivo refere-se a um equipamento. **ou** **devise** — Este verbo significa planejar ou inventar.
→ I bought a new phone **device**.
→ The team will **devise** a website.

drawer — Este substantivo refere-se a um local para guardar coisas. **ou** **draw** — Este verbo significa desenhar algo.
→ She put her pen in the **drawer**.
→ He liked to **draw** buildings.

effect — Este substantivo refere-se ao resultado de uma ação. **ou** **affect** — Este verbo significa causar impacto em alguém ou em algo.
→ The protest had a positive **effect**.
→ The fight **affect**ed him badly.

PARECIDAS, MAS NEM TANTO – I **169**

lesson	ou	**lessen**
Este substantivo refere-se a aula.		Este verbo significa reduzir, diminuir.

She enjoyed her piano **lesson**.

I must **lessen** my grip on the rope.

weight	ou	**wait**
Este substantivo refere-se à massa de seres ou coisas.		Este verbo significa aguardar ou adiar uma ação.

The bag's **weight** is immense.

I must **wait** for my brother.

Erros comuns

Há muitas palavras que têm som igual ao de outras, ou parecido, mas grafia e sentido diferentes. Em todos os casos, é importante usar a palavra correta a fim de facilitar a compreensão, sobretudo por escrito. Se tiver dúvida a respeito da palavra correta, consulte um dicionário.

Palavra	Exemplo de período
are	Those boys **are** always getting into trouble.
hear	I could **hear** the plane flying overhead.
know	The taxi driver did not **know** the way to my house.
lose	There was no way she could **lose** in the finals.
passed	He **passed** the present to his friend.
weather	The **weather** report predicted snowfall.

Palavra	Exemplo de período
our	**Our** team was invited to the national championships.
here	**Here** is the latest photo of my family.
now	There is **now** a café where my house used to be.
loose	My friend's **loose** change fell out of his pocket.
past	She drove **past** the park on the way home.
whether	I am not sure **whether** to wear my coat today ou not.

Uma palavra ou duas?

Algumas palavras têm significado diferente se escritas separadamente ou juntas. Por exemplo, a palavra *everyday* significa rotina ou cotidiano, enquanto *every day* significa todo dia.

Palavra	Exemplo de período
anyone	**Anyone** caught smoking will be punished.
already	Our passports have **already** been inspected.
altogether	The song was **altogether** inappropriate.
everyday	I was wearing **everyday** clothes around the house.
maybe	**Maybe** one day they will uncover the truth.

Locução	Exemplo de período
any one	**Any one** of those people could be to blame.
all ready	We are **all ready** to board the plane.
all together	The paintings were exhibited **all together** for the first time.
every day	I need to use a hairdryer **every day** after my shower.
may be	There **may be** more than one culprit.

• Aprendendo os significados de **radicais**, **prefixos** e **sufixos** mais usados, a confusão diminui.

Parecidas, mas nem tanto – II

MUITAS PALAVRAS NÃO SÃO COMPREENDIDAS CORRETAMENTE.

A escolha de uma palavra errada pode alterar o sentido do período, confundindo o leitor.

> **VEJA TAMBÉM**
> ‹ 104-5 Apóstrofo
> ‹ 166-7 Homônimos, homófonos e homógrafos
> ‹ 168-9 Parecidas, mas nem tanto – I

Compreendendo o significado

Algumas palavras são escritas incorretamente porque seu significado não foi bem entendido. Em certos casos, duas palavras podem ter som parecido, o que só aumenta a confusão. Com palavras assim, a diferença de sentido e ortografia deve ser aprendida; não há truque para lembrar. Consulte um dicionário se estiver em dúvida sobre que palavra usar.

adapt ou **adopt**
- adapt: Refere-se a tornar uma coisa adequada.
- adopt: Pode significar seguir uma ideia ou método.

A fish can **adapt** to a new habitat.

They will **adopt** the new policy.

conscience ou **conscious**
- conscience: Refere-se à noção de certo ou errado.
- conscious: Significa estar desperto ou atento.

Her **conscience** told her to confess.

He was **conscious** of his faults.

disinterested ou **uninterested**
- disinterested: Refere-se a uma pessoa imparcial.
- uninterested: Refere-se a uma pessoa indiferente.

The **disinterested** reporter is talking.

He is **uninterested** in the show.

distinct ou **distinctive**
- distinct: Refere-se a algo que é diferente.
- distinctive: Refere-se a atributos de um ser ou coisa.

There are two **distinct** cell types.

She had a **distinctive** voice.

historic ou **historical**
- historic: Refere-se a algo famoso na história.
- historical: Significa algo ligado ao passado.

D-Day is an **historic** event.

The museum held **historical** relics.

regretful ou **regrettable**
- regretful: Refere-se à sensação de arrependimento.
- regrettable: Refere-se a algo digno de reprovação.

She was **regretful** for her actions.

The loss of jobs was **regrettable**.

PARECIDAS, MAS NEM TANTO – II

Atenção triplicada

Às vezes, três palavras têm som muito parecido, mas significam coisas diferentes. Nesses casos, tenha muita paciência para entender as diferenças entre as três palavras e aprender as grafias.

though — Significa o mesmo que a palavra *however*.

ou

through — Significa passar de um lado para o outro.

ou

thorough — Refere-se a algo que está bem-feito ou completo.

- He still wanted to go shopping, **though**.
- He walked **through** the crowd.
- He conducted a **thorough** investigation.

quit — Significa abandonar, em geral permanentemente.

ou

quiet — Refere-se a fazer pouco ou nenhum barulho.

ou

quite — Refere-se a uma grande dimensão ou grau.

- The journalist **quit** her job at the newspaper.
- It seemed eerily **quiet** along the street.
- The story made **quite** an impression on her.

Não se confunda

Há palavras que confundem escritores e leitores justamente porque seu significado em geral não é bem apreendido. Compare os exemplos e veja as diferenças de sentido.

Palavra	Exemplo
accident	The bicycle **accident** left her with a large bruise.
angel	The religious text mentioned an **angel**.
desert	It was very hot in the middle of the **desert**.
elicit	The father tried to **elicit** a response from his son.
envelop	The fog was about to **envelop** the town.
lightening	The hairdresser was **lightening** my hair.
rational	There was no **rational** reason for her behaviour.

Palavra	Exemplo
incident	There was an **incident** of bullying on the team.
angle	Every **angle** in a square is the same size.
dessert	My favourite **dessert** is key lime pie.
illicit	The airport confiscated **illicit** food from the man.
envelope	He put the letter in an **envelope**.
lightning	The **lightning** storm caused havoc.
rationale	She explained the **rationale** for her decision.

MUNDO REAL
Trocadilhos divertidos

Os jornais sensacionalistas são conhecidos pelo jogo de palavras nas manchetes. Os trocadilhos tiram proveito da confusão entre palavras que soam igual para fazer piada ou criar efeito de ironia.

Abreviações

A PALAVRA OU EXPRESSÃO ESCRITA EM FORMA REDUZIDA CHAMA-SE ABREVIAÇÃO.

VEJA TAMBÉM	
❮ 94-5	Ponto e reticências
❮ 158-9	Letras maiúsculas
❮ 164-5	Grafias irregulares
O vocabulário correto	182-3 ❯

A língua inglesa tem várias abreviações, para representar palavras ou expressões longas no discurso ou onde o espaço é reduzido. Em certos casos, a abreviação é mais conhecida que o nome completo.

O símbolo **@**, abreviação de **"at"**, é usado em **endereços de e-mail** e **mensagens de texto**.

Abreviações comuns

A grafia de uma abreviação em geral depende da categoria a que ela pertence. Usa-se com frequência o ponto para simbolizar o texto suprimido. Na abreviação de expressões latinas, o ponto está presente após cada letra. Nas abreviações formadas com as letras iniciais das palavras que compõem o nome, não se usam pontos.

MUNDO REAL

NASA

Uma das abreviações mais reconhecidas no mundo é a do nome da agência federal americana NASA, que significa National Aeronautics and Space Administration. A primeira letra de cada palavra forma esse acrônimo – redução que é pronunciada como palavra, não as letras uma a uma.

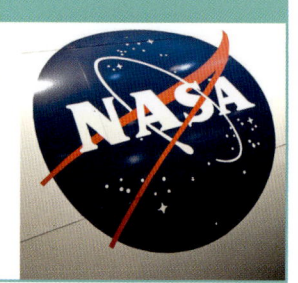

Abreviação	Expressão completa
3-D	three-dimensional
a.m.	*ante meridiem* (latim); before noon (inglês)
b.	born (indica data de nascimento)
BCE	before the Common Era
Brit	British
C	Centigrade / Celsius
CE	Common Era
dept.	department
DIY	do-it-yourself
ed.	edition / editor
e.g.	*exempli gratia* (latim); for example (inglês)
est.	established / estimated
EST	Eastern Standard Time
etc.	*et cetera* (latim); and the rest (inglês)
EU	European Union
F	Fahrenheit
FAQ	frequently asked questions
GMT	Greenwich Mean Time
HTML	HyperText Markup Language

Abreviação	Expressão completa
i.e.	*id est* (latim); that is (inglês)
IOU	I owe you
LED	light-emitting diode
long.	longitude
MD	medical doctor
Mr.	Mister
Mrs.	Mistress (em referência a esposa)
PDF	Portable Document Format
per cent	*per centum* (latim); in each hundred (inglês)
p.m.	*post meridiem* (latim); after noon (inglês)
PM	Prime Minister
Pres.	President
P.S.	*post scriptum* (latim); written after (inglês)
PTO	please turn over
SMS	Short Message Service
UK	United Kingdom
US	United States
USB	Universal Serial Bus
www	World Wide Web

ABREVIAÇÕES 173

Abreviações
Abreviação é a representação de uma só palavra, em geral em letras minúsculas. Omite-se o início ou o final da palavra; em casos raros, tanto o começo quanto o final da palavra caem. O uso de ponto pode depender de a abreviação ser formal ou informal. Às vezes, a redução ocasiona mudanças ortográficas, como em *bicycle*, alterada para *bike*.

advertisement ▶ **ad**
As duas primeiras letras produzem esta palavra informal.

in**flu**enza ▶ **flu**
As três letras do meio compõem esta palavra informal.

latitude ▶ **lat.**
As primeiras três letras criam esta abreviação informal, que exige ponto.

we**blog** ▶ **blog**
As quatro últimas letras determinam esta palavra informal.

Abreviaturas
Abreviatura é a remoção de letras do meio da palavra. Em geral, essas abreviaturas dizem respeito a posto ou qualificação e começam por letra maiúscula. Normalmente se usa um ponto no final delas.

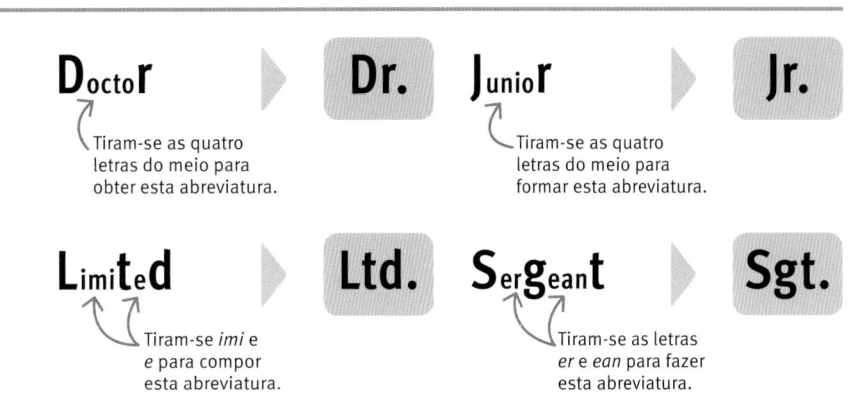

Docto**r** ▶ **Dr.**
Tiram-se as quatro letras do meio para obter esta abreviatura.

Junio**r** ▶ **Jr.**
Tiram-se as quatro letras do meio para formar esta abreviatura.

Limit**e**d ▶ **Ltd.**
Tiram-se *imi* e *e* para compor esta abreviatura.

Ser**g**ean**t** ▶ **Sgt.**
Tiram-se as letras *er* e *ean* para fazer esta abreviatura.

Siglas
Criadas com a primeira letra das palavras do nome, essas siglas são escritas em maiúsculas e pronunciadas letra por letra. Em geral não se usa ponto entre as letras.

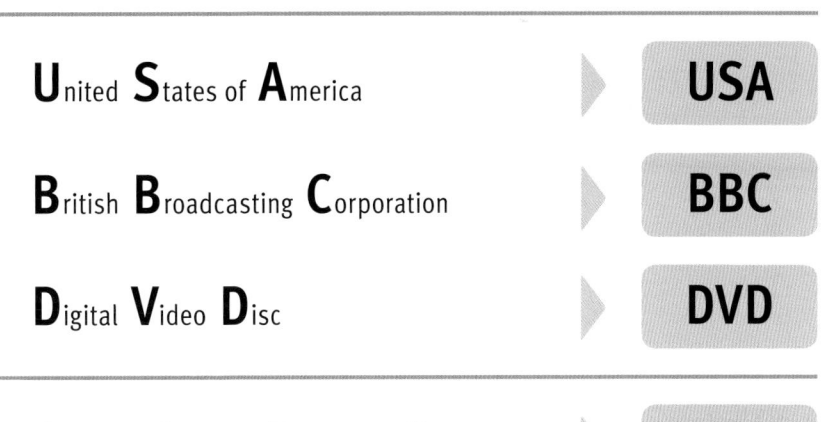

United **S**tates of **A**merica ▶ **USA**

British **B**roadcasting **C**orporation ▶ **BBC**

Digital **V**ideo **D**isc ▶ **DVD**

Acrônimos
Acrônimo é a palavra formada com as letras iniciais de um nome. Difere das siglas com iniciais porque é pronunciada como uma palavra, não a cada uma das letras. Os acrônimos são escritos em maiúsculas e sem pontos.

Acquired **I**mmune **D**eficiency **S**yndrome ▶ **AIDS**

North **A**tlantic **T**reaty **O**rganization ▶ **NATO**

Personal **I**dentification **N**umber ▶ **PIN**

Grafias britânicas e americanas

> **VEJA TAMBÉM**
> ◀ 142-3 Prefixos e sufixos
> ◀ 154-5 Consoantes simples ou duplas

CERTAS PALAVRAS COSTUMAM SER ESCRITAS COM FINAL DIFERENTE NO INGLÊS BRITÂNICO E NO AMERICANO.

Em inglês britânico, o *l* é frequentemente dobrado antes de sufixo; em inglês americano, não. As palavras terminadas em -ise, -yse, -ce, -re e -our em inglês britânico podem ser escritas de outra forma no inglês americano.

A ortografia da língua inglesa foi **padronizada** em 1755 pelo escritor inglês **Samuel Johnson**.

A letra *l* duplicada

As palavras escritas com *l* duplicado em inglês britânico são quase sempre escritas com apenas um *l* em inglês americano. Em geral, isso ocorre quando um sufixo, como -or, -ed, -er ou -ing, é acrescentado ao final da palavra terminada em um só *l*.

Inglês britânico	Inglês americano
cancelled	canceled
counsellor	counselor
fuelled	fueled
jeweller	jeweler
marvelled	marveled
modelling	modeling
quarrelled	quarreled
traveller	traveler

Palavras terminadas em -ise ou -ize e -yse ou -yze

A maioria das palavras terminadas em -ise ou -yse em inglês britânico termina com -ize ou -yze em inglês americano. Contudo, as grafias -ize e -yze são também bastante usadas na Grã-Bretanha.

Inglês britânico	Inglês americano
analyse	analyze
criticise	criticize
hypnotise	hypnotize
mobilise	mobilize
modernise	modernize
organise	organize
recognise	recognize
visualise	visualize

Palavras terminadas em -ce ou -se

Certas palavras que terminam com -ce em inglês britânico terminam com -se em inglês americano. Conforme a classe gramatical, palavras como *practice* e *licence* são grafadas de duas maneiras diferentes em inglês britânico, mas essa distinção é ignorada em inglês americano.

Inglês britânico	Inglês americano
defence	defense
licence (subst.); license (verbo)	license (substantivo e verbo)
offence	offense
pretence	pretense
practice (subst.); practise (verbo)	practice (substantivo e verbo)

GRAFIAS BRITÂNICAS E AMERICANAS

Palavras terminadas em -re ou -er

Muitas palavras britânicas terminadas em -re são escritas com final -er em inglês americano. Vê-se essa diferença frequentemente na grafia de unidades do sistema métrico, como *metre* e *litre* em inglês britânico, comparado com *meter* e *liter* em inglês americano.

Inglês britânico	Inglês americano
calibre	caliber
centre	center
fibre	fiber
lustre	luster
meagre	meager
sombre	somber
spectre	specter
theatre	theater

Palavras terminadas em -our ou -or

As palavras terminadas em -our em inglês britânico quase sempre terminam com -or em inglês americano. Contudo, em inglês britânico, quando se acrescentam as terminações -ous, -ious, -ary, -ation, -ific, -ize ou -ise a um substantivo terminado em -our, o -our geralmente muda para -or – por exemplo, *humour* torna-se *humorous* e *glamour*, *glamorise*.

Inglês britânico	Inglês americano
behaviour	behavior
colour	color
flavour	flavor
humour	humor
labour	labor
neighbour	neighbor
rumour	rumor
vigour	vigor

Mesma grafia

Muitas palavras britânicas e americanas são escritas da mesma forma, independentemente de regras. Na maioria dos casos, não existe motivo para isso, e as palavras precisam ser memorizadas. Se não tiver certeza, confira num dicionário a grafia das palavras.

rebelled **endurance** **feather**

mediocre

advertise **exercise**

fooling **actor**

MUNDO REAL
Webster's Dictionary

Noah Webster (1758-1843) costuma receber o crédito pela criação da ortografia americana. Webster queria enfatizar uma identidade cultural única dos EUA mostrando que os americanos falavam uma língua diferente da dos britânicos. Ele também defendia a grafia fonética das palavras. Em 1828, Webster publicou *An American Dictionary of the English Language*, que forma o núcleo da ortografia americana até hoje.

- Ambas as grafias são **corretas** desde que **haja consistência** no uso de uma ou de outra.
- Às vezes o inglês americano usa a grafia britânica de **nomes**, como no exemplo da lançadeira espacial *Endeavour* ou do **Ford's Theatre**, na capital Washington.

Mais grafias britânicas e americanas

AS DIFERENÇAS DE GRAFIA ENTRE O INGLÊS BRITÂNICO E O AMERICANO ÀS VEZES INFLUEM NA PRONÚNCIA DAS PALAVRAS.

VEJA TAMBÉM	
142-3	Prefixos e sufixos
146-7	Palavras terminadas em -e ou -y
154-5	Consoantes simples ou duplas
160-1	Letras mudas
162-3	Palavras compostas

Pequenas diferenças de grafia no inglês britânico e no inglês americano nem sempre mudam o sentido da palavra. Porém, o inglês britânico pode usar duas palavras para indicar duas acepções, enquanto o inglês americano usa a mesma palavra nos dois sentidos.

Sons ou palavras diferentes

Uma pequena mudança na grafia de uma palavra pode alterar o seu som, mesmo que o sentido seja o mesmo. Às vezes, o inglês britânico e o americano usam palavras diferentes para a mesma coisa.

Inglês britânico	Inglês americano
aeroplane	airplane
aluminium	aluminum
disorientated	disoriented
pavement	sidewalk
sledge	sleigh / sled

Significados diferentes

Ocasionalmente o inglês britânico usa duas palavras de pronúncias iguais e grafias diferentes para indicar significados diversos. O inglês americano usa a mesma palavra em ambos os sentidos.

O **Oxford English Dictionary** é considerado pela maioria como a **autoridade** em língua inglesa e apresenta as **grafias britânica e americana**.

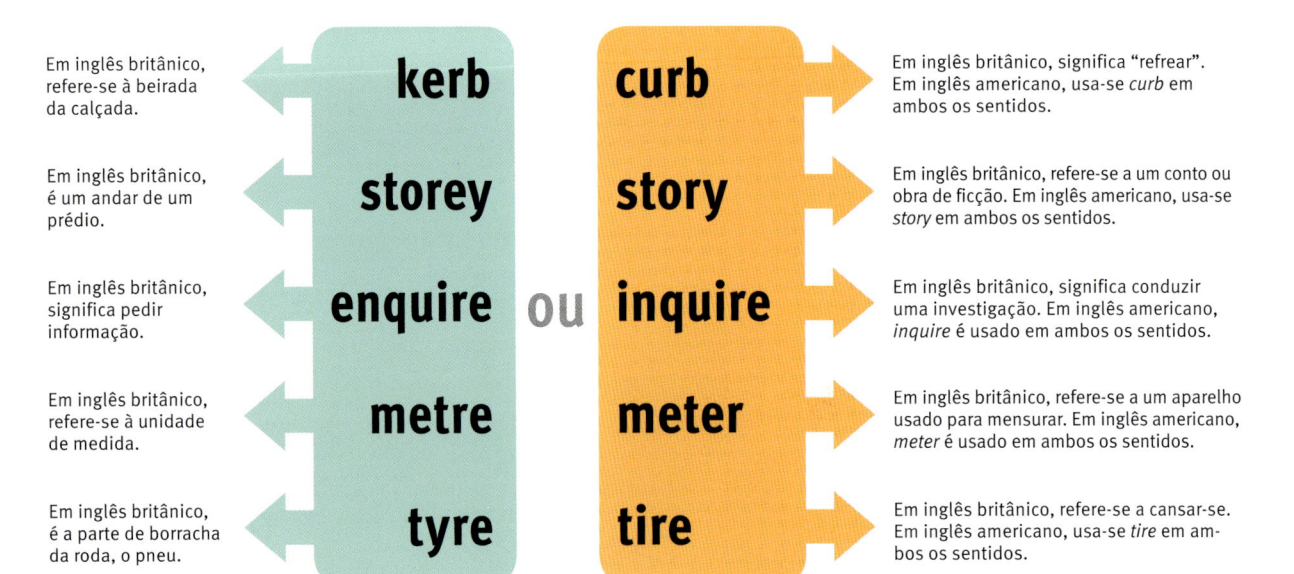

Em inglês britânico, refere-se à beirada da calçada. → **kerb** / **curb** ← Em inglês britânico, significa "refrear". Em inglês americano, usa-se *curb* em ambos os sentidos.

Em inglês britânico, é um andar de um prédio. → **storey** / **story** ← Em inglês britânico, refere-se a um conto ou obra de ficção. Em inglês americano, usa-se *story* em ambos os sentidos.

Em inglês britânico, significa pedir informação. → **enquire** ou **inquire** ← Em inglês britânico, significa conduzir uma investigação. Em inglês americano, *inquire* é usado em ambos os sentidos.

Em inglês britânico, refere-se à unidade de medida. → **metre** / **meter** ← Em inglês britânico, refere-se a um aparelho usado para mensurar. Em inglês americano, *meter* é usado em ambos os sentidos.

Em inglês britânico, é a parte de borracha da roda, o pneu. → **tyre** / **tire** ← Em inglês britânico, refere-se a cansar-se. Em inglês americano, usa-se *tire* em ambos os sentidos.

MAIS GRAFIAS BRITÂNICAS E AMERICANAS

Vogais mudas

Em inglês britânico, certas palavras têm duas vogais seguidas, e uma delas é muda. Em inglês americano, a vogal muda em geral é retirada.

Inglês britânico	Inglês americano
anaemia	anemia
foetus	fetus
manoeuvre	maneuver
paediatric	pediatric
palaeontology	paleontology

Pretérito terminado em -ed ou -t

Quando os verbos estão no passado, sua grafia no inglês britânico e no americano pode ser diferente. Isso ocorre principalmente com verbos cuja última letra é *l*, *m* ou *n*. O inglês americano usa a terminação regular -ed, enquanto o inglês britânico costuma empregar o final irregular -t.

Inglês britânico	Inglês americano
burnt ou burned	burned
dreamt ou dreamed	dreamed
learnt ou learned	learned
smelt ou smelled	smelled
spelt ou spelled	spelled

Permanência ou queda do -e mudo

Certas palavras do inglês americano não têm o -e final mudo, mas a grafia britânica o conserva. Esse modelo ocorre mais quando um sufixo, como -ment, foi acrescentado a uma palavra terminada em -e mudo.

Inglês britânico	Inglês americano
acknowledgement	acknowledgment
ageing ou aging	aging
axe	ax
judgement	judgment
useable ou usable	usable

- Algumas palavras **hifenizadas** em inglês britânico são **palavras compostas** em inglês americano. Por exemplo, o inglês britânico usa *ear-splitting* e *kind-hearted*, e o inglês americano usa ***earsplitting*** e ***kindhearted***.

MUNDO REAL
Inglês do meio do Atlântico

Na primeira parte do século XX, muitos atores americanos, como Katharine Hepburn, tentaram cultivar um sotaque que não era obviamente nem americano nem britânico. Esse modismo chegou a ser chamado de "mid-Atlantic English". Esse tipo de sotaque desapareceu, e hoje o termo é usado para se referir ao inglês escrito que evita "britanismos" ou "americanismos" óbvios.

4

Capacidade de comunicação

Comunicação eficiente

A BOA COMUNICAÇÃO TRANSMITE A MENSAGEM CERTA.

Comunicar significa trocar ideias e informações com os outros. Comunicação eficiente é trocar ideias e informações com as pessoas de tal modo que elas entendam com precisão o que se quer dizer.

Comunicação diária

Comunicar com eficiência não é apenas tirar nota 10 com uma redação. As pessoas precisam transmitir informações todos os dias em situações variadas. A maior parte da comunicação tem um objetivo – por exemplo, dar uma informação ao destinatário ou persuadi-lo a fazer algo.

A capacidade de se comunicar ajuda em várias situações.

Enviar um convite
Aconselhar um amigo
Fazer uma reclamação
Dar orientações de viagem
Vender algo na internet
Fazer teste de palco

Entender a mensagem

Uma comunicação ruim não surte o efeito desejado. Por exemplo, uma receita confusa leva a fazer um bolo que não cresce; uma mensagem política fraca não conquista votos; e um convite incompleto para uma festa atrapalha os convidados, que talvez nem apareçam no evento.

Esta versão dá detalhes precisos sobre o local e o horário.

Este convite não fornece nem o local nem o horário da festa.

> I'm having a party next Saturday. It would be great to see you there. Remember to dress up.

A expressão *dress up* é vaga e pode até significar que os convidados devem ir fantasiados.

> Please join me to celebrate my birthday on
> **Saturday 14 July at 7 p.m.**
>
> My address is
> 13 York Rd, Thornbridge, TH12 2HE.
>
> The dress code is formal.

Está claro qual tipo de roupa os convidados devem vestir.

COMUNICAÇÃO EFICIENTE

Envie a mensagem correta

A fim de enviar mensagens claras e eficazes, é importante levar em conta vários fatores.

Tom
Tom é o espírito ou sentimento de um texto. Deve-se escolhê-lo conforme a finalidade do que se escreve. Por exemplo, um convite a uma festa deve ser caloroso; uma coluna jornalística de conselhos deve ser solidária; e uma carta de negócios, formal e séria.

Linguagem
A comunicação eficiente deve ter a linguagem correta. A escolha do vocabulário e da estrutura sintática do texto ajuda a transmitir a mensagem adequadamente.

Diagramação
O tamanho e a cor das letras, a distribuição do texto e o uso de imagens podem simplificar a mensagem ou chamar a atenção do leitor para certas partes da informação. A diagramação de alguns tipos de texto, como as matérias de jornal e as cartas, segue convenções particulares.

Meio de comunicação
É imprescindível escolher o tipo correto de meio, seja um e-mail, uma matéria jornalística ou um folheto. A comunicação também pode ser oral, por meio de debates, palestras ou discursos. Os métodos de comunicação não verbal, como a linguagem corporal e os olhares, também devem ser levados em conta.

Público
A mensagem deve ser dirigida ao seu público. Por exemplo, um texto para crianças pequenas pode usar linguagem simples e divertida, enquanto o vocabulário para um público adulto tende a ser mais complexo.

Finalidade
Toda comunicação tem uma finalidade, que leva em conta seu efeito em seu público. Por exemplo, o intuito da mensagem pode ser incentivar os destinatários a ir a uma festa, dar conselhos ou transmitir notícias.

LET'S PARTY!

Don't miss the celebration of the year on

Saturday 14 July at 7 p.m.

There will be **food**, **dancing**, **fireworks**, **magic** and **much, much more**.

My address is
13 York Rd, Thornbridge, TH12 2HE.

HOW TO GET HERE

This sounds fun...

O vocabulário correto

UMA COMUNICAÇÃO EFICAZ FAZ USO DE UM VOCABULÁRIO VARIADO E ADEQUADO.

É importante escolher palavras que sejam claras e adequadas à finalidade e ao público do texto. O uso muito repetido de palavras pode incomodar – tente usar um vocabulário diversificado.

VEJA TAMBÉM	
‹ 26-7 Adjetivos	
‹ 84-5 Expressões, analogias e figuras de linguagem	
‹ 86-7 Coloquialismos e gíria	
Gênero, finalidade e público	190-1 ›
Escrever para informar	196-7 ›
Matérias de jornal	198-9 ›
Escrever para descrever	208-9 ›
Escrever para a internet	214-5 ›

Evite palavras muito usadas

Com um vocabulário amplo, o texto torna-se mais interessante e original. Veja algumas palavras que devem ser evitadas, como *got* e *great*, e alternativas a elas, os sinônimos.

Very — incredibly, unusually, truly, extremely

Nice — pleasant, charming, agreeable, delightful

Lots of — countless, many, numerous, myriad

Got — acquired, obtained, received

Great — wonderful, fabulous, incredible, fantastic

Fun — thrilling, entertaining, amusing, enjoyable

Then — finally, next, later

- **Consulte** as palavras **novas** para descobrir o que significam. Depois, escreva-as e tente usá-las **futuramente**.

Menos é melhor

Não use muitas palavras quando uma já basta. Pode parecer que frases longas causam boa impressão, mas costumam ser confusas. Em geral, os períodos longos podem ser substituídos por períodos curtos.

MUNDO REAL
Jargão militar

Os integrantes das forças armadas usam um jargão para se comunicar entre si, por causa da rapidez e do sigilo. Muitos desses termos são abreviações de expressões longas. Por exemplo, *DPV* é a sigla de "Desert Patrol Vehicle".

Versão complicada	Versão concisa
She is of the opinion that	She thinks that
concerning the matter of	about
in the event that	if
regardless of the fact that	although
due to the fact that	because
in all cases	always
he is a man who	he
a small number of	a few

O VOCABULÁRIO CORRETO **183**

A dose de formalidade

O vocabulário adequado depende da situação de comunicação e do interlocutor. Em situações informais, tende-se a usar palavras coloquiais, mas, ao escrever a alguém que não se conhece ou a alguma autoridade, usa-se vocabulário formal.

> Hey man. This homework sucks. I just don't get it.

Uma mensagem de celular a um amigo pode conter gírias, como "Hey man" e "sucks".

> Dear Mrs. Jones,
>
> Jake experienced some difficulties in completing last night's homework. Although he tried very hard, he could not understand the exercise. He may need some extra help so that he can finish the work.
>
> Your sincerely,
> Sheila Jessop

Uma carta a um professor deve ser escrita em linguagem formal.

Jogo de palavras

As palavras também podem ser usadas para criar um efeito humorístico, derivado da combinação de sons ou de sentidos. Existem três tipos principais de jogo de palavras: trocadilho, aliteração e assonância.

Trocadilho
Explora os múltiplos sentidos de uma palavra ou palavras de som parecido, para fazer humor.

> Once **a pun** a time...

Aliteração
Efeito criado por palavras próximas no texto que têm a mesma letra ou som inicial. Costuma ser muito usada nos títulos de jornais sensacionalistas ou humorísticos.

> **T**homas **T**urner **t**ripped over the **t**able.

Assonância
Efeito criado pela repetição de sons vocálicos. É bastante usada em poesia.

> Is it **true you** like **blue**?

Termos técnicos

O jargão compõe-se de palavras e expressões que só são usadas e compreendidas pelos membros de determinado grupo ou profissão. Por exemplo, médicos, advogados e profissionais do esporte usam certos termos para se comunicar com rapidez e precisão. Contudo, é melhor evitar o uso de jargão fora desses círculos, porque pode não ter sentido algum para outras pessoas.

> Get me his **vitals**.

Os médicos usam esse termo em referência aos sinais vitais dos pacientes, como pulso, temperatura e ritmo da respiração.

Períodos mais interessantes

OS MELHORES TEXTOS USAM PERÍODOS QUE SÃO CLAROS E TAMBÉM AGRADÁVEIS DE LER.

VEJA TAMBÉM	
‹ 26-7 Adjetivos	
‹ 40-1 Advérbios	
‹ 58-9 Conjunções	
‹ 60-1 Preposições	
‹ 68-9 Períodos	
‹ 70-1 Períodos compostos	
‹ 72-3 Períodos complexos	
Escrever uma narrativa	212-3 ›

Um texto com períodos muito parecidos é chato de ler. O uso de períodos variados, com mais detalhes, torna o texto mais atraente.

Misture os tipos

Os bons escritores variam os tipos de período empregados em suas obras. O uso de muitos períodos curtos pode tornar o texto monótono e desconjuntado, mas os períodos mais longos ajudam a fazer o texto fluir e a ligar as ideias. Veja ao lado três tipos principais de período que podem ser usados.

> A monster was on the loose. It came out at night and its howls filled the air. People said that the monster had green fur and red eyes, although no one had ever seen it.

- Este período simples contém o sujeito *monster* e o verbo principal *was*.
- Este período composto tem duas orações principais ligadas pela conjunção *and*.
- Este período complexo contém uma oração principal e uma oração subordinada.

Mudança de ritmo

Em vez de usar uma mistura aleatória de períodos, selecione um tipo particular para provocar um efeito – por exemplo, mudar o ritmo da narrativa ou adicionar tensão ou emoção.

> She began to run. The monster followed. Her heart was racing. The monster wasn't far behind. She had to make a decision. She jumped into the lake.

Uma sequência de períodos curtos cria empolgação no texto.

> Pulling herself out of the water, she could see light from the cottage in the distance. She scrambled up the riverbank, and ran through the mud, under the oak trees, around the bend in the road and up the path. She was home.

O uso de um período curto após um muito longo alivia a tensão.

> "If we don't all gather together and track down the bloodthirsty monster, our children will not be safe on the streets and we will not be able to sleep sound in our beds. We need to act now."

Um período longo num discurso tem o poder de afirmar a seriedade da questão.

A inserção de um período curto após um período longo pode tornar a mensagem mais intensa.

PERÍODOS MAIS INTERESSANTES

Variando o começo

Os bons escritores evitam iniciar do mesmo modo todos os períodos de um parágrafo, a fim de torná-lo mais fluente. É fácil reescrever as frases para evitar esse problema.

> Todos estes períodos começam com a mesma palavra, *there*.

There was a chill in the air as Jessica walked through the woods. **There** was nobody around. **There** was a sudden growl in the distance.

> Este trecho dá exatamente a mesma informação, mas de modo bem mais interessante.

There was a chill in the air as Jessica walked through the woods. Nobody was around. Suddenly, she heard a growl in the distance.

Acrescente detalhes

Os detalhes dados por adjetivos e advérbios tornam o período mais informativo e interessante. A posição de um advérbio também pode ser alterada para variar a estrutura do período.

> Este período não é muito interessante.

Jessica backed away from the monster.

> O advérbio diz ao leitor como a menina se afastou. O adjetivo descreve o estado do monstro.

Jessica **nervously** backed away from the **angry** monster.

> A mudança de posição do advérbio altera a estrutura do período.

Nervously, Jessica backed away from the angry monster.

GLOSSÁRIO

Main clause (oração principal) Grupo de palavras que contém sujeito e verbo e faz sentido isoladamente.

Subordinate clause (oração subordinada) Grupo de palavras que contém sujeito e verbo, mas depende de uma oração principal para ter sentido.

- Acrescente detalhes aos períodos usando **preposições**, que dizem ao leitor **onde** algo está ou **quando** algo ocorre, como *about*, *across*, *after*, *at* e *under*.
- Use **conjunções** diversas para ligar as orações e fazer os períodos **fluírem** de um para o outro. As conjunções são **palavras de ligação**, como *so*, *because*, *until*, *whereas* e *but*.

MUNDO REAL
Comentários empolgantes

Os comentaristas esportivos costumam descrever partidas e corridas com períodos bem curtos, tornando os comentários tão rápidos e empolgantes quanto o próprio evento. Esse recurso tem eficácia muito maior no rádio, pois os ouvintes não veem o que está acontecendo e suas impressões dependem do comentarista.

Planejamento e pesquisa

É ESSENCIAL PLANEJAR O QUE SE VAI ESCREVER.

Os bons escritores sempre planejam a obra – por escrito, não na imaginação. Planejar ajuda a gerar ideias e organizá-las numa estrutura clara, evitando esquecimentos.

VEJA TAMBÉM	
Paragrafação	188-9 ⟩
Escrever para informar	196-7 ⟩
Matérias de jornal	198-9 ⟩
Carta e e-mail	200-1 ⟩
Escrever para influenciar	202-3 ⟩
Escrever para explicar e sugerir	204-5 ⟩
Escrever para analisar ou criticar	206-7 ⟩
Escrever para descrever	208-9 ⟩
Escrever por experiência pessoal	210-1 ⟩

Anotações

A melhor maneira de começar o planejamento é pôr no papel ideias, palavras e frases relevantes. Componha uma espécie de mapa mental. Nessa etapa do planejamento, vale a pena anotar qualquer ideia pertinente – elas podem ser eliminadas depois.

▷ **Mapeie as ideias**
Mapa mental é um recurso visual para fazer anotações. A estrutura informal do mapa torna-o eficiente na geração de ideias. Entretanto, uma lista simples também serve.

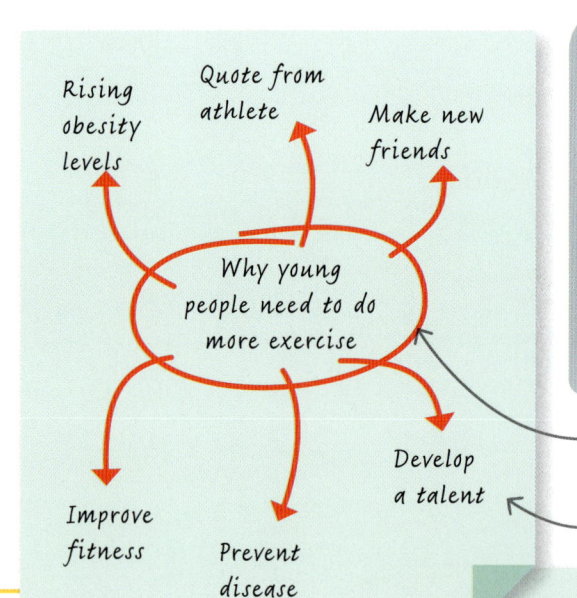

Rising obesity levels — Quote from athlete — Make new friends — Develop a talent — Prevent disease — Improve fitness

Why young people need to do more exercise

- Pesquise em **publicações ou sites oficiais ou bem conhecidos** para assegurar uma informação **confiável**.
- Tente checar fatos e estatísticas do **material de consulta** em outra fonte, para mais precisão.
- Mantenha aberto um arquivo chamado "Bibliography" sempre que estiver trabalhando num projeto, para **atualizá-lo sempre**.

A ideia central do texto fica no meio.
As ideias associadas ficam ao redor.

Pesquise

É importante pesquisar o tema, a fim de ter um entendimento amplo sobre ele e juntar exemplos, citações e estatísticas específicas. Entre as fontes de pesquisa estão livros, sites, jornais e revistas. Para evitar plágios (a cópia da obra de outras pessoas), sempre reelabore os períodos.

Escreva a fonte de cada estatística, citação ou fato.

Mais adiante, faça um código de cores em cada nota para saber a que parágrafo ela se refere.

Ponha aspas nas citações para evitar acusações de plágio.

Worldwide obesity has more than doubled since 1980. (World Health Organization Report, 2012)

"Physical inactivity is an independent risk factor for coronary heart disease – in other words, if you don't exercise, you dramatically increase your risk of dying from a heart attack when you're older."
Dr. John Hobbs

▷ **Notas claras**
As notas devem ser claras, bem-feitas e detalhadas quando possível. Notas incompletas dificultam o processo de escrita, e talvez seja preciso voltar a procurar a informação.

Bibliografia

Ao pesquisar, é imprescindível elaborar uma lista de fontes num documento. A lista deve incluir todos os livros, revistas, sites e programas de televisão usados no projeto. Cada fonte ocupa uma linha própria, com seus detalhes separados por vírgula e um ponto final.

- Primeiro vai o sobrenome do autor.
- O título do livro deve estar em itálico ou sublinhado.
- Encontre a editora e a data de publicação nas primeiras páginas do livro.

Roberts, Alice, *The Complete Human Body Book*, London: Dorling Kindersley, 2010.

John Hobbs, Doctor, interviewed on 3/3/2013.

http://www.who.int/dietphysicalactivity/childhood/en/

- Transcreva o endereço inteiro das páginas eletrônicas.
- Inclua os detalhes de qualquer fonte que tenha sido entrevistada.

O plano da obra

O passo seguinte é organizar as ideias e a pesquisa numa estrutura clara, em parágrafos. O texto deve começar com uma introdução, para informar de que a obra trata. Cada nova ideia constitui um novo parágrafo. Por fim, uma conclusão resume o todo. Os parágrafos precisam seguir uma progressão clara – por exemplo, em ordem de importância ou cronológica (de data).

Introduction
Background information. How young people today do less exercise than ever. This is linked to bad health and delinquency. Include shocking statistics.

1. It's easy to change
Exercise like running, starting a football team and walking is cheap and doesn't need equipment. It doesn't take up much time – give figures.

2. Health benefits
Exercise makes you happier, helps you lose weight, improves fitness levels. Include some statistics.

3. Social benefits
Team sports are sociable – young people will mix with others and make more friends. Keeps young people out of trouble. Encourages healthy competitive and team spirit.

4. Long-term benefits
A generation with fewer health problems. More success in professional sports.

Conclusion
How the worrying situation discussed in the introduction could change. Vision for the future. Quote from Olympic champion.

- O plano deve contar com os pontos principais apresentados em cada parágrafo.
- Não é preciso usar períodos completos no plano, mas sempre os use ao escrever o texto final.
- Um bom recurso é atribuir uma cor a cada parágrafo e retomar as notas, para colorir cada uma conforme a cor do parágrafo a que dizem respeito. Isso facilita a localização das notas corretas durante a escrita.

▷ **O plano como guia**
O plano mantém o foco da escrita do texto. Contudo, é comum acrescentar, cortar ou mudar as ideias de lugar ao escrever o texto.

Paragrafação

OS PARÁGRAFOS SÃO USADOS PARA ORGANIZAR O TEXTO.

É importante estruturar em parágrafos os textos longos, como ensaios, artigos ou cartas. Eles dividem o texto em tópicos separados, facilitando a leitura.

VEJA TAMBÉM	
‹ 58-9 Conjunções	
‹ 184-5 Períodos mais interessantes	
‹ 186-7 Planejamento e pesquisa	
Leitura de textos e comentários	192-3 ›

Comece a introdução com uma pergunta para atrair a atenção do leitor.

> What's your excuse? Perhaps you don't like getting sweaty, you have no time or you're just plain lazy. Whatever the reason, you're not alone; fewer and fewer young people are doing enough exercise. However, sport offers numerous health and social benefits, so it's time to stop complaining and get moving.

Para iniciar um novo parágrafo, pode-se fazer um recuo na primeira linha.

Este parágrafo é sobre as vantagens dos exercícios para a saúde.

> ...Thus, regular exercise can not only improve your long-term health, but can also make you feel happier and less stressed out.
>
> In addition to the health benefits, doing sport can improve your social life. It is an opportunity to see your friends on a regular basis and to meet new people by joining a team.

Um bom começo

O parágrafo de abertura deve dizer qual o tema do texto. Precisa também atrair a atenção do leitor, para que ele o continue lendo. A primeira linha deve conter algo forte e original, como uma citação, uma pergunta retórica ou um dado estatístico.

The great American basketball player Michael Jordan once said, "I can accept failure, but I can't accept not trying."

Inicie a introdução com uma citação famosa ou memorável.

Are you putting yourself at risk? People who don't do enough exercise dramatically increase their risk of developing heart disease.

Use um fato chocante para criar impacto.

Nova ideia, novo parágrafo

Todos os períodos de um parágrafo devem ser correlacionados. Um novo ponto de discussão exige um novo parágrafo. Comece-o com um recuo na primeira linha ou deixando uma linha em branco.

Outro modo de iniciar um parágrafo é deixar uma linha em branco.

Como os períodos seguintes tratam de benefícios sociais, inicie um novo parágrafo.

> ...Thus, regular exercise can not only improve your long-term health, but can also make you feel happier and less stressed out.
>
> In addition to the health benefits, doing sport can improve your social life. It is an opportunity to see your friends on a regular basis and to meet new people by joining a team.

PARAGRAFAÇÃO **189**

MUNDO REAL
Era uma vez...

Os escritores de ficção precisam de frases de impacto ou suspense a fim de atrair os leitores para a história. Por exemplo, a escritora J. K. Rowling começa o primeiro capítulo de *Harry Potter e as relíquias da morte* com este período: "The two men appeared out of nowhere, a few yards apart in the narrow, moonlit lane".

Tópicos frasais
Pode ser eficaz começar um parágrafo com um tópico frasal: uma frase que introduz a ideia principal do parágrafo. O restante do parágrafo precisa desenvolver o tópico ou comprová-lo. Esse método ajuda a manter o foco do texto.

The health benefits of regular exercise cannot be ignored.

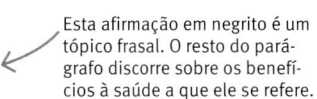

Esta afirmação em negrito é um tópico frasal. O resto do parágrafo discorre sobre os benefícios à saúde a que ele se refere.

> Overall, there is no excuse. Doing regular exercise will reduce your chances of developing heart disease and other serious illnesses. In the short term, it will make you fitter, happier and more energetic. Finally, it is an excellent way to meet new people, have fun and perhaps discover a new talent.

A conclusão deve fazer uma afirmação final decisiva.

Ligue a conclusão a tópicos da introdução para dar coesão ao texto.

- As **referências** a pontos abordados em parágrafos anteriores tornam o texto mais **harmônico**, porque mostram que ele deve ser considerado como um todo.
- **Não faça afirmações completamente novas** na conclusão.

Elos imperceptíveis
Um bom texto deve apresentar coesão. Isso quer dizer que períodos, parágrafos e ideias estão ligados com fluidez. Os períodos e os parágrafos podem ter palavras ou frases de ligação. Mas use-as comedidamente.

A conclusão deve repetir os pontos principais.

Impressão duradoura
A conclusão deve resumir os pontos principais do texto e fazer um julgamento assertivo sobre o tema. Precisa remeter ao questionamento inicial e, idealmente, a quaisquer questões levantadas na introdução. Uma conclusão sofisticada pode mencionar as implicações mais amplas da questão, deixando algo para o leitor refletir.

If you start now, perhaps you could be climbing the Olympic podium one day.

Às vezes uma afirmação final e memorável em um texto é chamada de "clincher" (fecho ou arremate).

on the other hand
by contrast
however
nevertheless

para contrastar ideias

therefore
thus
as a result of
accordingly

para elencar motivos pertinentes

first
next
first of all
finally

para ordenar ideias

also
moreover
furthermore
in addition

para desenvolver uma ideia

Gênero, finalidade e público

TODOS OS TEXTOS DE NÃO FICÇÃO TÊM GÊNERO, FINALIDADE E PÚBLICO IDENTIFICÁVEIS.

Quem escreve precisa saber que tipo de texto pretende escrever, para quem e por quê. Esses fatores influenciam o estilo e a linguagem.

VEJA TAMBÉM
- 86-8 Coloquialismos e gíria
- 180-1 Comunicação eficiente
- 182-3 O vocabulário correto
- 186-7 Planejamento e pesquisa
- Leitura e comentário de textos 192-3

Gênero

O texto de não ficção é baseado em fatos; não é criação literária. Os diferentes tipos ou gêneros da não ficção possuem características e convenções próprias. Por exemplo, uma matéria de jornal ou revista tem um título e é escrita em colunas, e uma carta traz o endereço do remetente no alto.

As matérias de jornal são publicadas em colunas, com um título.

Folhetos são usados para informar ou divulgar algo.

As cartas podem ser formais ou informais, mas os dois tipos têm endereço do remetente no alto.

GÊNERO: Publicidade, Site, Blog, Matéria de jornal, Folheto, Roteiro, Discurso, Carta

O gênero, a finalidade e o público do texto precisam ser considerados juntos, pois os três fatores influenciam a escrita.

Finalidade

A finalidade do texto é o motivo por que ele é escrito. Por exemplo, um verbete de enciclopédia sobre Paris serve para informar o leitor, enquanto um anúncio de férias em Paris pretende persuadir o leitor a visitar a cidade. Embora o tema seja o mesmo, os dois textos precisam ter características diferentes.

Os textos escritos para informar contêm muitos fatos e precisam ser claros.

Conselhos e sugestões devem ter um tom solidário.

Os textos persuasivos contêm opiniões.

FINALIDADE: Informar, Sugerir, Influenciar, Analisar, Relatar

• Também existem textos com **mais de uma finalidade**. Um anúncio de creme antimanchas pode dar aos clientes **conselhos** sobre como cuidar da pele, mas ao mesmo tempo **persuadi-los** a comprar o produto.

GÊNERO, FINALIDADE E PÚBLICO

GLOSSÁRIO

Adjective (adjetivo) Palavra que qualifica um substantivo.

Colloquialism (coloquialismo) Palavra ou locução usada no discurso informal.

Fact (fato) Afirmação que pode ser comprovada.

Jargon (jargão) Linguagem que é entendida e usada por um grupo seleto de pessoas, geralmente profissional.

Slang (gíria) Palavras e locuções usadas no discurso informal e quase sempre entendidas apenas por um grupo de pessoas.

MUNDO REAL
Público de TV

Os executivos de publicidade para a TV criam anúncios que atraem o público-alvo. Por exemplo, podem usar atores com os quais os espectadores se identifiquem e divulgar os anúncios em programas relacionados com o produto. Assim, a publicidade de novos produtos alimentícios talvez seja vista num programa de culinária, porque quem a vê tem mais propensão a comprar esses itens.

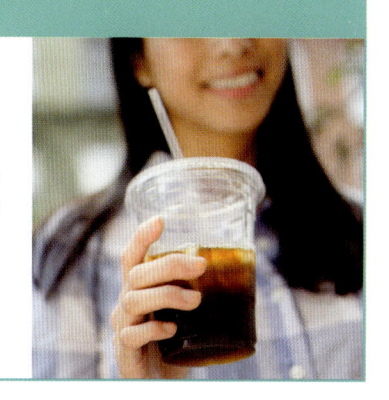

PÚBLICO

- Professores
- Adultos
- Ambientalistas
- Público em geral
- Adolescentes
- Crianças pequenas

Um texto escrito para um grupo particular de profissionais pode usar termos que só eles entendam.

Um texto escrito para pessoas que acreditem muito em algo pode reafirmar e enaltecer suas opiniões.

Um texto escrito para o público em geral deve ser simples a ponto de todos o entenderem.

Em algumas línguas, como o francês, as pessoas usam **palavras diferentes** conforme seu interlocutor. Por exemplo, a palavra "você" é *tu* em **situação informal**, mas é *vous* em **situação formal**.

Público

Os textos de não ficção sempre têm um público-alvo. Por exemplo, pode se dirigir a adultos, adolescentes ou crianças; a pessoas com um interesse particular ou conhecimento especializado, ou talvez seja dirigido ao público em geral. Os aspectos essenciais do texto precisam ser trabalhados para atrair o público-alvo.

Público	Características
Adultos	Vocabulário sofisticado, períodos longos, tema detalhado, letras de tamanho regular, texto mais longo, tom e linguagem formais.
Crianças pequenas	Vocabulário simples, períodos curtos, letras grandes, tema simples, figuras e cor para mantê-las interessadas.
Adolescentes	Gíria, linguagem coloquial, tom informal, humor, tema que pareça relevante para eles.
Profissionais	Jargão ou vocabulário especializado que seja compreendido por eles.

Leitura e comentário de textos

UM BOM LEITOR DEVE SER CAPAZ DE INTERPRETAR TEXTOS DIFERENTES E DE ESCREVER SOBRE ELES.

VEJA TAMBÉM	
❮ 88-9 Discurso direto e indireto	
❮ 102-3 Dois-pontos	
❮ 108-9 Aspas	
❮ 190-1 Gênero, finalidade e público	
Diagramação e apresentação	194-5 ❯
Escrever para influenciar	202-3 ❯

Ao responder a uma pergunta sobre um texto, o redator precisa entendê-la, encontrar a informação certa no texto e usá-la para redigir uma resposta pertinente.

Entenda a pergunta

O primeiro passo é ler a pergunta e entender o que ela pede. Mesmo uma resposta bem elaborada não ganha uma boa nota se não responder à questão. Sublinhe as palavras principais da pergunta para se concentrar no que se pede.

What do you learn from the <u>opening paragraph</u> about…

What are the <u>four main reasons</u> that the writer gives…

How does the writer use <u>language</u> to <u>persuade the reader</u> that…

Como esta pergunta é apenas sobre o primeiro parágrafo, não faça comentários sobre o resto do texto.

Como esta pergunta é especificamente sobre a linguagem, não escreva sobre a apresentação do texto.

A informação correta

O passo seguinte é ler o texto e procurar informações e características relevantes. É bom sublinhar palavras, períodos ou passagens que ajudem a responder à questão. Às vezes ela pode ser referir aos dois textos.

- **Leia** o texto inteiro. É importante formar uma **ideia geral** do que o texto diz antes de analisar os detalhes.
- Consulte o texto com frequência, mas seja **seletivo** – **não copie** trechos inteiros.
- **Familiarize-se** com tipos e técnicas de texto diferentes **lendo** textos sobre o **cotidiano**, como matérias de jornal e até folhetos de oferta.

TEXTO 1

<u>Are your parents always nagging you to eat breakfast?</u> Well, this time they're right. In the morning, your body needs <u>fuel</u>, just like a <u>car</u>. Once you've <u>filled up</u>, you'll be ready to <u>hit the road</u>.

compares the body to a car

Sublinhe as partes que sejam úteis para escrever a resposta.

Escreva observações e notas ao redor do texto.

Este trecho tem o mesmo tema do texto 1, mas está escrito em linguagem científica complexa.

TEXTO 2

Recent studies outline the many health benefits of eating a <u>nutritious</u> breakfast. In the morning, the body's <u>glycogen</u> stores start to <u>deplete</u>. Without breakfast, a person soon begins to feel <u>fatigued</u>.

Dê provas

Ao escrever sobre um texto, toda opinião deve ser respaldada em provas. Pode-se fazer isso com citação (a transcrição das palavras exatas do texto) ou com referências (descrição de imagens, estrutura e diagramação). A citação deve estar entre aspas, para ser diferenciada da resposta.

> The first extract was written to persuade young children to eat a healthy breakfast. It starts by asking the reader a question: "Are your parents always nagging you to eat breakfast?" The writer has also used frases such as "fuel", "filled up" and "hit the road" to compare the process of eating breakfast to the process of filling a car up with fuel.

Citações longas precisam ser antecedidas por dois-pontos. Se maior que quatro linhas, deixe uma linha em branco antes da citação.

Citações curtas podem aparecer em meio ao texto.

Explique

Depois de dar um exemplo, é essencial explicar seu efeito no texto. Isso torna mais claro o ponto de vista.

Esta resposta dá um exemplo.

> The writer has used words such as "fuel", "filled up" and "hit the road" to compare eating breakfast to filling a car up with fuel. This simple comparison makes the process easier for young children to understand. It also makes the text more fun, so it will hold a young audience's attention.

E depois explica por que essa característica do texto é importante.

Fato ou opinião?

Fatos são informações que podem ser comprovadas. Opinião é aquilo em que as pessoas acreditam ou pensam. É importante entender a diferença entre fato e opinião ao pensar na finalidade do texto. Em geral, os textos informativos usam fatos, enquanto os textos pessoais ou persuasivos usam opiniões. Às vezes um texto usa ambos.

Este período declara um fato.

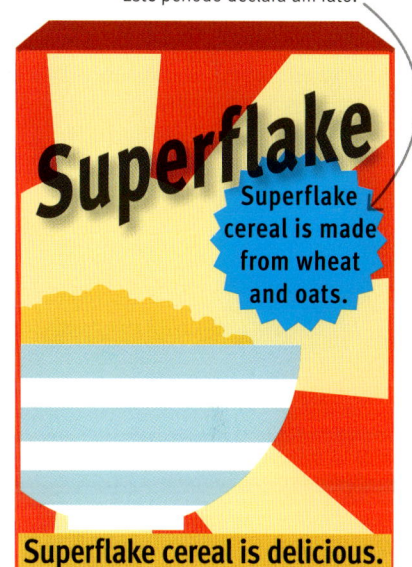

Superflake cereal is made from wheat and oats.

Esta declaração é apresentada como fato, mas na verdade é uma opinião, pois nem todos concordariam com ela.

Superflake cereal is delicious.

Comparação de textos

Ao comparar textos, não escreva sobre um e depois sobre o outro. Deve-se traçar comparações entre os dois, o que significa apontar as semelhanças e as diferenças. Algumas expressões úteis ao fazer comparação são *both texts*, *similarly*, *by contrast*, *on the other hand*, *whereas* e *in comparison*.

As palavras em negrito ajudam a comparar os dois textos.

> **Both** texts are about the importance of a nutritious breakfast and both try to persuade the reader to eat more healthily. However, they use very **different** language techniques. **Whereas** the first text, for young children, uses simple language and basic explanations, the second text, for adults, goes into much **more** detail and uses scientific terms such as "glycogen stores"...

Diagramação e recursos de apresentação

O MODO DE APRESENTAR UM TEXTO PODE AUMENTAR SEU IMPACTO.

Diagramação é a distribuição e organização do texto numa página. Os recursos de apresentação são elementos isolados, como figuras, títulos, fontes e cor.

VEJA TAMBÉM		
‹ 116-7	Marcadores	
‹ 122-3	Itálico	
‹ 192-3	Leitura e comentários de textos	
Escrever para informar		196-7 ›
Matérias de jornal		198-9 ›
Escrever para a internet		214-5 ›
Adaptações		218-9 ›

Título
O título encontra-se no alto de matérias de jornal e revista, em folhetos e às vezes em anúncios. Em geral os títulos são escritos em negrito e com maiúsculas para se destacar e atrair a atenção do leitor.

Fonte
Fonte é uma coleção de caracteres tipográficos de mesmo formato e variados tamanhos. Usam-se fontes grandes para facilitar a leitura de textos infantis. O texto colorido e formas divertidas são utilizados para o público jovem, enquanto os textos sérios são impressos em fonte comum pequena. As fontes em negrito e em itálico são usadas para chamar a atenção para os títulos e certas palavras ou expressões.

MYSTERIOUS INTRUDERS

O título pode ser impresso em fonte divertida se a matéria for para crianças.

Marcadores
Os marcadores são usados para transformar um bloco pesado de texto em uma lista com tópicos individualizados. Fica mais fácil de ler e absorver a informação.

SUPERNATURAL

Recently revealed statistics show a record number of supernatural sightings in the local area. The police have recorded 31 ghost sightings in the past five years, along with 25 reports of UFOs, 15 zombies, 10 vampires and eight witches.

MYSTERIOUS INTRUDERS

Often the calls appear to be serious incidents, such as intruders at a property, but then turn out to be something more mysterious. The police claim that the time spent answering the calls costs the force thousands of pounds every year.

More strange sights
- There have been 14 sightings of big cats in the past five years, as well as eight reported injuries blamed on big cats.
- Six people have claimed that they have seen a sea monster. Apparently, it resembles a huge alligator with purple scales.
- A ghost ship has been seen on four occasions on the harbour rocks. In 1876, a ship was wrecked on this exact spot.

DIAGRAMAÇÃO E RECURSOS DE APRESENTAÇÃO **195**

MUNDO REAL
Imagens convincentes

Os anúncios de instituições de caridade costumam trazer imagens de pessoas ou animais que precisam de ajuda. Eles são eficientes porque tornam o tema mais real para o público e chamam a atenção para o efeito positivo das doações, criando empatia.

We promise we'll never put down a healthy dog.

Please promise to help us with a gift in your Will.

• Ao analisar uma diagramação, **não apenas identifique** as suas características – **explique por que** elas são **eficientes**.

Fotos e ilustrações
As imagens podem ser usadas para causar um efeito ou dar mais informação. Por exemplo, o anúncio de um produto para cabelos pode mostrar a imagem de uma modelo com cabelos superbrilhantes para convencer o público a comprar o novo xampu. Uma notícia de jornal sobre uma enchente terrível traria uma foto da região atingida para mostrar exatamente o que aconteceu. Gráficos e diagramas são utilizados para tornar mais claras estatísticas complicadas.

SIGHTINGS SURGE

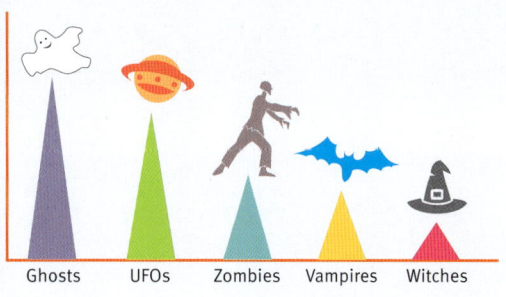

Ghosts UFOs Zombies Vampires Witches

The most common supernatural sightings are of ghosts.

Legenda
Fotos e diagramas costumam ser acompanhados por uma frase curta que explica do que trata a imagem. É a chamada legenda.

ZOMBIE WAS FILM EXTRA
Most of the sightings are easily and quickly explained. In 2011, a reported zombie sighting turned out to be a film extra taking his lunch break. Another caller raised the alarm after seeing something suspicious floating in the air on a Saturday night: "I saw a big, orange, glowing sphere rising from the ground." The sighting turned out to be a Chinese lantern.

Intertítulo
Os intertítulos são usados para quebrar um texto longo em trechos menores, a fim de facilitar a leitura. Eles também sintetizam o parágrafo a seguir, ajudando o leitor a identificar se essa parte lhe interessa.

"I saw a big, orange, glowing sphere rising from the ground."

Olho
As matérias de jornal e revista costumam usar citações de testemunhas ou especialistas. A fim de destacar uma citação particularmente interessante, as palavras são pinçadas da matéria e repetidas em outro local da página, geralmente com fonte em negrito e tamanho maior.

196 CAPACIDADE DE COMUNICAÇÃO

Escrever para informar

A PRINCIPAL FINALIDADE DE ALGUNS TEXTOS É DAR INFORMAÇÃO AO LEITOR.

Os textos informativos, como os de folhetos, enciclopédias, notícias de jornal e cartas, informam o leitor. Alguns textos também dizem ao interlocutor como fazer algo, dando-lhe instruções.

VEJA TAMBÉM	
❮ 54-5 Vozes e modos verbais	
❮ 116-7 Marcadores	
❮ 194-5 Diagramação e recursos de apresentação	
Matérias de jornal	198-9 ❯
Carta e e-mail	200-1 ❯

Fatos e detalhes

O texto informativo precisa dar aos leitores os detalhes necessários de forma prática e clara. Deve incluir muitos fatos, apresentados em parágrafos curtos e com vocabulário simples.

Sierra Nevada of California

3.7 million visitors

MUNDO REAL

Faça você mesmo

Às vezes, as pessoas compram móveis desmontados para montá-los em casa. Para fazer a montagem o comprador precisa seguir instruções que não costumam ser muito claras, provocando um grau de frustração enorme.

O título no alto do folheto informa ao leitor do que trata o texto.

YOSEMITE
NATIONAL PARK

Yosemite National Park covers nearly 761,268 acres (3,081 sq km) of mountainous terrain in the Sierra Nevada of California. The park attracts more than 3.7 million visitors each year.

There are countless ways to explore and have fun in Yosemite National Park.

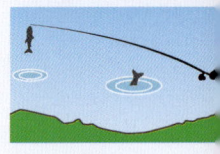

As imagens mostram ao leitor como é o local e tornam o folheto mais atraente.

ESCREVER PARA INFORMAR **197**

Partes pequenas

Funciona bem dividir um texto detalhado em partes menores, para que a informação seja encontrada e compreendida com facilidade. Os intertítulos são úteis para orientar os leitores ao longo do texto e levá-los a detalhes importantes. Os marcadores dividem ainda mais a informação.

Please remember:
- Stay on the trails.
- Drink plenty of water.
- Do not litter.

Os marcadores dividem a informação.

- Evite usar linguagem **complicada**, que possa **atrapalhar** a compreensão.
- Use **advérbios**, como *carefully* ou *quickly*, em **instruções** que informem melhor o leitor sobre **como** fazer algo.

Here are some of the activities we have to offer:

Biking
More than 19 km (12 miles) of paved cycle paths are available in the park.

Birdwatching
Try to spot some of the 262 species of birds recorded in Yosemite.

Hiking
Get your hiking boots on and explore the park by foot.

Fishing
Following the regulations, see what you can catch in the lakes and rivers.

Horse riding
Saddle up and enjoy the park's majestic views on horseback.

Please remember:
- Stay on the trails.
- Drink plenty of water.
- Do not litter.

HOW TO GET HERE

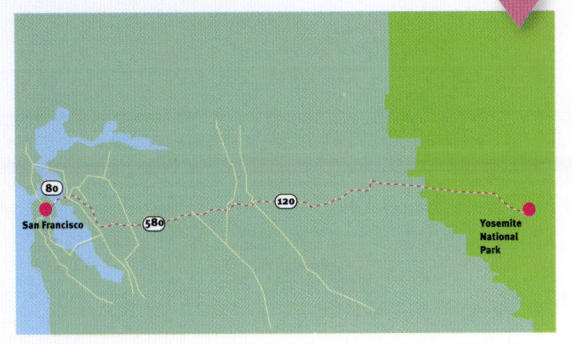

Driving instructions
From San Francisco
1. Take the Bay Bridge (Interstate 80) east.
2. Take Interstate 580 east, following signs for Tracy/Stockton to Interstate 205.
3. Follow Interstate 205 to Highway 120.
4. Take Highway 120 into Yosemite National Park.

Passos numerados criam uma sequência fácil de seguir.

Não é apenas um enfeite

O uso de imagens e cores torna o texto informativo mais interessante, mas também pode esclarecer detalhes. Diagramas e mapas complementam visualmente uma informação.

Instruções fáceis

Instruções são um tipo de texto informativo. Entre elas estão as orientações de viagem, as receitas e os manuais de produtos. Elas costumam ser escritas no formato numerado, de passo a passo. Também se usam comandos para dar instruções firmes e claras.

Os comandos dizem ao leitor o que fazer.

Take Highway 120 into Yosemite National Park.

Matérias de jornal

OS JORNAIS INFORMAM E ENTRETÊM O LEITOR.

Os jornalistas lançam mão de técnicas textuais para informar e envolver os leitores. O conteúdo e a linguagem usados numa matéria dependem do tipo de publicação e do público-alvo.

VEJA TAMBÉM
◀ 54-5 Vozes e modos verbais
◀ 190-1 Gênero, finalidade e público
◀ 192-3 Leitura e comentário de textos
◀ 194-5 Diagramação e recursos de apresentação
◀ 196-7 Escrever para informar

Que tipo de jornal?

Alguns jornais concentram-se em matérias sérias e profundas, enquanto outros publicam matérias mais sensacionalistas, como escândalos políticos e fofocas sobre celebridades. O alcance do jornal também interfere no seu conteúdo. Os jornais nacionais divulgam acontecimentos nacionais ou mundiais, enquanto os regionais centram-se na economia, na política e nos eventos das cidades próximas, mais relevantes para a população da região.

MARKETS FALL AS ECONOMIC CRISIS CONTINUES

Alguns jornais preferem divulgar acontecimentos sérios.

HOLLYWOOD COUPLE

Outros centram-se em histórias sobre celebridades.

SCHOOL TO CLOSE

Os jornais regionais divulgam notícias locais.

Detalhes, detalhes, detalhes

As notícias precisam contar o que aconteceu, onde, por que e quem estava envolvido. Todos os bons jornalistas fornecem o maior número de detalhes possível, como nomes, idades e horários.

Shirley Williams, 65, was in bed with the flu when the blaze broke out at approximately 2 p.m., following an electrical fault.

A local grandmother was rescued from he burning home on Saturday by her pet dog Shirley Williams, 65, was in bed with the fl when the blaze broke out at approximatel 2 p.m., following an electrical fault.
 Her golden retriever, Star, was in th garden, but risked his life by boundin

Drama

Os jornais costumam usar linguagem exagerada ou dramática para atrair a atenção do leitor e tornar a leitura da matéria mais empolgante.

blaze

A palavra *blaze* soa mais dramática que *fire*.

MATÉRIAS DE JORNAL **199**

GLOSSÁRIO

Alliteration (aliteração) Repetição de letras ou sons para criar um efeito de estilo.

Headline (título) Frase acima de uma matéria que informa ao leitor do que ela trata.

Pun (trocadilho) Uso de palavra ou locução com dois sentidos para fazer humor.

Quote (citação) Repetição do que alguém disse ou escreveu. As citações devem estar entre aspas.

A **venda** de **jornais impressos caiu** nos últimos anos porque muita gente lê notícias na **internet**.

[Imagem do jornal HERALD com manchete: SUPERDOG SAVES SICK GRANNY]

...o the fire. He led her to safety through ... smoke and flames. Local firefighter Joe ..., who later arrived at the scene, said, "...e would have got there too late. That ...g saved her life."

...Shirley is recovering in hospital. The ...yor has commended Star for his bravery.

Títulos
Os títulos dizem ao leitor de que trata a matéria. São curtos e fortes e costumam usar técnicas, como a aliteração e trocadilhos, para chamar a atenção e vender mais.

SUPERDOG SAVES SICK GRANNY

O uso de três palavras em sequência iniciadas pela letra *s* cria um título eficiente.

Voz ativa
As notícias são escritas em geral na voz ativa, não na passiva. Isso porque os períodos na voz ativa são curtos, mais fáceis de ler, e transmitem uma sensação de proximidade, tornando a notícia mais empolgante.

he led her

A voz ativa torna a matéria mais instantânea.

she was led

A voz passiva torna a matéria menos envolvente.

Citações
Os jornalistas citam especialistas para dar mais credibilidade às matérias. Também entrevistam as pessoas envolvidas e reproduzem o que elas disseram. Tudo isso torna a matéria mais real para o leitor.

"That dog saved her life."

Curto e rápido
Como as pessoas leem o jornal com pressa, os jornalistas precisam dar a informação rapidamente. As frases e os parágrafos devem ser curtos e claros.

Shirley is recovering in hospital.

Carta e e-mail

CARTA E E-MAIL SÃO TIPOS DE CORRESPONDÊNCIA ENDEREÇADA A UMA PESSOA OU A UM GRUPO.

VEJA TAMBÉM	
◀ 118-9 Números, datas e horas	
◀ 188-9 Paragrafação	
◀ 196-7 Escrever para informar	
Escrever para influenciar	202-3 ▶
Escrever para explicar ou sugerir	204-5 ▶
Escrever por experiência pessoal	210-1 ▶

Usam-se tipos diferentes de correspondência conforme a situação e a finalidade. É importante escolher o tipo certo.

Carta formal

As cartas formais são escritas para alguém que o remetente não conhece ou para uma autoridade, como um professor ou um político. Entre os exemplos de carta formal estão as cartas de apresentação profissional ou solicitação de emprego. Costuma-se também enviar cartas para reclamar de produtos defeituosos – apesar de hoje muitos consumidores usarem o e-mail para isso.

O **primeiro e-mail** foi enviado em **1971**. Hoje, são quase **295 bilhões** de e-mails todo dia.

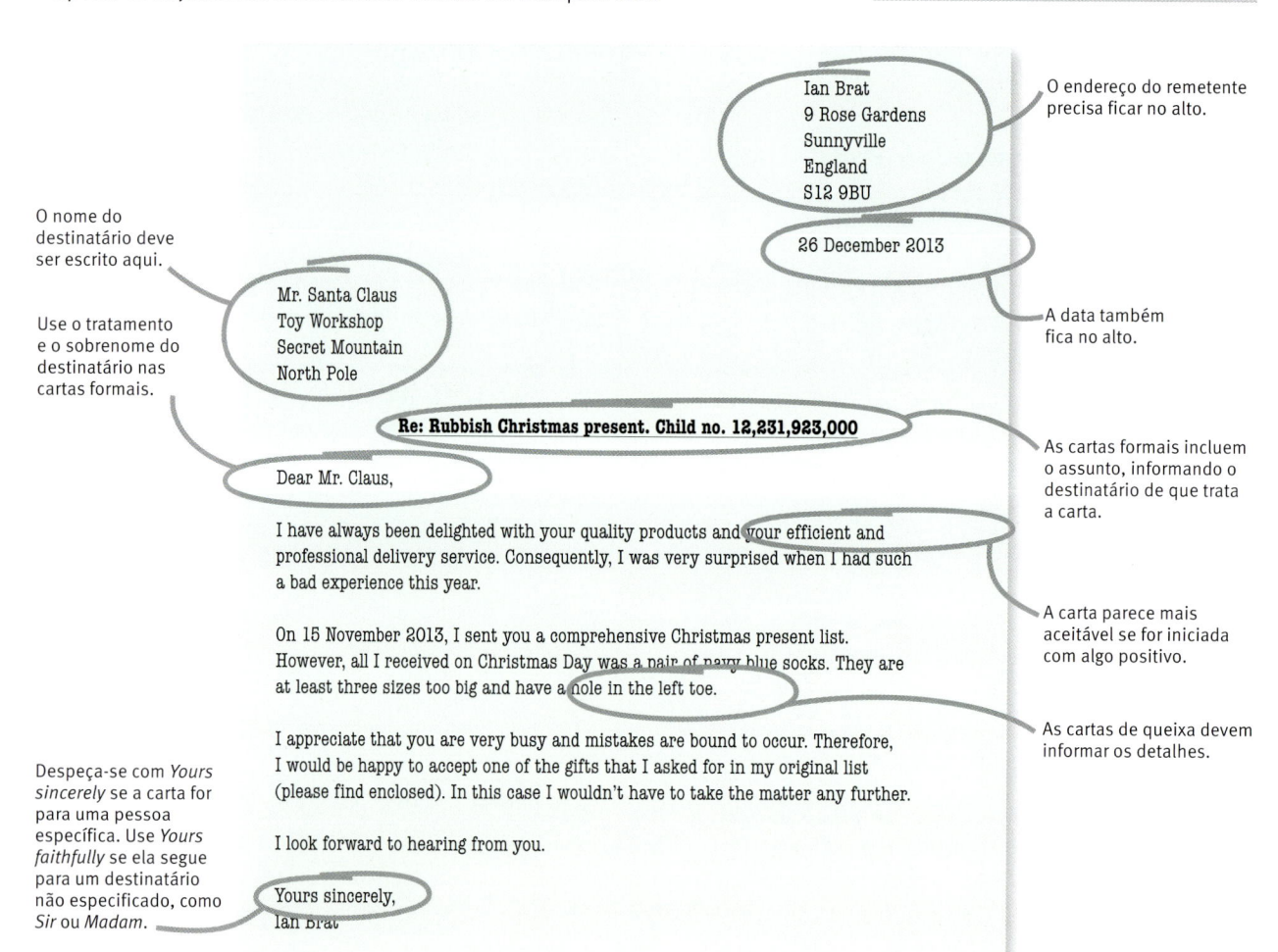

Ian Brat
9 Rose Gardens
Sunnyville
England
S12 9BU

O endereço do remetente precisa ficar no alto.

26 December 2013

A data também fica no alto.

Mr. Santa Claus
Toy Workshop
Secret Mountain
North Pole

O nome do destinatário deve ser escrito aqui.

Use o tratamento e o sobrenome do destinatário nas cartas formais.

Re: Rubbish Christmas present. Child no. 12,231,923,000

Dear Mr. Claus,

I have always been delighted with your quality products and your efficient and professional delivery service. Consequently, I was very surprised when I had such a bad experience this year.

On 15 November 2013, I sent you a comprehensive Christmas present list. However, all I received on Christmas Day was a pair of navy blue socks. They are at least three sizes too big and have a hole in the left toe.

I appreciate that you are very busy and mistakes are bound to occur. Therefore, I would be happy to accept one of the gifts that I asked for in my original list (please find enclosed). In this case I wouldn't have to take the matter any further.

I look forward to hearing from you.

Yours sincerely,
Ian Brat

As cartas formais incluem o assunto, informando o destinatário de que trata a carta.

A carta parece mais aceitável se for iniciada com algo positivo.

As cartas de queixa devem informar os detalhes.

Despeça-se com Yours sincerely se a carta for para uma pessoa específica. Use Yours faithfully se ela segue para um destinatário não especificado, como Sir ou Madam.

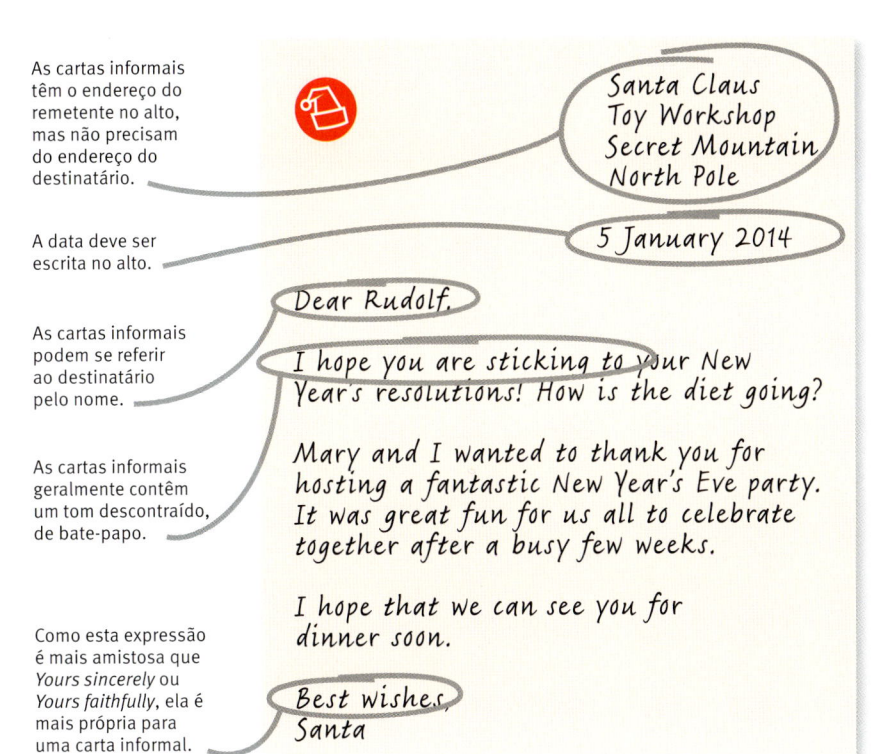

CARTA E E-MAIL

As cartas informais têm o endereço do remetente no alto, mas não precisam do endereço do destinatário.

A data deve ser escrita no alto.

As cartas informais podem se referir ao destinatário pelo nome.

As cartas informais geralmente contêm um tom descontraído, de bate-papo.

Como esta expressão é mais amistosa que *Yours sincerely* ou *Yours faithfully*, ela é mais própria para uma carta informal.

> Santa Claus
> Toy Workshop
> Secret Mountain
> North Pole
>
> 5 January 2014
>
> Dear Rudolf,
>
> I hope you are sticking to your New Year's resolutions! How is the diet going?
>
> Mary and I wanted to thank you for hosting a fantastic New Year's Eve party. It was great fun for us all to celebrate together after a busy few weeks.
>
> I hope that we can see you for dinner soon.
>
> Best wishes,
> Santa

Carta informal

As cartas informais são endereçadas a alguém que o remetente conhece, como um amigo, um parente ou uma pessoa da mesma idade ou mais nova. Costumam falar de um lugar ou experiência pessoal, enviar notícias ou agradecer ao destinatário. O tom dessas cartas é mais descontraído, mas elas seguem uma estrutura definida.

- Como uma carta de **apresentação profissional** dá ao empregador a **primeira impressão** sobre o candidato, ela precisa ser perfeita.
- Uma carta de reclamação deve ser **firme, mas educada**. Uma carta **rude** só consegue **desagradar** o destinatário, reduzindo assim a chance de desculpas ou compensação.

E-mail

Os e-mails para amigos ou familiares não seguem regras. No entanto, e-mails a pessoas que o remetente não conhece devem ter uma linguagem adequada e uma estrutura clara. Como cada vez mais as correspondências são enviadas por correio eletrônico, e-mail não é desculpa para se escrever com desleixo.

O e-mail precisa ter o assunto escrito com clareza.

O e-mail deve ter uma estrutura perceptível e definir bem os parágrafos.

Não é necessário assinar e-mail com *Yours faithfully* ou *Yours sincerely*.

To: Joe@toycollege.com

Subject: Junior Toymaker Vacancy

Dear Joe,

Thank you very much for your recent application for the Junior Toymaker position.

I have read your résumé and would be delighted to meet with you for an interview. Would 2 p.m. next Thursday be convenient?

Please let me know.

Kind regards,
Santa Claus

Escrever para influenciar

EXISTEM TEXTOS QUE PROCURAM MUDAR A OPINIÃO OU O COMPORTAMENTO DO PÚBLICO.

VEJA TAMBÉM	
◀ 186-7 Planejamento e pesquisa	
◀ 188-9 Paragrafação	
◀ 190-1 Gênero, finalidade e público	
Escrever para descrever	208-9 ▶
Escrever um discurso	226-7 ▶

Os textos argumentativos ou persuasivos tentam influenciar o público. Existem, contudo, diferenças sutis entre argumentação e persuasão.

Argumento forte

A argumentação costuma reconhecer uma opinião contrária e ao mesmo tempo fornecer argumentos contra ela. Por exemplo, se uma pessoa argumentasse que os gatos são melhores que os cachorros, não faria só uma lista de tudo que os gatos têm de bom. Ela reconheceria por que outras pessoas preferem cachorros e depois argumentaria contra esses motivos.

Reasons why people prefer dogs to cats
- Dogs are more intelligent than cats. Cats are smart enough to hunt, wash and fend for themselves.
- Cats are unkind because they bring dead mice into the house. This is their way of showing affection.
- Cats are unsociable. They are friendly but don't demand constant attention – an annoying characteristic of dogs.

Para preparar a argumentação, relacione as razões de quem tem ponto de vista contrário.

Tente desmerecer cada ponto com uma contra-argumentação.

Poder de persuasão

O texto persuasivo é mais unilateral e emotivo do que a argumentação. Em geral ele pretende convencer o público a agir: por exemplo, comprar um produto, tornar-se membro de uma entidade ou fazer uma doação assistencial.

WHY WOULD YOU EVER WANT A CAT?

DOGS ARE FANTASTIC.

GET ONE TODAY!

Texto persuasivo não aceita opinião contrária.

Este tipo de texto coage o leitor a agir agora.

- O texto persuasivo deve ser **firme**, mas **não agressivo**.
- **Histórias reais** dão mais emoção aos textos.
- Use um **palavreado confiante**, como *you will* e *definitely*, em vez de *you might* e *possibly*.

GLOSSÁRIO

Exaggeration (exagero) Dizer que algo é maior ou melhor do que é na verdade.

Hyperbole (hipérbole) Forma extrema de exagero que não é necessariamente levada a sério, mas atrai a atenção do leitor.

Rhetorical question (pergunta retórica) Pergunta que não precisa de resposta, mas é usada para impressionar.

Superlative (superlativo) A forma de um adjetivo ou advérbio que indica o maior ou menor grau de algo.

ESCREVER PARA INFLUENCIAR **203**

Convencimento
Os redatores usam técnicas especiais para influenciar a opinião do público. São os chamados recursos retóricos. O texto persuasivo usa mais essas técnicas do que o argumentativo.

Regra da repetição
Às vezes se repete uma palavra, frase ou estrutura para fixar uma ideia na mente do público e convencê-lo de que é a verdade. As listas tríplices são uma técnica bastante comum.

> Dogs are loyal. Dogs are friendly. Dogs are the best!

Pergunte ao perito
Os redatores usam fatos, dados estatísticos e citações de fontes confiáveis para respaldar seus pontos de vista e torná-los mais convincentes.

> According to one recent study at Queen's University, Belfast, dog owners suffer from fewer medical problems than cat owners.

Os **gregos antigos** chamavam a persuasão pela linguagem de **"a arte da retórica"**.

Emotividade
Certas palavras e frases fazem o leitor sentir uma emoção, como a de dor, tristeza, culpa ou raiva. Quando o leitor já se sente assim, ele fica mais propenso a ser persuadido.

> Cats bring comfort and friendship to the old, frail and lonely.

Pergunta retórica
Pergunta retórica é aquela que não precisa de uma resposta ou não a espera. Todavia, ela faz o leitor refletir sobre pontos que ele pode não ter considerado.

> Is a cat fun? Can you play fetch with a cat?

Conversa pessoal
Ao falar com o público diretamente usando a palavra *you*, o redator o faz se sentir mais participativo. O uso de *we* pode criar uma relação entre o redator e o público e estimular os leitores a confiar e acreditar no texto.

> We all know that you don't have to take cats for constant walks.

Apenas o melhor
Usa-se o exagero para enfatizar uma questão e atrair a atenção do público. O exagero lança mão de superlativos, como *the best*, *the worst* e *the cheapest*. O exagero extremo chama-se hipérbole.

> I couldn't live without my cat. My cat is my whole world.

MUNDO REAL
Estou falando com você
Este cartaz de 1914 foi usado para convencer os homens a alistar-se no Exército britânico na Primeira Guerra Mundial. Mostra lorde Kitchener, então secretário de Estado da Guerra, dizendo aos leitores que o país precisava deles. Olhando direto para o público e dirigindo-se a ele com a palavra *YOU*, lorde Kitchener produziu um apelo muito eficiente.

Escrever para explicar e sugerir

EXPLICAÇÕES E SUGESTÕES APRESENTAM AO LEITOR MAIS DO QUE SIMPLES FATOS.

VEJA TAMBÉM	
‹ 186-7	Planejamento e pesquisa
‹ 188-9	Paragrafação
‹ 190-1	Gênero, finalidade e público
‹ 192-3	Leitura e comentários de textos
‹ 196-7	Escrever para informar
‹ 202-3	Escrever para influenciar

Pode-se confundir escrever para explicar e sugerir com escrever para informar. Todavia, explicações e sugestões incluem motivos, sentimentos e conselhos, além de informação.

Explicações a mais
Uma explicação apresenta razões. Por exemplo, esclarece por que e como se deu um acontecimento ou por que alguém se sente de determinado modo.

Explicando a situação
Às vezes se pede às pessoas que expliquem seu ponto de vista sobre um assunto ou por que certa experiência foi importante ou difícil. Esses tipos de explicação não devem apenas descrever a questão ou o acontecimento, mas também os sentimentos presentes.

I've lost all my confidence

Como e por quê
As explicações contam ao leitor como ou por que algo ocorreu, não apenas o que aconteceu. Elas usam palavras ou frases de ligação para mostrar causa e efeito.

This is because
As a result of this
Therefore

Ask
STOP THE STENCH!

Dear Annie,
I have a serious problem with smelly feet. It sounds silly, but it has an impact on my entire life. Not only does the smell irritate me, but other people have started to notice and make jokes. I've lost all my confidence and I can't even go to my friends' houses anymore because I'm too frightened to take off my shoes. What can I do?

Anonymous, 14

Dear Anonymous,

Don't worry – you're not alone! Stinky feet are a common problem. This is because there are more sweat glands in the feet than anywhere else in the body. When your feet release sweat, bacteria on the skin break it down. This process releases that cheesy smell.

Bom conselho
Uma sugestão ou conselho indica o modo mais fácil, melhor ou mais rápido de fazer algo ou solucionar um problema.

• Uma boa explicação deve ser **bem organizada** para dar a informação de modo **claro** e **lógico**.

Solidariedade
Um conselho precisa ser idôneo e amistoso. O uso de um tom solidário e positivo ajuda a encorajar o leitor.

The good news is **Don't worry**

Pronomes pessoais
O redator pode se dirigir diretamente ao leitor usando *you* ou defender sua opinião com o pronome *I*. Isso ajuda a formar uma ligação com o leitor, que então poderá ser mais receptivo à sugestão ou ao conselho.

You could **I find**

Annie

The good news is that there are lots of simple ways to stop the stench. First of all, you should wash your feet and change your socks every day. You could also try special foot deodorants, but I find spraying normal deodorant on your feet works just as well. A guaranteed way to get rid of the smell is to wash your feet with an antibacterial soap. If you do this twice a day, you should banish smelly feet within a week.

Here are some other useful tips:
- Wear socks and shoes made from natural fibres because they let your feet breathe, unlike synthetic materials.
- Wear open-toed sandals in the summer and go barefoot at home in the evenings.
- See a doctor if these simple measures don't help.

Good luck.

Best,

Annie

Sugestões
Sugestões mais incisivas, como *you should*, são eficientes porque estimulam o leitor a agir. Contudo, é melhor fazer sugestões mais suaves, como *you could* ou *you might*, para manter o tom amistoso.

You should wash your feet

Sugestões incisivas dizem ao leitor o que fazer.

Resultado garantido
O texto precisa deixar claro que a sugestão vai ajudar a resolver o problema. Deve ressaltar o que acontecerá se a sugestão for

If you do this twice a day, you should banish smelly feet within a week.

Marcadores
Os folhetos ou matérias com sugestões em geral dividem a informação com marcadores, para que o leitor possa ler e acompanhar os conselhos com facilidade.

Escrever para analisar ou criticar

ESSES DOIS TIPOS DE ESCRITA DIVIDEM UM ASSUNTO EM PARTES E DISCORREM SOBRE AS PRINCIPAIS.

VEJA TAMBÉM	
42-3	Tempos verbais simples
186-7	Planejamento e pesquisa
188-9	Paragrafação
190-1	Gênero, finalidade e público

Tanto a análise quanto a crítica abordam determinado assunto em profundidade. Contudo, enquanto a análise produz um julgamento isento, a crítica é em geral tendenciosa e subjetiva.

GLOSSÁRIO
First person narrative (narrativa em primeira pessoa) Aquela que o autor escreve de seu ponto de vista, usando os pronomes *I* e *my*.
Objective text (texto objetivo) Texto sem influência de opiniões pessoais.
Subjective text (texto subjetivo) Texto influenciado por opiniões pessoais.
Third person narrative (narrativa em terceira pessoa) Aquela que é escrita de um ponto de vista externo.

Julgamento imparcial

Análise é a investigação de um assunto. Ao contrário do texto persuasivo e da crítica, a análise é objetiva, o que significa não ser influenciada por sentimentos pessoais. Ela se volta para os pontos bons e ruins de um tema e chega a uma conclusão isenta. Um bom modo de planejar uma análise imparcial é usar uma tabela para listar os argumentos favoráveis e contrários.

Contra os *reality shows*	A favor dos *reality shows*
Os produtores de TV fazem programas vulgares e ofensivos para aumentar a audiência.	Os *reality shows* têm apelo popular, e os produtores devem dar aos espectadores o que eles querem.
Os programas estimulam o público a desejar o status de celebridade, em vez de sucesso por escolaridade e trabalho.	Se alguém não quer assistir ao programa, basta mudar de canal ou desligar a televisão.
Os participantes são humilhados e maltratados, o que estabelece um exemplo negativo para os telespectadores.	Alguns programas abordam problemas sociais importantes, como hábitos alimentares pouco saudáveis.
Todos os programas seguem a mesma fórmula, e não existe criatividade em sua produção.	Os *reality shows* dizem muito sobre a natureza humana e o comportamento das pessoas em certas situações.

Distância e imparcialidade

Para manter a objetividade da análise, é melhor escrever na terceira pessoa e em tom impessoal. Por exemplo, ao começar uma frase com as palavras *It is often argued*, o redator não revela sua opinião.

It is often argued...

It seems likely...

There is evidence to suggest...

Many people believe...

It is sometimes stated...

ESCREVER PARA ANALISAR OU CRITICAR

Crítica entusiástica

Crítica é um texto que faz uma descrição e avaliação específicas de um evento ou publicação, como um livro ou um filme. É muito mais subjetiva que a análise e, portanto, escrita na primeira pessoa, com muitas opiniões pessoais.

O site de viagens **TripAdvisor** contém mais de **75 milhões** de **críticas** e opiniões de consumidores.

Sinopse inicial
A primeira parte da crítica deve fazer um resumo curto do filme, livro, espetáculo ou outro evento sem revelar tudo. Deve dar ao leitor uma ideia geral do que está sendo analisado.

O lado bom e o lado ruim
A parte do meio da crítica deve entrar em detalhes sobre os pontos fortes e fracos do assunto. Deve debater as representações de uma peça teatral, as qualidades do texto de um livro ou o uso de efeitos especiais num filme. É importante justificar os comentários com exemplos.

Film preview

TAKE TO THE FLOOR 2

Take to the Floor 2 is the latest in a series of teen dance dramas to spin into cinemas. As usual, the story focuses on two young dancers from the opposite sides of town. When street kid Chad wins a scholarship to a prestigious dance school, he finds it hard to fit in. Then, one day, he catches the eye of ballet dancer Ellie, who is wowed by his moves.

Many of the dance scenes are spectacular, from a rooftop tango in the pouring rain to a shopping mall salsa extravaganza. The cast members are all highly trained movers; however, their acting skills were left at the stage door. Ellie and Chad fail to bring their sizzling dance-floor chemistry into the dialogue, which is disappointing.

The rooftop tango scene is stunning and very moving.

Take to the Floor 2 is nothing new; the plot certainly doesn't offer any surprises. However, the film is saved by its show-stopping dance scenes and pumping soundtrack. Overall, it's incredibly fun to watch, even if you end up feeling like you've seen it all before.

O veredicto
O parágrafo final da crítica deve ser uma manifestação abrangente sobre o assunto e uma recomendação – o julgamento final do tema, se vale ou não a pena vê-lo, ouvi-lo ou lê-lo.

- A análise deve ser **organizada** com clareza, por meio de **parágrafos**. Discuta primeiro um ponto de vista; depois, outro. No fim, chegue a uma **conclusão imparcial**.
- Ao escrever uma crítica, pense no **público** e o que ele **quer saber** sobre o assunto resenhado.

Escrever para descrever

O TEXTO DESCRITIVO CONTA AO LEITOR COMO É ALGUÉM OU ALGUMA COISA.

Muitos tipos de texto usam descrição, de histórias a anúncios publicitários. O texto descritivo emprega palavras específicas para "pintar" na mente do leitor uma imagem vívida de algo.

VEJA TAMBÉM	
‹ 26-7	Adjetivos
‹ 40-1	Advérbios
‹ 84-5	Expressões, analogias e figuras de linguagem
‹ 182-3	O vocabulário correto
‹ 184-5	Períodos mais interessantes
Escrever uma narrativa	212-3 ›

Os sentidos

Ao fazer uma descrição, é importante apelar para os sentidos. O escritor leva o leitor a imaginar um tema em detalhe ao descrever sons, cores, cheiros, sensações. Nem todos os sentidos precisam ser despertados, mas tente pensar no maior número possível.

• Um modo de estruturar o texto é fazer a descrição **local por local**, como se fosse o movimento de uma câmera de vídeo em volta do tema.

> Barbara walked into the kitchen and was confronted by a **rush of warm air** and the **smell of something sweet**. On the counter was a **triple-layer chocolate cake** with **fudge icing oozing** down the sides. She **eagerly cut** a slice and **stuffed** it into her mouth. The chocolate sponge was **rich** and **bitter** with a slight **nutty** flavour. The **sugar sprinkles crackled** in her mouth and got **stuck in her teeth**. Suddenly, the **doorbell buzzed**. Barbara jumped, and her **cake splattered** across the floor.

Descreva a aparência, as sensações, os cheiros, o sabor e o som que algo transmite.

MUNDO REAL
Bom demais para não ter

Os publicitários usam a descrição para criar imagens tentadoras na cabeça do público e persuadi-lo a comprar algo. Por exemplo, podem dizer que os cabelos ficam *smooth*, *glossy* e *rich* a fim de vender um novo xampu ou tintura. Por outro lado, o anúncio de um hotel de praia pode trazer descrições como *azure blue*, *gently lapping waves* e *golden sands*.

Detalhes descritivos

Os leitores não conseguem imaginar uma coisa se não souberem seus detalhes. Ao selecionar as palavras, os redatores podem acrescentar informações e tornar as frases mais descritivas.

She reached for a slice of cake and put it in her mouth.

△ **Detalhes de menos**
Esse período não diz muito ao leitor sobre a situação descrita.

She reached **quickly** for a **big** slice of **sticky**, **delicious** cake and **eagerly** put it in her mouth.

— advérbio — adjetivo

△ **Adjetivos e advérbios**
O uso de adjetivos e advérbios torna o período instantaneamente mais interessante.

Esta palavra é muito mais precisa para descrever uma fatia grande.

She **grabbed** a **wedge** of sticky, **delicious chocolate** cake and **stuffed** it in her mouth.

△ **Vocabulário preciso**
Às vezes é melhor usar um vocabulário preciso, que contenha detalhes nas próprias palavras.

She **tentatively** reached for a **sliver** of **fattening** cake and **sneakily popped** it in her mouth.

△ **Várias escolhas**
Com palavras descritivas diferentes, o escritor dá ao texto uma sensação totalmente diversa.

Linguagem figurada

Linguagem figurada é um modo de escrever que faz comparações para dar mais vida à descrição.

Símile
O símile compara uma coisa a outra usando palavras como *as* ou *like*.

Her cheeks were pink **like** strawberries.

Metáfora
Metáfora é a palavra ou expressão que descreve algo como se fosse outra coisa.

A **wave** of terror washed over him.

Personificação
Personificação é a transferência de atos e sentimentos humanos a objetos, animais ou ideias.

The wind **screamed** and **howled**.

Onomatopeia
Onomatopeia é o uso de palavras que imitam o som do que elas representam.

The leaves **crunched** underfoot.

Escrever sobre si mesmo

QUANDO ALGUÉM ESCREVE SOBRE A PRÓPRIA VIDA OU EXPERIÊNCIAS PESSOAIS, TRATA-SE DE UM TEXTO AUTOBIOGRÁFICO.

Autobiografia é um gênero próprio, mas também pode ser usado em outros tipos de texto, como um discurso ou um folheto com conselhos e sugestões, para dar um toque mais pessoal.

VEJA TAMBÉM	
‹ 34-5	Pronomes
‹ 184-5	Períodos mais interessantes
‹ 188-9	Paragrafação
‹ 204-5	Escrever para explicar e sugerir
‹ 208-9	Escrever para descrever
Escrever uma narrativa	212-3 ›
Escrever para a internet	214-5 ›
Escrever um discurso	226-7 ›

Uma vida mais incomum

A vida diária pode não parecer muito interessante, mas os leitores acham fascinante a vida de outras pessoas. Lembranças antigas, incidentes perturbadores ou momentos alegres, tristes, assustadores ou honrosos constituem um bom tema. Os leitores também gostam de conhecer experiências diferentes das deles mesmos, como a comemoração de certas festividades ou a vida em lugares desconhecidos.

Como nem todos comemoram o ano-novo chinês, os leitores se interessarão por essas tradições.

Quem mora na cidade não sabe muito sobre a vida no campo.

• Não invente experiências, mas é aceitável **enfeitar** um pouco a história para torná-la mais **intensa** ou **interessante**.

Esta é a minha vida

Ao escrever uma autobiografia completa (do nascimento à atualidade), é importante pôr os acontecimentos em ordem. Para tanto, pode-se fazer um mapa da vida – um diagrama com os acontecimentos, que podem ser acompanhados de imagens para evocar lembranças. Em vez de relacionar cada lembrança, os escritores costumam atribuir um tema à autobiografia. Por exemplo, ela pode enfocar o progresso da pobreza à riqueza ou a paixão por um esporte.

ESCREVER SOBRE SI MESMO 211

MUNDO REAL
Relatos de viagem

O relato de viagem é muito diferente dos textos existentes nos guias de viagem, que em geral trazem informações objetivas. Os relatos de viagem descrevem as experiências pessoais do autor, o que ele sentiu, suas opiniões e as situações divertidas.

Pontos altos editados

Um texto autobiográfico é informativo, mas também precisa despertar interesse. Assim, não deve tocar em detalhes maçantes – por exemplo, não há por que fazer um relato minuto a minuto de uma partida de futebol. É muito mais interessante revelar ao leitor os sentimentos e as reações do autor, como medo, orgulho ou decepção.

> I felt sick and panicky all morning before the big game. We needed to win and I'd finally made the team. I had everything to prove.

Mais realidade

Uma autobiografia conta histórias, e as melhores histórias são bastante descritivas. A descrição de locais, sons, emoções e gostos leva o leitor a imaginar a experiência com uma gama muito maior de detalhes.

> It was a hot night in the stadium. The noise of the supporters was deafening, and their chants boomed across the field like a roll of thunder in a storm.

Mais personalidade

O texto autobiográfico precisa mostrar a personalidade singular do escritor. Desse modo, ele quase sempre lança mão de opiniões pessoais, preferências e antipatias, hábitos estranhos e vocabulário característico. Detalhes curiosos propiciam mais humor e dão personalidade ao texto.

> I was wearing my lucky socks. I had eaten my usual peanut butter sandwich and stroked the cat three times. I was ready to play the game of my life!

Você e eu

Naturalmente, as autobiografias contam com as palavras *I* e *my*, mas também se pode criar um efeito dirigindo-se ao leitor com *you*. O chamado vocativo ajuda a criar uma relação com os leitores, levando-os a se envolver mais com a história.

> I'm sure you've been on the losing side before, or watched your team miss that crucial shot. So you know what it feels like to be emotionally crushed by a loss.

I was picked for the class team.

Age 10 *Age 11* *Age 12*

I met my team's famous captain.

I played for the school.

Age 13

I broke my leg in a game.

Escrever uma narrativa

NARRATIVA É O TEXTO QUE CONTA UMA HISTÓRIA.

História é o relato de acontecimentos ligados por causa e efeito. Todas as histórias têm narrador, trama, personagens e ambientação. Algumas histórias trazem diálogos, que mostram as conversas das personagens.

VEJA TAMBÉM	
‹ 34-5	Pronomes
‹ 108-9	Aspas
‹ 182-3	O vocabulário correto
‹ 184-5	Períodos mais interessantes
‹ 208-9	Escrever para descrever

Ponto de vista de quem?

Narrador é a pessoa que conta a história. Se o narrador é uma personagem da história que conta os acontecimentos do seu ponto de vista, a narrativa está na primeira pessoa. Se o narrador não participa da história e sempre se refere às personagens por *he*, *she* ou *they*, a narrativa é escrita na terceira pessoa.

A palavra *my* indica que essa história está na primeira pessoa.

My master is the most fearsome pirate sailing the seven seas.

Primeira pessoa (personagem principal)
As histórias em primeira pessoa costumam ser narradas pela personagem principal, ou protagonista.

The scoundrels had deceived **me,** so **I** made them walk the plank!

Primeira pessoa (personagem secundária)
Nem todas as histórias em primeira pessoa são contadas pelo protagonista. O uso de uma personagem menor como narrador proporciona um ângulo diferente.

Terceira pessoa
A narrativa escrita na terceira pessoa conta a história do ponto de vista do autor ou de alguém fora da história.

A palavra *his* mostra que esta história está na terceira pessoa.

The ruthless captain made **his** crew walk the plank.

Não perca a trama

É a trama que transforma a lista de acontecimentos em história. Todos os acontecimentos ocorrem por algum motivo e são causados por atos e decisões das personagens. Uma boa trama precisa ter bem claros o início, o meio (em geral a parte principal da ação) e o fim.

△ **Início**
O início introduz as personagens principais e a situação em que se encontram. Uma trama clássica começa com a personagem principal enfrentando um problema.

△ **Meio**
O meio da trama costuma mostrar a personagem tentando superar o problema. O acontecimento principal ou virada na trama em geral ocorre no meio da história.

△ **Fim**
O fim leva a história a uma resolução. O protagonista deve resolver o seu problema. Por outro lado, uma "reviravolta" na trama pode originar um final inesperado.

Heróis e vilões

Uma boa história precisa ter personagens interessantes para envolver o leitor. Em geral, existe uma personagem principal, ou herói. Há também vilões, que impedem o herói de atingir seu objetivo, e aliados, que ajudam o herói. Cada personagem deve ser peculiar, com traços físicos e de personalidade ímpares.

adjetivos que descrevem os vilões: cunning, arrogant, moody, selfish, nasty, quick-tempered, stubborn, rude

adjetivos que descrevem os heróis: honest, enthusiastic, kind, caring, humorous, patient, helpful, modest

Ambientação perfeita

A ambientação é a época, o local e a situação em que transcorre a ação. Uma ambientação correta fornece o espírito e o clima da história. Por exemplo, uma história de piratas pode ser ambientada numa ilha tropical desabitada no século XVII. O detalhamento da ambientação possibilita ao leitor imaginar como ela é.

The island was **deserted**, except for the **multicoloured** birds **circling** overhead. The **golden** sandy beach was **fringed** with **coconut** trees and **tropical** plants. A **ghostly** shipwreck in the distance was being **pounded** against the **craggy** rocks by **crashing** waves.

Palavras que contêm descrição, como as de sons ou cores, compõem uma cena pitoresca.

Diálogo impressionante

O uso de diálogos numa história pode revelar mais das personagens e desenvolver a trama. Devem ser concisos e impressionantes – diálogos longos demais ou sem propósito devem ser evitados. O emprego de expressões como *he grumbled*, *he screamed* ou *he gasped*, em vez de *he said*, também dá mais intensidade e ritmo à história.

Os diálogos devem estar entre aspas.

"Is that you, Captain?" **shouted** the first mate.
"Of course it is. Now, hurry up and lower a boat to fetch me," **bellowed** the captain.

A fala do novo interlocutor deve ir em outra linha.

Escreva palavras mais interessantes como alternativa a *said*.

- Misture períodos **longos** e **curtos** para fazer crescer a **tensão** e o **suspense**.
- A **linguagem figurada**, como no símile *as fast as a cheetah*, pode enriquecer a descrição na narrativa. Contudo, use-a **com cautela** – uma descrição excessiva pode **desconcentrar** o leitor da ação.

Escrever para a internet

ESCREVER PARA A INTERNET É BEM DIFERENTE DE ESCREVER PARA UMA PUBLICAÇÃO IMPRESSA.

Os leitores procuram informação específica na internet e mudam de site se ele não for claro ou não contiver a informação desejada. Os redatores de sites usam técnicas específicas para captar o interesse dos leitores.

VEJA TAMBÉM	
86-7	Coloquialismos e gíria
182-3	O vocabulário correto
184-5	Períodos mais interessantes
194-5	Diagramação e apresentação
196-7	Escrever para informar
210-1	Escrever sobre si mesmo

Os sites comerciais às vezes trazem o logotipo da empresa.

Facilidade de leitura
A leitura na tela é mais difícil do que em página impressa. Por isso, quando os leitores acham algo difícil de ler, eles mudam de página. Assim, o texto na internet deve ser sempre escrito em períodos e parágrafos curtos e claros.

Palavras-chave
A internet é imensa e cheia de sites sobre os mesmos assuntos. Os redatores precisam facilitar a procura de conteúdo por meio de "*key words*" que os usuários escrevem nos grandes serviços de busca. Isso tem o nome de Search Engine Optimization (SEO) – títulos e intertítulos que devem ser óbvios, não obscuros.

Go to kangaroo country
Esse título é curioso, mas os sites de busca nem sempre o encontram.

Go to Australia
A palavra *Australia* é facilmente encontrada por sites de busca.

Imagens atraentes aumentam o interesse pelo site e pelo assunto.

Go Travel

FLIGHTS | HOTELS | TOURS | INSURANCE | AROUND THE WORLD | BUS/TRAIN

Australasia travel guides
If you really want to get away from it all, you can't get much further away than Australasia. Ride the waves on Australia's Gold Coast, hike through the mountains in New Zealand or just relax on the beach in Fiji. Start planning your trip of a lifetime here.

Go to Australia
Australia has it all, from hip cities to idyllic islands to the remote outback. Scuba dive at the Great Barrier Reef, party in Sydney or check out some fascinating wildlife.
Find out more...

Go to New Zealand
New Zealand is a thrill-seeker's paradise. Get your adrenaline rush from skydiving, white-water rafting or bungee jumping. Or just take in the beautiful scenery.
Find out more...

Go to Fiji
If you want to relax on a stunning beach, Fiji won't disappoint. It has more than three hundred islands with crystal clear waters and beautiful coral reefs.
Find out more...

Blogs

Os blogs são uma espécie de revista on-line destinada a certo público. Costumam ser escritos em estilo pessoal e informal e devem ser interessantes de ler. Como quase sempre os blogueiros escrevem em estilo informal (ainda que os blogs devam ser corretos gramaticalmente), uma ideia é ler em voz alta para saber se o tom está correto.

O menu no topo da página leva o usuário a locais diferentes do site.

A leitura de **textos on-line** é cerca de **25% mais lenta** que em páginas impressas.

GLOSSÁRIO

Blog Espécie de revista on-line com comentários e reflexões do autor ou dos autores. É atualizado com frequência.

Hyperlink Palavra, frase ou ícone na World Wide Web, o qual, se clicado ou tocado, leva o usuário a um novo documento ou site.

SEO Sigla de "Search Engine Optimization", é o processo que aumenta a visibilidade de um site para que mais usuários o visitem.

| ESSENTIALS | PLANNING | DESTINATIONS | VOLUNTEER | WORK |

The Go Travel blog

Surfing at Bondi

I've finally made it Down Under!

It's early in the morning here, but I'm not on Aussie time yet so I thought I would update you all on my trip. Yesterday, I decided to cure my jet lag by throwing myself into the pounding surf at Bondi Beach!

Read more....

Os blogs costumam usar gírias. Esta é a abreviação de "Australian".

Mais espaço em branco

Uma diagramação clara também facilita a leitura de textos na internet. Em geral eles são divididos em parágrafos curtos e por marcadores e rodeados de muito espaço em branco. Como se costuma passar os olhos pelas páginas, intertítulos explícitos e descritivos ajudam a encontrar a informação desejada.

Click on our interactive destination map

Ilustrações interativas apresentam a informação de um modo mais atraente e mantêm os leitores interessados.

Aja agora

Todo texto tem um propósito, seja informar os leitores, seja levá-los a comprar algo. A internet, mais que qualquer outro meio, permite que os leitores tomem uma atitude imediata. Assim, é importante contar com hyperlinks que os levem a mais informações ou à página de compra.

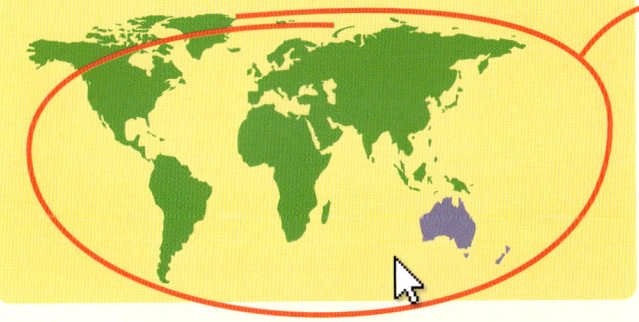

Get a quote by e-mail
Ask one of our team

Add to basket

Ask one of our team

Os sites usam links como este para estimular os usuários a fazer compras.

Escrever um roteiro

TEXTOS EM OFF E ROTEIROS DRAMÁTICOS PRECISAM SER CONVINCENTES QUANDO LIDOS EM VOZ ALTA.

Como as falas de um roteiro são ditas para uma plateia, elas precisam ser de fácil compreensão. Os roteiros devem ser feitos de uma maneira específica e contar com instruções para os envolvidos.

VEJA TAMBÉM	
‹ 88-9 Discurso direto e indireto	
‹ 114-5 Parênteses e travessão	
‹ 196-7 Escrever para informar	
‹ 212-3 Escrever uma narrativa	
O inglês falado	222-3 ›
Escrever um discurso	226-7 ›

Narração
Narração são os comentários que acompanham um vídeo ou filme curto, como um documentário, um anúncio publicitário ou uma campanha assistencial. Um bom recurso para elaborar um roteiro com narração é fazer uma tabela em colunas.

Fácil para os ouvidos
A fala do narrador precisa ser escrita em linguagem simples para que os ouvintes entendam na hora o que é dito – eles não podem voltar atrás e reler as seções. O uso de períodos e palavras simples torna os roteiros mais fáceis de ler para os narradores, que não podem tropeçar nas palavras.

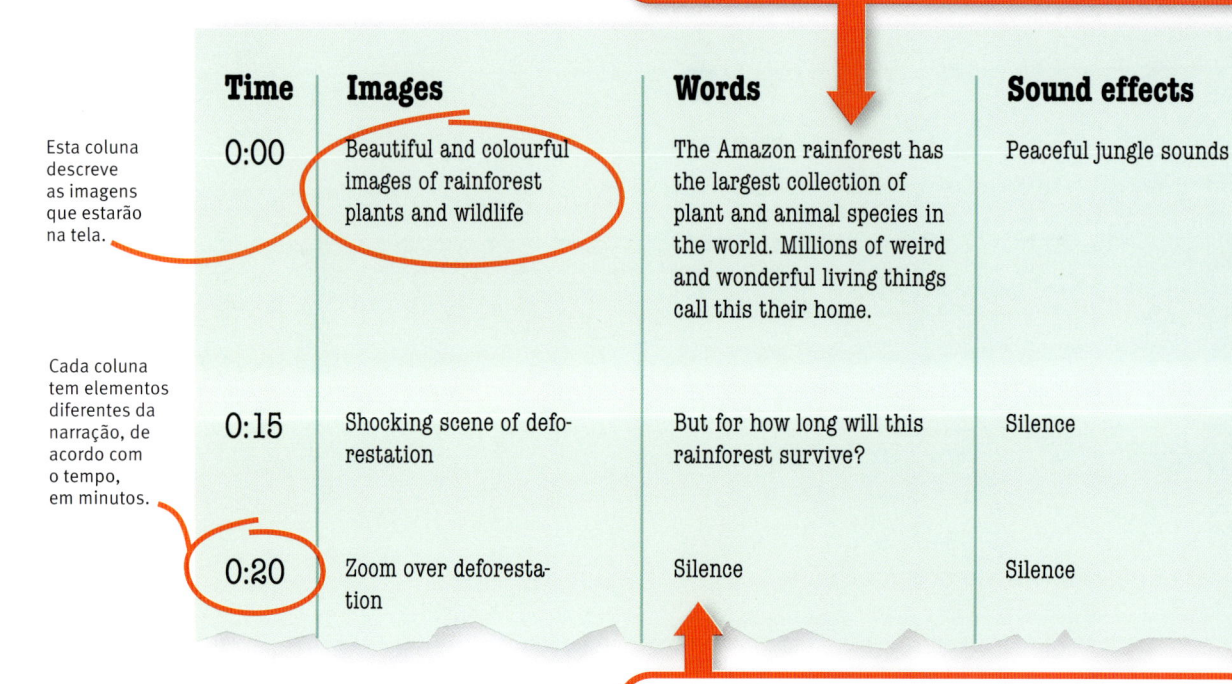

Time	Images	Words	Sound effects
0:00	Beautiful and colourful images of rainforest plants and wildlife	The Amazon rainforest has the largest collection of plant and animal species in the world. Millions of weird and wonderful living things call this their home.	Peaceful jungle sounds
0:15	Shocking scene of deforestation	But for how long will this rainforest survive?	Silence
0:20	Zoom over deforestation	Silence	Silence

Esta coluna descreve as imagens que estarão na tela.

Cada coluna tem elementos diferentes da narração, de acordo com o tempo, em minutos.

Palavras e imagens
Num roteiro de narração, as palavras devem ter relação com as imagens na tela, dando informação adicional sobre elas. No entanto, a inserção de silêncios ocasionais costuma funcionar bem para que os espectadores possam se concentrar e absorver o que estão vendo.

ESCREVER UM ROTEIRO 217

- O melhor modo de testar um roteiro de narração é lê-lo em **voz alta**. Se o narrador **perde o fôlego** ou **se confunde**, é preciso **reescrever** o roteiro.

Na média, um narrador consegue ler **180 palavras por minuto**.

Roteiros dramáticos

O roteiro dramático conta uma história. Ao contrário da narrativa escrita, o roteiro será representado. Os roteiros dramáticos destinam-se ao teatro, à televisão, ao rádio e ao cinema. Cada tipo tem suas convenções, mas todos têm características em comum.

Orientações

Um roteiro deve incluir orientações que digam aos envolvidos o que fazer. Elas indicam quando os atores devem entrar em cena e sair e em que tom eles precisam dizer suas falas. Outras orientações se referem à iluminação, efeitos sonoros e enquadramentos, como os *close-ups*.

PROTEST

Scene A park that is going to be demolished to make way for a shopping centre. There are protest chants.

Characters
MEADOW An environmental activist
DETECTIVE STUBBS A police officer

(MEADOW starts to climb a tree.)
(Enter DETECTIVE STUBBS)

DETECTIVE STUBBS: What do you think you're doing?
MEADOW: (angrily) Saving our trees!
DETECTIVE STUBBS: Get down immediately!

(MEADOW laughs and scrambles to the top of the tree.)

DETECTIVE STUBBS: Hey you, come back!

O título da peça vai no alto.

A ambientação e os personagens participantes da cena aparecem no alto.

Orientações, entre parênteses, dizem quando as personagens entram e saem de cena.

As orientações também usam advérbios, indicando aos atores como representar suas falas.

Diálogo

Diálogo é a conversa entre as personagens. Numa peça teatral, os diálogos e a ação conduzem a trama – por isso as falas precisam dizer à plateia o que acontece. E elas precisam ser convincentes, refletindo a idade, a nacionalidade, a personalidade e o espírito de cada personagem.

Adaptações

A TRANSPOSIÇÃO DE UM TEXTO PARA UM GÊNERO DIFERENTE CHAMA-SE ADAPTAÇÃO.

Um texto é passível de adaptação para estilos de expressão bem diferentes. Por exemplo, um conto pode ser transformado em autobiografia ou artigo de jornal.

VEJA TAMBÉM
- 42-3 Tempos verbais simples
- 190-1 Gênero, finalidade e público
- 194-5 Diagramação e recursos de apresentação
- 198-9 Matérias de jornal
- 212-3 Escrever uma narrativa

Transformação de textos

Adaptação é a transformação de um gênero de texto em outro, o que se pode fazer simplesmente mudando o ponto de vista da narrativa. Por exemplo, passar uma narrativa em terceira pessoa para uma em primeira pessoa. Do mesmo modo, pode-se recontar uma história em tempo verbal diferente. Também é possível reescrever um texto em um gênero totalmente diferente – de poema para conto, de peça para artigo de jornal.

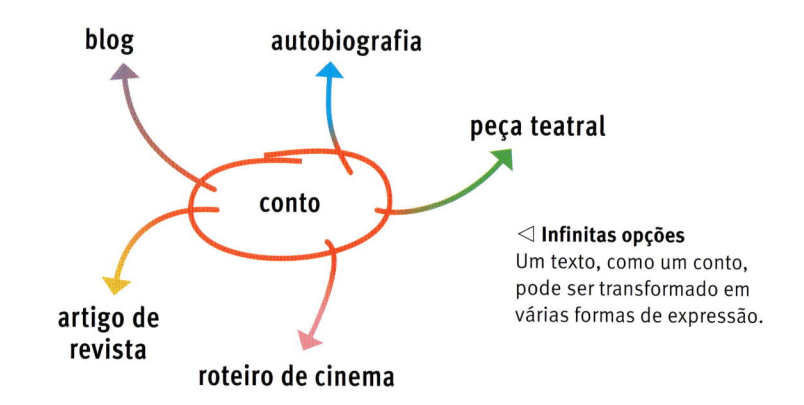

Opções a partir de **conto**: blog, autobiografia, peça teatral, roteiro de cinema, artigo de revista.

◁ **Infinitas opções**
Um texto, como um conto, pode ser transformado em várias formas de expressão.

MUNDO REAL
Revisto e atualizado

Às vezes os escritores reescrevem histórias antigas para atrair o público atual. A ação e as personagens costumam ser transpostas para uma ambientação moderna. Por exemplo, o musical *West Side Story* inspirou-se em *Romeu e Julieta*, de William Shakespeare, mas é ambientado na Nova York dos anos 1950.

O original

A melhor maneira de começar uma adaptação é ler e entender o texto original. A forma reescrita deve incluir detalhes primordiais da obra original, como acontecimentos da trama e as personagens principais. Contudo, leve em conta também algumas minúcias, como o espírito e a atmosfera da obra.

Dê destaque aos detalhes importantes da trama no texto original.

Trecho de *Cinderela*

> The **king's son**, who was told that a great princess, whom nobody knew, had arrived, ran out to receive her. He gave her his hand as she alighted from the coach, and **led her into the hall**, among all the company. There was immediately a **profound silence**. Everyone **stopped dancing**, and **the violins ceased to play**, so entranced was everyone with the **singular beauties** of the **unknown newcomer**.

Fique de olho também nas minúcias.

ADAPTAÇÕES 219

A adaptação

A próxima etapa é pensar num modo original de transformar o texto em outra coisa. É melhor escolher um gênero adaptável aos acontecimentos e personagens principais. O novo texto deve ter as características e o formato correto da nova versão.

• Seja **criativo**, mas apegue-se aos detalhes importantes. A versão deve demonstrar uma **compreensão do texto original**.

O acréscimo de detalhes descritivos mostra criatividade.

> That night changed my life forever. I felt dizzy with excitement as I entered the ballroom. Women in multicoloured dresses sashayed across the floor under sparkling chandeliers. The room was filled with the sound of guests chattering and violins playing. Then everything went silent. Everyone was looking at me.

Inclua detalhes do texto original.

◁ **A história da Cinderela**
O conto de fadas *Cinderela* poderia ser reescrito em forma de autobiografia. Nesse caso, seria narrada na primeira pessoa e incluiria os pensamentos e sentimentos da protagonista.

▷ **Furo jornalístico**
Cinderela também poderia inspirar uma matéria jornalística escandalosa. Nesse caso, o texto novo deveria levar um título e estar em colunas, com linguagem breve e concisa.

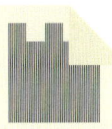

THE CASTLE

WHO IS SHE?

The secret stunner left the ball in a hurry just before midnight.

PARTY PRINCE SPOTTED WITH MYSTERY WOMAN

It was a sight that broke hundreds of hearts. Prince Charming, 24, was seen dancing the night away with a new woman on Saturday evening.

The prince, who has publicly announced his intention to wed this year, was apparently bewitched by the beautiful blonde. Dressed in a floor-length metallic gown and glitzy glass slippers, she was the centre of attention at the prince's annual ball.

One attendee said, "Everyone went silent when she entered the room. We were all entranced by her beauty."

As matérias de primeira página costumam ter um título chamativo.

As matérias de jornal podem usar aliterações (palavras iniciadas pela mesma letra ou som).

Esses detalhes vêm do texto original.

Foram feitas mais de **400** adaptações para o cinema e a televisão de peças de **William Shakespeare**.

Edição e revisão

UM TEXTO EDITADO E REVISADO É SEMPRE MAIS AGRADÁVEL DE SE LER.

Todos os escritores e redatores erram ou têm dias pouco inspirados. Depois de terminado o trabalho, é importante reservar um tempo para verificar erros e melhorar o texto.

VEJA TAMBÉM	
52-3	Concordância verbal
70-1	Períodos compostos
72-3	Períodos complexos
168-71	Parecidas, mas nem tanto – I e II
186-7	Planejamento e pesquisa
188-9	Paragrafação
190-1	Gênero, finalidade e público

A resposta certa

Mesmo um texto bem-feito pode ser malvisto se não responder ao que foi proposto. Ao revisá-lo, avalie de novo o questionamento inicial e assegure-se de que a resposta cumpre o que se pediu.

A resposta deve tratar da linguagem e dos recursos de apresentação.

Discuss how the website uses language and presentational features to persuade readers to visit the theme park.

A resposta deve se concentrar no fato de os recursos persuadirem os visitantes do site.

Discuss how the website uses language and presentational features to persuade readers to visit the theme park.

This website is designed to lure people to the Wild Waves Water Park. It is (particulery) aimed at young people who are on school holidays. The range of images are persuasive. The selection shows groups of people who are obviously

Palavras traiçoeiras

Um dos pontos mais importantes é verificar os erros de ortografia. Para corrigi-los em trabalho escrito à mão, ponha o erro entre parênteses, risque-o e escreva o correto acima dele. Não confie em corretores ortográficos digitais – é melhor encontrar os erros e substituí-los pela forma correta.

particularly
It is (particulery) aimed

A boa gramática

Entre os erros gramaticais que devem ser procurados estão períodos incompletos, ordem incorreta de palavras e falhas na concordância verbal.

is
The range of images (are) persuasive.

Como o sujeito range é singular, o verbo deve estar também no singular.

EDIÇÃO E REVISÃO **221**

Estrutura rígida

É muito importante estruturar um texto com parágrafos. Um tópico novo exige um novo parágrafo. Se estiver faltando uma quebra de parágrafo num texto escrito à mão, indique-a com duas barras.

Reader's attention. // The language used

Use este símbolo para mostrar que deveria haver outro parágrafo.

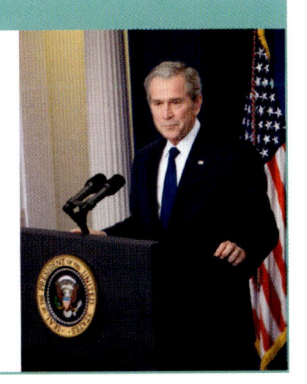

Pontuação perfeita

Os sinais de pontuação podem ser pequenos, mas devem ser usados corretamente. Como é fácil cometer erros ao escrever rápido, procure por eles – vírgulas e apóstrofos mal colocados etc.

The coloured text is really eye-catching, and it immediately grabs the reader's attention.

As duas orações precisam ser unidas por uma conjunção ou ponto e vírgula, não só a vírgula.

---

enjoying themselves and the reader will want to join the fun. The coloured text is really eye-catching, it immediately grabs the reader's attention. The language used on the website is really persuasive. For example, the text is full of verbs suggest movement. The writer has used rhetorical questions to challenge the reader, such as "Do you dare to ride the rapids?"

Vocabulário variado

Um texto precisa ter vocabulário extenso. As palavras mais repetidas devem ser substituídas por sinônimos ou palavras similares, para diversificar. Não se deve abusar dos advérbios, como *very* e *really*.

The language used on the website is convincing.

A palavra *persuasive* pode ser substituída por um sinônimo. O advérbio *really* pode ser cortado.

Falta algo?

Se uma palavra foi esquecida em texto escrito à mão, insira o sinal de acento circunflexo (∧) – *caret*, em inglês – onde as palavras deveriam estar e escreva-as acima. Para inserir um trecho longo, coloque um asterisco (*) onde ele deve começar, ponha outro asterisco no pé da página ou ao lado do texto e escreva o novo texto ao lado dele.

The text is full of verbs ∧suggest movement.*

that

Use asterisco para trechos longos.

Use esse sinal para inserir uma palavra.

*, such as "splash", "zoom", "race" and "spin".

MUNDO REAL

George W. Bush

O ex-presidente dos EUA George W. Bush nem sempre verificava seus textos. Ficou famoso pelos erros gramaticais, como "Rarely is the question asked: is our children learning?" Ele também disse certa vez: "The goals of this country is to enhance prosperity and peace".

O inglês falado

A LÍNGUA FALADA É DIFERENTE DA LÍNGUA ESCRITA EM MUITOS ASPECTOS FUNDAMENTAIS.

O discurso é influenciado por vários fatores, como a origem do falante e com quem ele está falando. É importante considerar esses fatores ao escrever ou analisar a língua falada.

VEJA TAMBÉM	
‹ 62-3 Interjeições	
‹ 86-7 Coloquialismos e gíria	
‹ 88-9 Discurso direto e indireto	
‹ 94-5 Ponto e reticências	
Debates e representação	224-5 ›
Escrever um discurso	226-7 ›
A arte da apresentação	228-9 ›

O inglês-padrão

Costuma-se considerar o Standard English a modalidade "correta" do inglês, por ser isenta de erros gramaticais e não usar gíria. É em geral falado com sotaque neutro, sem pronúncias regionais – o chamado Received Pronunciation, no Reino Unido; o General American, na América do Norte; e o General Australian, na Austrália. O inglês-padrão é usado em situações formais, por funcionários públicos e, tradicionalmente, pela mídia.

Good evening. Welcome to the nine o'clock news.

O inglês-padrão usa vocabulário formal, sem abreviações e com gramática correta.

Dialeto e sotaque

Diversas formas faladas do inglês desenvolveram-se em países anglófonos mundo afora e em suas regiões e comunidades. Cada variante tem vocabulário coloquial e construções gramaticais próprios. Essas variantes são chamadas dialetos. Sotaque é o modo de pronunciar a língua. As pessoas usam palavras e construções do dialeto em situações informais.

Hello, my friend. How are you?

Esta pessoa está falando em inglês-padrão, que soa estranho em situação informal.

G'day, mate. How ya goin'?

Esta é a gíria australiana de *hello*, uma contração do cumprimento *good day*.

Esta é a gíria de *friend*.

As palavras *you* e *going* são escritas deste modo para mostrar como são ditas na Austrália.

Hey, dude. What's up?

Esta é outra gíria de *friend*, usada com mais frequência na América do Norte.

MUNDO REAL
Novelas

Os atores das novelas de TV ambientadas em lugares específicos usam o sotaque regional. Por exemplo, os atores da série *Dallas* têm sotaque do Texas, o que torna as falas mais autênticas. Se os próprios atores não falam com esse sotaque, eles precisam aprendê-lo.

O INGLÊS FALADO **223**

Tom e altura da voz

Os falantes ajustam o tom e a altura da voz conforme o que dizem. Por exemplo, alguém parece triste e tem voz baixa ao transmitir uma notícia ruim, mas assume tom alegre e voz entusiasmada ao falar de uma boa notícia.

Bao Bao, the world's oldest panda, has died at the age of 34.

In other news, the weather is going to be fantastic this weekend.

É provável que este período seja dito em tom animado.

Pausas e tiques

Quando uma pessoa pensa no que dizer ou perde a linha de pensamento, ela para de falar. Às vezes, as pessoas preenchem o silêncio com um recurso de hesitação, como *er* ou *huh*, ou um suspiro.

So...why did your team play so badly tonight?

Reticências tomam o lugar da pausa quando a fala é reproduzida por escrito.

Er...we...have no excuse.

Estrutura

As pessoas costumam omitir palavras e usar períodos incompletos quando conversam. Contrações como *haven't* e *couldn't* são usadas com mais frequência na fala do que em textos escritos, porque fica mais fácil pronunciar as palavras e acelerar o ritmo da conversa.

Did you see the game last night?

Yeah.

Awesome, wasn't it?

Este não é um período completo. O falante apoia-se no que foi dito antes para que suas palavras tenham sentido.

Reckon we're going to win the league now.

A palavra *I* foi omitida, e usou-se *we're* em vez de *we are*. O verbo informal *reckon* costuma ser usado no discurso coloquial.

GLOSSÁRIO

Accent (sotaque) O modo de pronunciar a língua, que varia de acordo com as regiões geográficas.

Colloquial (coloquial) Palavra referente à linguagem usada na conversa diária informal.

Contraction (contração) Forma reduzida de uma palavra ou palavras em que as letras omitidas no meio são substituídas por um apóstrofo.

Dialect (dialeto) Vocabulário e gramática informais usados por um grupo social ou geográfico particular.

Pitch (altura) A altura de um som.

Tone (tom) O sentimento ou estado de humor transmitido pela voz – por exemplo, *happy*, *sad*, *angry* ou *excited*.

Debate e representação

DEBATE E REPRESENTAÇÃO SÃO TIPOS DE DISCURSO PREPARADOS COM ANTECEDÊNCIA.

Uma conversa preparada é muito diferente de um bate-papo entre amigos. Os participantes precisam pensar com antecedência no que vão dizer e como vão reagir aos outros.

VEJA TAMBÉM	
‹ 202-3	Escrever para influenciar
‹ 206-7	Escrever para analisar ou criticar
‹ 216-7	Escrever um roteiro
‹ 222-3	O inglês falado
A arte da apresentação	228-9 ›

- Como um **debate formal** exige uma **linguagem formal**, tente usar o inglês-padrão.

O grande debate

Debate é a exposição ou argumentação formal sobre um tema. Os participantes precisam expressar suas opiniões com confiança, além de escutar os outros e lhes responder.

I think Powerman is the best superhero because he has the most superhuman powers. He is **incredibly strong** and can **fly at supersonic speeds**.

Sempre respalde uma opinião com provas.

Reconheça o ponto de vista contrário antes de discordar dele.

I understand your point. **However,** I think Birdman's lack of superpowers makes him more inspirational, **because** he has had to overcome challenges and learn his skills.

▷ **Prepare-se**
Os participantes precisam transmitir ideias e opiniões. Para tanto, devem pesquisar o assunto em detalhe e considerar os diferentes pontos de vista a respeito dele. Os debates mais eficientes abrangem o máximo possível de pontos de vista.

◁ **Escute e responda**
Escutar é tão importante quanto falar. Os participantes devem mostram que estão ouvindo os outros dando respostas adequadas e fazendo questões pertinentes. Precisam tanto concordar com alguém e acrescentar algo à questão como discordar e explicar por quê.

So, Melvin, **what do you think?** Maybe you prefer someone else, such as Tigerwoman?

Convide os outros a participar fazendo-lhes perguntas diretas.

Evite linguagem corporal hostil.

▷ **Envolva os outros**
É importante envolver todos os participantes num debate e agir como um grupo. Todos devem ter permissão para falar, e ninguém deve monopolizar o debate. Os membros mais quietos do grupo talvez precisem de estímulo para participar.

◁ **Linguagem corporal**
A linguagem corporal ajuda os participantes a interagir com os demais. Concordar com a cabeça é uma forma fácil de fazer isso. Olhar nos olhos de cada um no grupo, especialmente quem conduz o encontro, também é eficaz. Se alguém cruzar os braços, dá a entender que não quer estar lá.

DEBATE E REPRESENTAÇÃO **225**

Representação
Representação é uma situação inventada em que cada participante desempenha um papel. Como não há roteiro, todos precisam atuar espontaneamente. A melhor maneira de se preparar é pensar na personalidade da personagem e como cada uma se comportaria naquela situação.

O primeiro **debate presidencial dos EUA**, entre os candidatos **John F. Kennedy** e **Richard Nixon**, em 1960, foi uma das transmissões **mais vistas** da história da TV no país.

Entrando na mente do outro
É um bom recurso imaginar como a personagem raciocina. Reflita sobre a história dela até então e o que ela pensaria da situação atual. Considere seus relacionamentos com as outras personagens e como elas se comportariam diante disso.

Imite a fala
Para que as personagens sejam convincentes, é necessário falar como elas. Uma pessoa zangada gritaria; uma tímida murmuraria as palavras; uma pessoa empolgada falaria rápido. Use o sotaque adequado se a pessoa é de determinado país ou região e empregue um vocabulário coerente com a idade dela.

Imite o andar
A personalidade e o estado de espírito da personagem devem ser reproduzidos com a linguagem corporal apropriada. Por exemplo, uma personagem confiante teria cabeça erguida e ombros retos e andaria altivamente; uma personagem tímida ou deslocada olharia para o chão, arrastaria os pés, se encurvaria e evitaria olhar nos olhos dos outros.

Not you again!

MUNDO REAL
No tribunal
O julgamento de um crime é um tipo de debate porque os advogados argumentam sobre a culpa ou a inocência do réu. Os advogados da promotoria e da defesa se alternam para defender pontos de vista e apresentar provas. O juiz e às vezes um júri dão o veredicto. A capacidade de persuasão do advogado pode fazer enorme diferença no resultado do julgamento.

- Introduza no debate alguns **pontos de vista polêmicos**. Ideias incomuns, ainda que ninguém concorde com elas, conseguem animar um debate.
- **Não grite**. Mesmo que haja desentendimento, é importante manter a **educação**.

Escrever um discurso

DISCURSO É UMA FALA SOBRE UM TEMA PARA UMA PLATEIA.

As pessoas discursam por muitos motivos diferentes, mas em geral em situações sociais ou de trabalho. As técnicas usadas para escrever um discurso são parecidas com as de trabalhos escritos, mas o discurso precisa ser eficaz quando dito em voz alta.

A questão central

Qualquer discurso precisa ter uma mensagem clara e emotiva para o público. Por exemplo, um político faz discursos para convencer as pessoas a votar nele ou apoiar suas propostas. Os ativistas os fazem para aumentar a consciência a respeito de um tema, como os direitos dos animais.

VEJA TAMBÉM	
‹ 34-5	Pronomes
‹ 182-3	O vocabulário correto
‹ 188-9	Paragrafação
‹ 202-3	Escrever para influenciar
‹ 222-3	O inglês falado
A arte da apresentação	228-9 ›

• Os discursos informais podem conter **gíria**, mas é melhor usar o **inglês-padrão** para que o público **compreenda** o que **é dito**.

GLOSSÁRIO

Alliteration (aliteração) Repetição de letras ou sons para criar um efeito de estilo.
Pronoun (pronome) Palavra, como *I*, *me* ou *she*, que substitui um substantivo.
Rhetorical question (pergunta retórica) Pergunta que não precisa de resposta, mas é usada para impressionar.
Slogan (lema/bordão) Frase curta mas memorável que resume uma mensagem.
Standard English (inglês-padrão) Modalidade do inglês que usa vocabulário e gramática formais.

Ideas for my speech:
- *Save the Brussels sprout!*
- *When I met my favourite sports star.*
- *Mullet hairstyles are a fashion disaster.*
- *Why I should be the next James Bond.*
- *Mobile phones should not be banned in school.*

Estrutura

Como qualquer texto, o discurso precisa ter uma estrutura organizada, com início, meio e fim claros.

I have a shocking secret. I like Brussels sprouts!

Brussels sprouts are incredibly good for you. There is more vitamin C in a sprout than an orange.

So next time you tuck into dinner, give the little green things a chance.

△ **Início**
A abertura deve conquistar a atenção do público, com uma piada, uma estatística surpreendente ou uma citação inspiradora.

△ **Meio**
O corpo do discurso deve apresentar, um por um, os pontos principais. Cada ponto deve ser corroborado por provas.

△ **Fim**
A última parte precisa resumir a mensagem do discurso e terminar com algo memorável.

ESCREVER UM DISCURSO

Impacto das palavras
Os redatores de discursos usam técnicas para criar falas que prendam a atenção do público. Mais importante, eles consideram o impacto das palavras quando ditas em voz alta.

Perguntas retóricas
Às vezes, o orador faz uma pergunta ao público, quase sempre sem esperar uma resposta. As perguntas levam os ouvintes a se sentir envolvidos e os incentiva a pensar em algo com mais profundidade.

> You say that you hate Brussels sprouts, but have you ever given them a chance?

Repetição e enumeração
A repetição de palavras e expressões dá um bom ritmo ao discurso e realça palavras e ideias importantes. A enumeração de pessoas, lugares e nomes reforça que existem muitos deles.

> Sprouts are bursting with goodness. They are packed with **vitamin C, vitamin A, potassium, calcium, iron and protein**.

MUNDO REAL
Eu gostaria de agradecer...
Os atores e cantores costumam fazer discursos quando são premiados. As cerimônias do Oscar ficaram famosas pelos discursos muito longos e emocionados. O recorde do discurso mais longo ainda é de Greer Garson, que se arrastou por sete minutos em 1942. Desde então, os organizadores impuseram o limite de 45 segundos – os que ultrapassam o limite são cortados pela música da orquestra.

Linguagem emotiva e sensacionalista
Um discurso é mais que uma argumentação racional. Ele precisa atrair a plateia. Os redatores usam linguagem emotiva para arrancar uma reação do público, como empolgação ou culpa.

> Every year, thousands and thousands of untouched Brussels sprouts are **thoughtlessly dumped** in the rubbish bin.

Pronomes
O uso dos pronomes *I*, *you* ou *we* num discurso pode torná-lo mais pessoal. Os oradores também usam tratamentos amistosos, como *friends* ou *comrades*, para criar um vínculo com o público.

> **I** changed my mind about Brussels sprouts. **You** can, too. **Together we** can make this vegetable popular again.

Slogans
Os discursos costumam conter lemas ou bordões memoráveis, que resumem uma tese. Em geral, são fortes e têm um som atraente quando ditos em voz alta, quase sempre por usarem aliteração.

> **B**ring **b**ack the **B**russels!

Os melhores discursos costumam ser **curtos**. O **discurso de Gettysburg** de **Abraham Lincoln**, um dos mais famosos da história, durou menos de **três minutos**.

A arte da apresentação
OS MELHORES ORADORES SÃO CLAROS E ENVOLVENTES.

Até um discurso bem escrito fica ruim se for mal apresentado. É importante falar com clareza e envolver o público com o tom de voz certo, linguagem corporal e até material de apoio.

VEJA TAMBÉM	
116-7	Marcadores
202-3	Escrever para influenciar
222-3	O inglês falado
224-5	Debate e representação
226-7	Escrever um discurso

Fichas
É tentador ler um discurso palavra por palavra, mas a apresentação espontânea é mais interessante para o público. Decore o discurso ao máximo e prepare cartões pequenos com os pontos, citações e dados estatísticos importantes e use-os como fichas de apoio.

Escreva os pontos importantes numa ficha, até mesmo no formato de anotação.

> **Why I love Brussels sprouts**
> - I have a secret. I love Brussels sprouts!
> - The day I changed my mind
> - They have a bad reputation but don't deserve it
> - Largest producer is the Netherlands, with 82,000 tons a year

Inclua as estatísticas, que são fáceis de esquecer.

Fale com clareza
O orador nunca deve gritar, mas sim projetar a voz para que ela seja ouvida em todo o ambiente. Também é importante não falar muito rápido, pois o público pode ter dificuldade de acompanhar o discurso. Aliás, costuma ser eficaz fazer pausas, para dar à plateia tempo de pensar no que se disse. Por fim, não é necessário esconder o sotaque, mas a pronúncia deve ser clara.

> **Some nutritional facts about Brussels sprouts**
> - Brussels sprouts contain more vitamin C than oranges. (pause)
> - There is almost no fat in Brussels sprouts. (pause)
> - Unlike most vegetables, Brussels sprouts are high in protein. (pause)

Inclua na ficha as pausas, que indicam quando parar por alguns segundos.

Entonação
Quando se fala, a voz sobe e desce e se torna mais alta e mais baixa. Essa variação natural chama-se entonação. Se a voz continua sempre a mesma, vai parecer que sai de um robô e fará a plateia cochilar. O realce de certas palavras ou frases ajuda a criar um bom ritmo e enfatiza esses pontos.

Sublinhe ou destaque palavras e frases que precisam ser reforçadas.

> **History of Brussels sprouts**
> - Forerunners to the Brussels sprout were cultivated in ==Ancient Rome.==
> - American Founding Father ==Thomas Jefferson== grew Brussels sprouts.
> - Today, production is ==huge.== Approximately ==32,000 tons== are produced in the United States every year.

A ARTE DA APRESENTAÇÃO

Gestos e movimentos

Os gestos podem mostrar que o apresentador é entusiástico e envolvente. Os oradores costumam mexer as mãos para enfatizar certos pontos e conquistar a atenção do público. O discurso torna-se mais pessoal quando o orador anda pelo ambiente, porque ele se movimenta mais perto de algumas pessoas. Também é importante trocar olhares com os ouvintes.

- O orador deve parecer **entusiástico**. Se ele se mostrar entediado, a plateia também vai ficar.
- É muito útil **treinar** o discurso à frente de um **espelho**.

Troque olhares com o público para envolvê-lo.

△ **Entusiasmo**
Gestos firmes, como socar o ar ou acenar, podem mostrar que o orador é bem entusiasmado.

△ **Grandes ideias**
Alguns gestos – por exemplo, abrir os braços – enfatizam a grandeza de determinada questão.

△ **Distração**
É importante não se movimentar demais. Movimentos inconvenientes podem tirar a atenção do público do que se diz.

Apoio visual

Às vezes os oradores usam recursos visuais para despertar a atenção da plateia. Entre eles estão imagens, gráficos e diagramas que esclarecem informações complicadas ou as tornam mais interessantes. O resumo de pontos importantes apresentados em slides ou fichas por meio de um projetor serve para enfatizá-los, ajudando a plateia a memorizar esses dados.

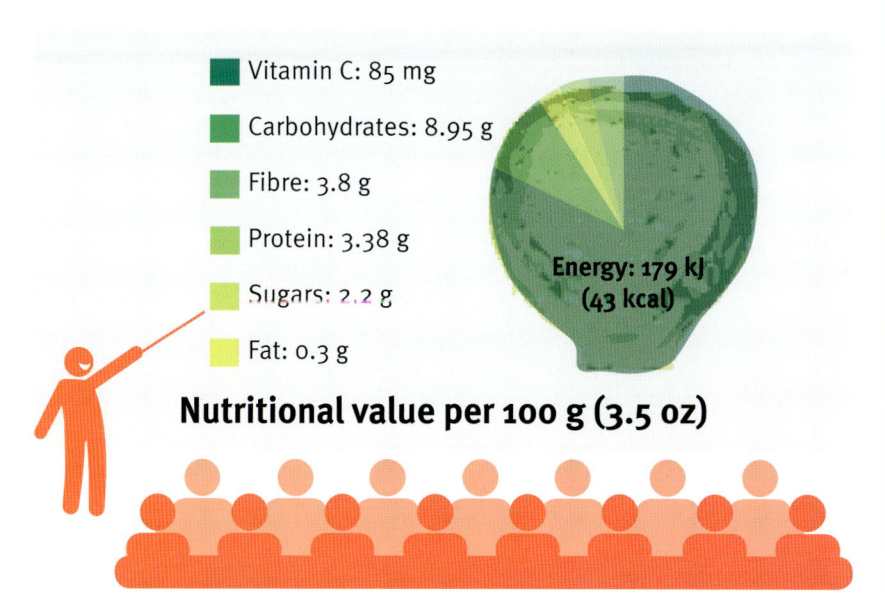

- Vitamin C: 85 mg
- Carbohydrates: 8.95 g
- Fibre: 3.8 g
- Protein: 3.38 g
- Sugars: 2.2 g
- Fat: 0.3 g

Energy: 179 kJ (43 kcal)

Nutritional value per 100 g (3.5 oz)

MUNDO REAL
Roupas de menos

Os oradores pensam nas roupas que vestem ao se dirigir ao público. Certos políticos e executivos decidem não vestir terno e gravata quando fazem um discurso em público. Com roupas mais informais, esperam parecer mais tranquilos e acessíveis, para que a plateia sinta-se mais próxima deles.

5

Consulta rápida

Gramática
CONSULTA RÁPIDA

Classes gramaticais

Os tipos diferentes de palavras que compõem os períodos são chamados de classes gramaticais. Só os substantivos e os verbos são elementos essenciais do período, mas outras classes gramaticais – como adjetivos e advérbios – o tornam mais descritivo.

Classe gramatical	Significado	Exemplos
substantivo	um nome	cat, Evie, girl, house, water
adjetivo	qualifica um substantivo ou pronome	big, funny, light, red, young
verbo	indica ação ou estado	be, go, read, speak, swim, walk
advérbio	modifica verbos, adjetivos e outros advérbios, informando onde, quando, quanto e como	briskly, easily, happily, here, loudly, quite, rather, soon, together, very
pronome	substitui um substantivo	he, she, you, we, them, it
preposição	relaciona um substantivo ou pronome a outra palavra do período	about, above, from, in
conjunção	palavra usada para ligar palavras e orações	and, because, but, while, yet
interjeição	uma exclamação ou observação	ah, hey, hi, hmm, wow, yes
artigo	usado com um substantivo para especificar se é ser ou coisa particular ou genérica	a, an, the
determinante	precede o substantivo e lhe dá contexto	all, her, my, their, your

Palavras e orações negativas e positivas

Certas palavras têm significado negativo – por exemplo, *no*, *none*, *not*, *insult* e *deny*. Outras palavras tornam-se negativas com o acréscimo de um prefixo negativo, como anti-, dis- ou un-, ou de um sufixo negativo, como -less. Essas palavras podem então ser usadas para compor um período positivo, ajudando a simplificá-lo e a facilitar a sua compreensão.

Período negativo	Período positivo
was not typical	was atypical
is not social	is antisocial
have no defences	is defenceless
was not hydrated	was dehydrated
does not approve	disapproves
was not legal	was illegal
is not balanced	is imbalanced
was not direct	was indirect
was not spelt correctly	was misspelt
does not exist	is non-existent
was not happy	was unhappy

Verbos irregulares

Nem todos os verbos seguem as regras: os regulares acompanham uma terminação específica quando no pretérito, mas os verbos irregulares não. Veja alguns verbos irregulares e a grafia de seu pretérito e particípio passado.

Infinitivo	Pretérito simples	Particípio passado
awake	awoke	awoken
bear	bore	borne
beat	beat	beaten
bend	bent	bent
bind	bound	bound
bite	bit	bitten
burn	burned/burnt	burned/burnt
deal	dealt	dealt
dig	dug	dug
dream	dreamed/dreamt	dreamed/dreamt
feed	fed	fed
fight	fought	fought
forbid	forbade	forbidden
forget	forgot	forgotten
forgive	forgave	forgiven
forsake	forsook	forsaken
grind	ground	ground
hide	hid	hidden
hit	hit	hit
hurt	hurt	hurt
kneel	knelt	knelt
leap	leaped/leapt	leaped/leapt
light	lit	lit
overdo	overdid	overdone
prove	proved	proved/proven
read	read	read
ring	rang	rung
seek	sought	sought
shine	shone	shone
slay	slew	slain
stink	stank	stunk
tread	trod	trodden
wake	woke	woken
weave	wove	woven

Pronomes

Usam-se pronomes para representar substantivos, evitando repetições. Os substantivos singulares devem ser substituídos por pronomes no singular, e os plurais, por pronomes no plural. Alguns pronomes podem ser singulares e plurais.

Tipo	Singular	Plural
Pronomes pessoais	I you he she it me him her	we you they us them
Pronomes possessivos	mine yours his hers its	ours yours theirs
Pronomes relativos	that what which who whom whose	that what which whose
Pronomes reflexivos	myself yourself himself herself	ourselves themselves
Pronomes demonstrativos	this that	these those
Pronomes interrogativos	who whom what which whose	what which
Pronomes indefinidos	all another any anyone anything each more most neither nobody none no one nothing other some somebody	all any both few many most none others several some

Erros gramaticais comuns

Particípios "pendentes"

As frases introdutórias nos dois primeiros períodos abaixo preparam o período para um substantivo que não vem. Isso se chama particípio "pendente", porque a primeira parte do período fica "pendurada", sem nada que a apoie ou explique. O substantivo que inicia a segunda parte do período deve ser o mesmo que se relaciona com a primeira parte.

✗ **Smiling** from ear to ear, **the school** confirmed Jo's position on the debate team.

✗ **Smiling** from ear to ear, **Jo's position** on the school debate team was confirmed.

✓ **Smiling** from ear to ear, **Jo** heard that her position on the school debate team was confirmed.

Negativa dupla

Em matemática, duas negativas fazem uma positiva, e o mesmo ocorre em inglês – duas palavras negativas no período cancelam-se e invertem o significado pretendido.

✗ Charlie **couldn't** have **none** of the sweets.

✓ Charlie **could** have **none** of the sweets.

✓ Charlie **couldn't** have **any** of the sweets.

Períodos incompletos

Um período completo deve fazer sentido e, para tanto, precisa ter, ao menos, um sujeito e um verbo. Muito embora o segundo período abaixo seja composto por apenas duas palavras, ele está completo, porque tem um sujeito e um verbo. O primeiro está incompleto, porque não tem sujeito.

✗ Where is.

✓ I slept.

Uso errado de *me*, *myself* e *I*

Se separarmos o período a seguir, o período resultante "Me travelled by train" fica errado.

✗ Luke and **me** travelled by train.

✓ Luke and **I** travelled by train.

Do mesmo modo, se esse período for dividido em partes menores, o período "It was a long journey for I" fica errado.

✗ It was a long journey for Luke and **I**.

✓ It was a long journey for Luke and **me**.

Myself precisa sempre de um sujeito a que se remeter. Como não há *I* nem *me* no primeiro dos períodos a seguir, o uso de *myself* neste exemplo está errado.

✗ Luke wondered about **myself** in the same situation.

✓ I wondered about **myself** in the same situation.

Modificadores mal colocados

Um modificador precisa estar próximo da palavra que ele modifica; de outro modo, pode haver confusão. No período a seguir, o modificador *hot* deve referir-se ao calor do mingau que Becky come de manhã, não ao da tigela.

✗ Becky ate a **hot** bowl of porridge every morning.

✓ Becky ate a bowl of **hot** porridge every morning.

Uso errado de pronomes neutros

Certos pronomes, como *they*, não têm gênero. *They* é um pronome plural e às vezes é mal usado em períodos que pedem um pronome singular. No período a seguir, *they* está errado porque é plural, enquanto o sujeito *someone* é singular. *They* deve ser substituído por *he ou she,* ou então o período precisa ser reescrito.

✗ If **someone** did that, then **they were** wrong.

✓ If **someone** did that, then **he or she was** wrong.

Infinitivo dividido

Infinitivo é o modo verbal mais simples, como *to run* e *to have*. É preferível manter a palavra *to* com o verbo no infinitivo no período. No primeiro período abaixo, o advérbio *secretly* está separando *to* do verbo *like*. Deve-se evitar esse infinitivo dividido.

✗ She used **to** secretly **like** football.

✓ She secretly used **to like** football.

Discordância de sujeito e verbo

No exemplo abaixo, como o sujeito foi confundido com *presents* – um substantivo plural–, usou-se o plural do verbo (*were*). Na verdade, o sujeito do período é o substantivo singular *sack*, e o singular do verbo (*was*) deveria ter sido utilizado.

✗ The **sack** of presents **were** delivered late.

✓ The **sack** of presents **was** delivered late.

Non sequiturs

Literalmente, *non sequitur* significa "não é consequência" e, neste caso, uma afirmação ou conclusão não é consequência lógica do que se disse antes. Veja alguns exemplos:

You have a big nose. Therefore, your face looks young.

I will win the game. I have a hat.

Palavras e expressões de uso incorreto

Uso de *bored of* em vez de *bored by* or *bored with*
✗ She was bored **of** studying.
✗ He was bored **of** the classes.
✓ She was bored **with** studying.
✓ He was bored **by** the classes.

Confusão entre *compared to* e *compared with*
Deve-se usar *compared to* ao dizer que duas coisas são parecidas. Neste período, Jess era como os melhores da turma.

✓ The teacher compared Jess **to** the best in the class.

Compared with deve ser usado ao comparar as semelhanças entre duas coisas. No período abaixo, a professora compara Jess aos melhores da turma.

✓ The teacher compared Jess **with** the best in the class.

Uso de *different to* em vez de *different from*
✗ The left side is different **to** the right side.
✓ The left side is different **from** the right side.

Uso de *like* como conjunção em vez de *as if* ou *as though*
Like é usado corretamente como preposição no último período do exemplo. Essa palvra não deve ser usada como conjunção.

✗ He acted **like** he didn't care.
✓ He acted **as though** he didn't care.
✓ It looks **like** a turtle.

Uso de *or* com *neither*
Either e *or* combinam, assim como *neither* e *nor*.

✗ Use **neither** the left one **or** the right one.
✓ Use **either** the left one **or** the right one.
✓ Use **neither** the left one **nor** the right one.

Uso de *should of*, *would of* e *could of* em vez de *should have*, *would have* e *should have*
Of é usado incorretamente com sentido de *have* em inglês.

✗ Steve **should of** stood up for himself.
✓ Steve **should have** stood up for himself.
✓ Steve **should've** stood up for himself.

Uso de *try and* e *go and* em vez de *try to* e *go to*
Costuma-se usar incorretamente a conjunção *and* em vez da preposição *to* com os verbos *try* e *go*.

✗ We should **try and** change our flights.
✓ We should **try to** change our flights.
✗ I'll **go and** see the show.
✓ I'll **go to** see the show.

Uso de substantivo como verbo
No inglês falado, sobretudo em jargão, é comum o uso de substantivo como verbo. É melhor evitar esse uso.

✗ The fire will **impact** on the environment.
✓ The fire will have **an impact** on the environment.

Regras para formar períodos

• Um período deve sempre ter ao menos sujeito e verbo, começar com letra maiúscula e terminar com ponto, ponto de interrogação ou ponto de exclamação. O período também pode ter um objeto.

• Deve-se seguir a estrutura básica de um período, que é sujeito-verbo-objeto.

• Nunca una duas orações principais com vírgula. Ou separe-as em dois períodos com um ponto e vírgula, ou ponha uma palavra de união como *and* ou *but* após uma vírgula.

• Confira se o período faz sentido. Do contrário, talvez falte um dos ingredientes principais, e o período está incompleto. Por exemplo, uma oração subordinada não compõe um período completo; é necessária uma oração principal.

• Verifique se o sujeito e o verbo concordam. Se o sujeito é singular, o verbo deve ser singular; se o sujeito é plural, o verbo deve ser plural.

• Use a voz ativa em vez da passiva. Ela é mais simples e o significado do período é transmitido com mais clareza.

• Use períodos positivos em vez de negativos sempre que possível, a fim de facilitar a compreensão.

• Os períodos precisam conter um paralelismo. Isso significa que se deve usar a mesma classe gramatical, por exemplo, para mostrar que as partes do período têm a mesma importância, como na frase abaixo.

✗ Darcy likes swimming, running and to ride her bike.
✓ Darcy likes to swim, run and ride her bike.

Pontuação
CONSULTA RÁPIDA

Sinal de pontuação	Nome	Uso
.	full stop	• Assinala o fim de uma afirmação completa. • Assinala o fim de uma palavra abreviada.
...	ellipsis	• Assinala omissão de texto ou um período inacabado.
,	comma	• Segue palavra introdutória, expressão ou oração. • Pode ser usada como travessão, separando parte não essencial do período. • Pode ser usada com conjunção para juntar duas orações principais. • Separa palavras ou frases numa enumeração. • Representa palavras omitidas, para evitar repetições no período. • Pode ser usada entre a introdução ao discurso e o discurso direto.
;	semi-colon	• Separada duas orações principais intimamente relacionadas. • Precede advérbios como *however*, *therefore*, *consequently* e *nevertheless*, ligando orações. • Separa os integrantes de uma enumeração complexa.
:	colon	• Liga a oração principal a outra oração, expressão ou palavra que explica a oração principal ou enfatiza uma questão da oração principal. • Introduz uma enumeração, após uma afirmação completa. • Introduz texto de citação.
'	apostrophe	• Assinala a omissão de uma letra. • Indica posse. • Cria plurais quando o simples acréscimo do *s* provoca confusão.
-	hyphen	• Liga duas palavras em modificadores compostos. • É usado em frações e em números de *twenty-one* a *ninety-nine*. • Junta determinados prefixos a palavras.
" "	inverted commas	• São usadas antes e depois de discurso direto e citação. • Destacam uma palavra ou expressão no período. • São usadas para destacar títulos de obras curtas.
?	question mark	• Assinala o fim de período que é uma pergunta.
!	exclamation mark	• Assinala o fim de período que expressa emoção forte. • É usado no final de uma interrupção para dar ênfase.
( )	brackets	• São usados para isolar informações não essenciais no período. • São usados para destacar esclarecimentos.
–	dash	• É usado em par para isolar interrupções. • Assinala um intervalo de números (*5–6 hours*). • Indica direção de viagem (*Trys–Qysto route*).
•	bullet point	• Indica um ponto importante numa enumeração.
/	slash	• É usado para mostrar uma alternativa em lugar da palavra *and* ou *or*.

Contrações

	be	will	would	have	had
I	I am I'm	I will I'll	I would I'd	I have I've	I had I'd
you	you are you're	you will you'll	you would you'd	you have you've	you had you'd
he	he is he's	he will he'll	he would he'd	he has he's	he had he'd
she	she is she's	she will she'll	she would she'd	she has she's	she had she'd
it	it is it's	it will it'll	it would it'd	it has it's	it had it'd
we	we are we're	we will we'll	we would we'd	we have we've	we had we'd
they	they are they're	they will they'll	they would they'd	they have they've	they had they'd
that	that is that's	that will that'll	that would that'd	that has that's	that had that'd
who	who is who's	who will who'll	who would who'd	who has who's	who had who'd

Verbos and *not*	Contração
is not	isn't
are not	aren't
was not	wasn't
were not	weren't
have not	haven't
has not	hasn't
had not	hadn't
will not	won't
would not	wouldn't
do not	don't
does not	doesn't
did not	didn't
cannot	can't
could not	couldn't
should not	shouldn't
might not	mightn't
must not	mustn't

Verbos auxiliares e *have*	would have	should have	could have	might have	must have
Contração	would've	should've	could've	might've	must've

Erros comuns de pontuação

União com vírgula
Uma vírgula entre duas orações cria uma "comma splice" se ela for usada sem conjunção. A vírgula precisa ser substituída por ponto e vírgula ou por ponto. Ou, ainda, o texto pode ser reescrito com vírgula e conjunção.

✗ You cook**,** I'll do the dishes.

✓ You cook**, and** I'll do the dishes.

Apóstrofo mal colocado
Apesar de ser um erro comum, é preciso atenção para não usar o **'s** do possessivo no lugar do plural com *s*.

✗ carrot**'s**   ✗ apple**'s**

✓ carrots   ✓ apples

Hífen em modificador composto
É incorreto o uso de hífen em modificador composto que tenha um advérbio terminado em -ly. Esses modificadores compostos nunca são hifenizados.

✗ cleverly**-**planned meeting

✓ cleverly planned meeting

Uso incorreto de *your* e *you're*
Pode-se evitar a confusão entre *your* e *you're* lembrando-se de que "you're" é a contração feita por duas palavras separadas: *you* e *are*.

✗ It's in **you're** bag.   ✗ **Your** mistaken.

✓ It's in **your** bag.   ✓ **You're** mistaken.

Ortografia
CONSULTA RÁPIDA

Erros de grafia comuns

Aqui estão algumas das palavras que mais são grafadas incorretamente, e dicas para grafá-las do jeito certo.

Grafia correta	Dicas de ortografia	Erros comuns
accommodation	o *c* é dobrado e o *m* também	accomodation
apparently	*ent* no meio, não *ant*	apparantly
appearance	termina em *-ance*, não *-ence*	appearence
basically	termina em *-cally*, não *-cly*	basicly
beginning	duplique o *n* central	begining
believe	lembre-se de "*i* antes do *e*, exceto após o *c*"	beleive ou belive
business	começa com *busi-*	buisness
calendar	termina em *-ar*, não *-er*	calender
cemetery	termina em *-ery*, não *-ary*	cemetary
coming	há um só *m*	comming
committee	duplique o *m*, o *t* e o *e*	commitee
completely	lembre-se do *e* final; termina em *-tely*, não *-tly*	completly
conscious	lembre-se do *s* antes do *c* no meio	concious
definitely	*ite* no meio, não *ate*	definately
disappoint	é com um *s* e dois *p*s	dissapoint
embarrass	são dois *r*s e dois *s*s	embarass
environment	lembre-se do *n* antes do *m*	enviroment
existence	termina em *-ence*, não *-ance*	existance
familiar	termina em *-iar*	familar
finally	são dois *l*s	finaly
friend	lembre-se de "*i* antes do *e*, exceto após o *c*"	freind
government	lembre-se do *n* antes do *m*	goverment
interrupt	há dois *r*s no meio	interupt
knowledge	lembre-se do *d* antes do *g*	knowlege
necessary	um *c* e dois *s*s	neccessary
separate	*par* no meio, não *per*	seperate
successful	são dois *c*s e dois *s*s	succesful
truly	não existe o *e*	truely
unfortunately	termina em *-tely*, não *-tly*	unfortunatly
which	começa com *wh*	wich

Duas palavras ou uma?

Como certas palavras da língua inglesa são quase sempre usadas juntas, é fácil confundi-las com uma só palavra. Eis algumas expressões que pegam as pessoas na armadilha de escrever uma só palavra em lugar de duas.

a lot	full time	home page	real time
bath time	half moon	ice cream	seat belt
blood sugar	hard copy	life cycle	side effect
cash flow	high chair	never mind	time frame
first aid	hip bone	post office	time sheet

Parecidas, mas nem tanto

O inglês está cheio de palavras de som parecido que têm sentidos diferentes. Portanto, é fundamental escrever essas palavras corretamente para transmitir o sentido correto do período. Veja abaixo algumas das palavras homófonas que são mais facilmente confundidas, com exemplos de seu uso correto.

accept e except
I **accept** your apology.
Everyone was on the list **except** for me.

adverse e averse
She was feeling unwell due to the **adverse** effects of her medication.
He was lazy and **averse** to playing sport.

aisle e isle
The bride walked down the **aisle**.
They visited an **isle** near the coast of Scotland.

aloud e allowed
She read the book **aloud**.
He was **allowed** to choose which book to read.

amoral e immoral
Her **amoral** attitude meant that she didn't care if her actions were wrong.
He was fired from the firm for **immoral** conduct.

appraise e apprise
The manager needed to **appraise** the employee's skills.
The lawyer arrived to **apprise** the defendant of his rights.

assent e ascent
He nodded his **assent**.
They watched the **ascent** of the balloon.

aural e oral
The **aural** test required her to listen.
The dentist performed an **oral** examination.

bare e bear
The baby had a **bare** bottom.
The large **bear** roamed the woods.

break e brake
The chocolate was easy to **break** apart.
The car didn't **brake** fast enough.

broach e brooch
He decided to **broach** the subject for discussion.
She wore a pretty **brooch**.

cereal e serial
He ate a bowl of **cereal** for breakfast.
She found the **serial** number on her computer.

complement e compliment
The colours **complement** each other well.
He paid her a **compliment** by telling her she was pretty.

cue e queue
The actor waited for his **cue** before walking on stage.
The checkout **queue** was very long.

desert e dessert
The **desert** is extremely hot and dry.
She decided to have cake for **dessert**.

draught e draft
There was a **draught** coming from under the door.
He had written a **draft** of the letter.

pore e pour
He had a blocked **pore** on his nose.
She helped **pour** the drinks at the party.

principle e principal
The man believed in strong **principles**.
He was given the role of the **principal** character.

stationary e stationery
The aircraft landed and remained **stationary**.
She looked in the **stationery** cupboard for a pen.

Palavras traiçoeiras com maiúsculas

Certas palavras às vezes começam com letra maiúscula, às vezes não. Para que as frases façam sentido, é importante saber quando usar a inicial maiúscula.

Em alguns casos, as letras maiúsculas são o único fator de distinção entre duas palavras escritas do mesmo modo, mas com significados bem diferentes.

Palavras confundidas	Significado com minúscula	Significado com maiúscula
alpine e **Alpine**	relativo a regiões montanhosas	relativo aos Alpes
august e **August**	majestoso	o oitavo mês do ano
cancer e **Cancer**	uma doença	constelação e signo astrológico
china e **China**	porcelana	país do Leste da Ásia
earth e **Earth**	solo, terra firme	o planeta em que vivemos
jack e **Jack**	aparelho para levantar coisas pesadas	nome masculino
italic e **Italic**	tipo de letra inclinada	relativo à Itália
lent e **Lent**	pretérito do verbo *lend*	período que precede a Páscoa no cristianismo
march e **March**	andar com vigor e ritmadamente	terceiro mês do ano
marine e **Marine**	relativo ao mar	integrante da Marinha
mercury e **Mercury**	elemento químico	planeta mais próximo do Sol
nice e **Nice**	agradável	cidade do Sul da França
pole e **Pole**	objeto cilíndrico longo	natural da Polônia
swede e **Swede**	uma planta	natural da Suécia

Alguns radicais gregos e latinos

Raiz latina	Significado	Exemplos
act	fazer	**act**ion, en**act**
ang	dobra	**ang**le, tri**ang**le
cap	cabeça	**cap**ital, de**cap**itate
dic	falar	**dic**tate, pre**dic**t
imag	semelhança	**imag**e, **imag**ination
just	lei	**just**ice, **just**ify
ques	perguntar, procurar	**ques**tion, re**ques**t
sci	saber	con**sci**ence, **sci**ence

Raiz grega	Significado	Exemplos
arch	chefe	**arch**bishop, mon**arch**
auto	eu, próprio	**auto**biography, **auto**matic
cosm	universo	**cosm**opolitan, **cosm**os
gen	nascimento, raça	**gen**eration, **gen**ocide
log	palavra	apo**log**y, dia**log**ue
lysi	quebra	ana**lysi**s, hydro**lysi**s
morph	forma	meta**morph**osis, **morph**ology
phon	som	sym**phon**y, tele**phon**e

Alguns prefixos e sufixos

Prefixo	Significado	Exemplos
aero-	ar	aeroplane, aerosol
agri-	da terra	agribusiness, agriculturalist
ambi-	ambos	ambiguous, ambivalent
astro-	estrela	astrology, astronaut
bio-	vida, seres vivos	biodiversity, biofuel
contra-	contra, contrário	contraband, contradict
deca-	dez	decade, decahedron
di-, du-, duo-	dois	dioxide, duet, duotone
electro-	relativo a eletricidade	electrolysis, electromagnet
geo-	relativo à Terra	geography, geology
hydro-	relativo à água	hydroelectricity, hydropower
infra-	abaixo, embaixo	infrared, infrastucture
kilo-	mil	kilogram, kilometre
mal-	ruim	malaise, malnourished
maxi-	grande	maximise, maximum
multi-	muitos	multicultural, multiply
nano-	um bilionésimo, extremamente pequeno	nanosecond, nanotechnology
ped-	pé	pedestrian, pedometer
proto-	primeiro	protocol, prototype
sy-, syl-, sym-, syn-	junto, com	system, syllable, symbol, synthesis
tele-	distante	telephone, telescope

Sufixos	Significado	Exemplos
-ade	ação	Blockade, masquerade
-an	pessoa, pertencente a	guardian, historian
-ancy, -ency	estado	vacancy, agency
-ar, -ary	semelhança com	linear, exemplary
-ard, -art	característica	wizard, braggart
-ence, -ency	estado	dependence, emergency
-ess	feminino	lioness, waitress
-fy	transformar em	beautify, simplify
-iatry	cura, assistência médica	podiatry, psychiatry
-ile	com as qualidades de	projectile, senile
-our	estado	humour, glamour
-ory	com a função de	compulsory, contributory
-phobia	medo de	agoraphobia, arachnophobia
-ure	ação	exposure, measure
-wise	à maneira de	clockwise, likewise

Homônimos

Homônimos são palavras que têm a mesma grafia e pronúncia, mas significados diferentes.

Homônimo	Significado 1	Significado 2	Significado 3	Significado 4
back	as costas de alguém, dos ombros ao quadril	a parte de trás de um objeto, oposto de *front*	andar para trás	de volta
board	madeira fina e chata	grupo decisório	refeições regulares	embarcar em transporte
bore	fazer um buraco	parte oca de um tubo	pessoa ou atividade chata	entristecer alguém
cast	jogar com força em certa direção	lançar luz ou sombra numa superfície	pepositar um voto	atores de um espetáculo
clear	fácil de interpretar ou entender	esclarecer	transparente	sem obstáculos
course	percurso ou rumo	prato que compõe uma refeição	curso – modo como as coisas se desenrolam	curso – série de aulas sobre um tema particular
dock	doca, construção em um porto	local no tribunal onde ficam os defensores	abater, em geral dinheiro	encurtar, por exemplo, o rabo de um animal
fair	justo, com relação a tratamento de pessoas	de cor clara ou de compleição leve	tempo bom e seco	feira ou parque de diversões
tie	gravata	amarrar com fio ou corda	empate em jogos	laço que une pessoas

Homófonos

Homófonos são palavras com pronúncia idêntica mas grafia e significado diferentes.

Grafia 1	Significado 1	Grafia 2	Significado 2	Grafia 3	Significado 3
aisle	um corredor	isle	ilhota	I'll	contração de *I will*
buy	comprar	by	meio de se fazer algo	bye	redução de *goodbye*
cent	cento – unidade monetária	scent	um cheiro	sent	pretérito do verbo *send*
cite	citar	sight	visão	site	um lugar
for	em apoio a	fore	situado à frente	four	o número 4
meat	carne em forma de comida	meet	encontrar-se	mete	dispensar punição
rain	chuva	rein	rédea	reign	governo de um monarca
raise	erguer	rays	raios, feixes de luz	raze	arrasar
vain	presunçoso	vane	biruta, que mostra a direção do vento	vein	veia, vaso sanguíneo

Regras úteis de ortografia

- O som "**ee**" no fim de uma palavra é quase sempre escrito **y**, com em *emergency* e *dependency*. Existem exceções à regra, *fee* e *coffee*.

- Quando *all* e *well* são seguidos de outra sílaba, eles têm apenas um *l*, como em *already* e *welcome*.

- Não se deve confundir as palavras *till* e *full* com *until* e o sufixo *ful*, que têm um "l" só

- "When **two vowels** go walking, **the first one** does the talking." Isso significa que quando há duas vogais juntas numa palavra, a primeira representa o som quando ela é pronunciada, e a segunda é muda, como em *approach* e *leather*. Existem algumas exceções a essa regra, entre elas *poem* e *build*.

- Quando as palavras terminam em **-e mudo**, tire o **-e mudo** ao acrescentar terminações iniciadas por vogal: por exemplo, ao acrescentar **-ing** a *give* para formar *giving*. Mantenha o **-e mudo** quando acrescentar terminações iniciadas por consoante: por exemplo, ao adicionar **-s** a *give* para formar *gives*.

- Se a palavra termina com o som "**ick**", escreva-a com *ick* se ela tiver uma sílaba, como *click* e *brick*. Se a palavra tiver duas ou mais sílabas, escreva-a com *ic*, como em *electronic* e *catastrophic*. Algumas exceções a essa regra são *homesick* e *limerick*.

- A letra *q* é em geral seguida de *u*, como em *quiet* e *sequence*.

Truques de memorização

affect e effect
Affect is the **a**ction;
effect is the **re**sult.

dilemma
Emma faced
a dil**emma**.

ocean
Only **c**ats' **e**yes
are **n**arrow.

misspells
Miss Pells never
misspells.

desert e dessert
What's the difference between
deserts and desserts? Desserts
are sweeter with **two s's**
for sugars.

soldier
Sol**die**rs sometimes
die in battle.

difficulty
Mrs. **D**, Mrs. **I**,
Mrs. **FFI**, Mrs. **C**,
Mrs. **U**, Mrs. **LTY**.

height and weight
There is an **eight** in
h**eight** and w**eight**.

secretary
A **secret**ary must
keep a **secret**.

island
An island **is land** that is
surrounded by water.

measurement
You should be **sure** of your
mea**sure**ments before you
start work.

piece
You have to have a
pie before you can
have a **pie**ce.

hear
H**ear** with
your **ear**.

Capacidade de comunicação

CONSULTA RÁPIDA

Sinônimos

Bons escritores usam um vocabulário amplo. Em vez de repetir a mesma palavra, tente usar termos diferentes com o mesmo significado, os chamados sinônimos. Uma alternativa é dar mais informação com o sinônimo que a original: por exemplo, *she whispered* diz mais ao leitor do que *she said*.

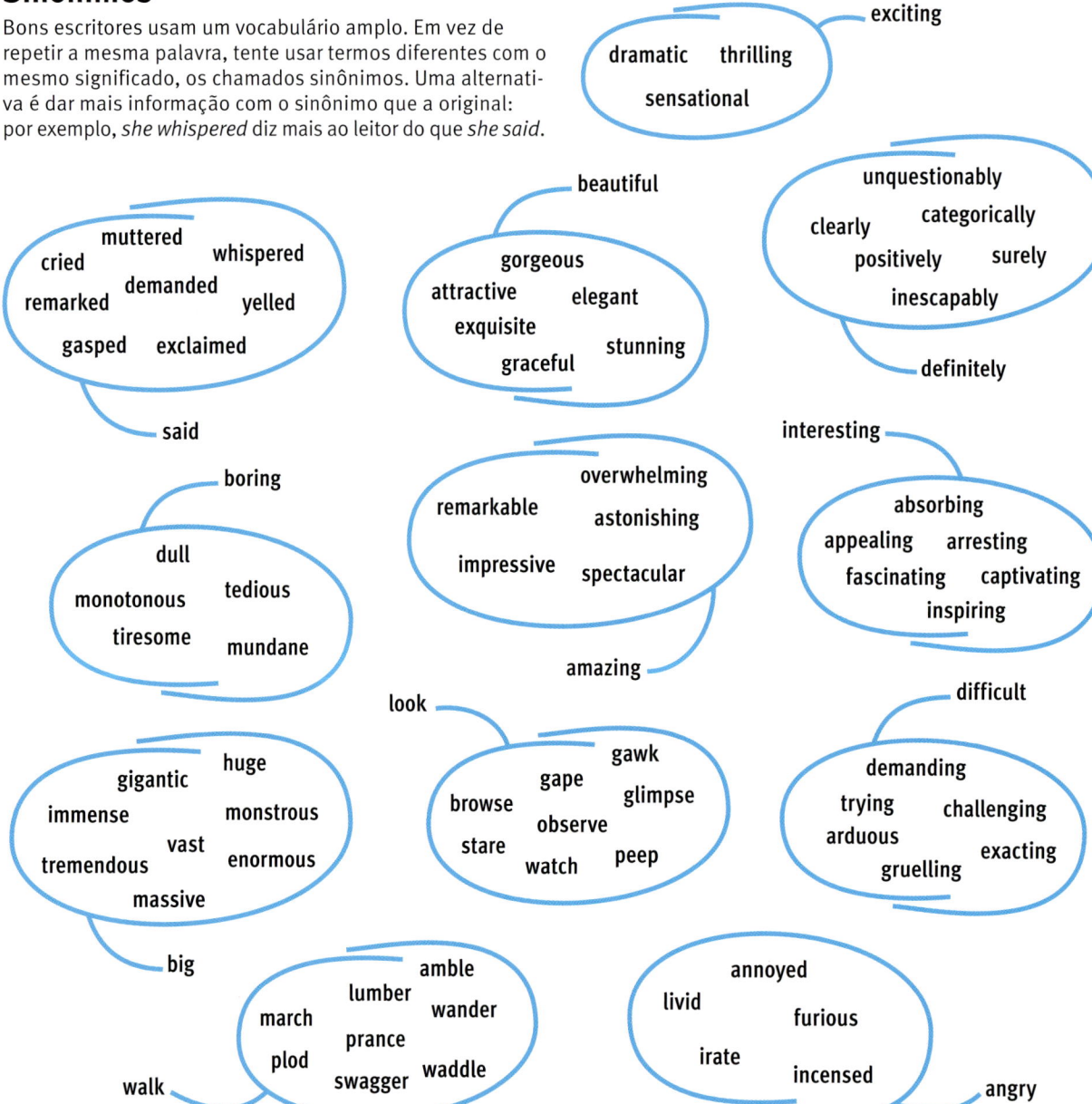

said: muttered, cried, whispered, remarked, demanded, yelled, gasped, exclaimed

exciting: dramatic, thrilling, sensational

beautiful: gorgeous, attractive, elegant, exquisite, stunning, graceful

definitely: unquestionably, clearly, categorically, positively, surely, inescapably

boring: dull, monotonous, tedious, tiresome, mundane

amazing: overwhelming, remarkable, astonishing, impressive, spectacular

interesting: absorbing, appealing, arresting, fascinating, captivating, inspiring

look: gawk, gape, glimpse, browse, observe, stare, watch, peep

difficult: demanding, trying, challenging, arduous, exacting, gruelling

big: gigantic, huge, immense, monstrous, vast, enormous, tremendous, massive

walk: amble, lumber, wander, march, prance, plod, swagger, waddle

angry: annoyed, livid, furious, irate, incensed

Adjetivos que descrevem personagens

As melhores histórias têm personagens ímpares. Use adjetivos incomuns para qualificar seu espírito e personalidade.

- absent-minded
- argumentative
- bossy
- charismatic
- considerate
- eccentric
- flamboyant
- generous
- glamorous
- gregarious
- intelligent
- intuitive
- materialistic
- morose
- optimistic
- responsible
- ruthless
- witty

Tautologias

Algumas expressões dizem a mesma coisa duas vezes. São as chamadas tautologias, que devem ser evitadas por serem desnecessárias.

Tautologia	Motivo
tiny little baby	*tiny* e *little* significam o mesmo
a round circle	círculos são circulares
an old antique	antiguidade é sempre velha
an unexpected surprise	toda surpresa é inesperada
yellow in colour	o que é amarelo só poder ser amarelo na cor
month of May	maio é sempre um mês
new innovation	inovação é sempre nova

Clichês

Clichê é uma expressão coloquial que já foi usada demais. Os clichês devem ser evitados porque tornam o texto banal e são geralmente informais.

- face the music
- as light as a feather
- at the end of the day
- up in the air
- at all costs
- in a nutshell
- on a roll
- cost an arm and a leg

Linguagem emotiva

Os escritores usam uma linguagem emotiva para provocar um impacto emocional nos leitores. Essa técnica é útil ao tentar persuadir ou entreter o público. É importante estar ciente do efeito que essa linguagem pode ter a fim de analisar e escrever textos com apelo emocional.

Versão normal	Versão dramatizada
she cried	she wailed
a good result	a staggering result
disturbance in town centre	riot in town centre
school fire	school blaze
brave person	heroic citizen
unhappy workers	furious workers
animals killed	animals slaughtered
house prices fall	house prices plummet
problems in schools	chaos in schools

Sem palavrório

O uso de mais palavras do que o necessário pode atrapalhar o sentido da frase. A escrita concisa é mais clara e mais elegante.

Versão rebuscada	Versão concisa
a considerable number of	many
are of the same opinion	agree
as a means of	to
at the present time	currently, now, today
at this point in time	now
give an indication of	show
has a requirement for	requires, needs
has the ability to	can
in close proximity to	near
in the absence of	without
in the course of	during
in the majority of instances	usually
in the very near future	soon
is aware of the fact	knows

Carta de apresentação

Cover letter é uma carta formal escrita para acompanhar um currículo para apresentação profissional ou solicitação de emprego. Deve ser composta como qualquer carta formal e conter certos detalhes que façam com que se sobressaia às demais. Uma boa carta de apresentação deve ser concisa e ocupar não mais que uma página.

As informações sobre o candidato vão no alto, à direita.

Joe Elf
Hollow Tree
Snowy Forest
Lapland

A data deve ser posta abaixo do endereço do candidato.

15 September 2013

Os detalhes do empregador vão no alto, à esquerda.

Mr. Santa Claus
Toy Workshop
Secret Mountain
North Pole

O primeiro parágrafo deve dizer que função o candidato almeja e onde ele teve conhecimento da vaga.

Junior Toymaker Vacancy

A informação sobre a vaga vai na linha do assunto.

Dear Mr. Claus,

I would like to apply for the position of Junior Toymaker advertised in the *Lapland Chronicle*. As requested, I have enclosed my résumé and two references.

The role would be an excellent opportunity for me to start my career in toy manufacturing. I believe that my impressive education and examination results from the Toy College would make me an asset to the company.

I can be contacted at the address and phone number on my résumé. I am available for interview next week.

No meio da carta o candidato explica por que quer o emprego e as competências e a experiência que ele tem.

Um fechamento com uma informação positiva mostra entusiasmo.

I look forward to discussing this role with you soon.

Yours sincerely,

Joe Elf

Joe Elf

Fontes

Nas obras acadêmicas, é preciso citar as fontes de pesquisa. A referência serve para mostrar que o autor não copiou o trabalho de outra pessoa e que ele não inventou as informações apresentadas. Deve-se fazer a referência se as palavras exatas ou ideias e descobertas de outra pessoa forem citadas ou descritas. A fonte de dados estatísticos também precisa ser mencionada. Existem várias normas para transcrição de citações e fontes; no entanto, as mesmas normas precisam ser utilizadas ao longo de todo o trabalho.

▷ **Sistema de numeração**
Pelo sistema de numeração, coloca-se um número elevado após cada fato ou citação cuja fonte precisa ser mencionada. Esse número corresponde à fonte numerada posta no pé da página, a chamada *footnote* (nota de rodapé). As informações são repetidas na bibliografia, no final da obra.

> Pizza purists argue that pizzas should only be topped with tomatoes, herbs and sometimes mozzarella. According to the Italian food writer, Gennaro Rossi, "There are only two types of pizza – Marinara and Margherita. That is all I serve." [1]
>
> 1 Gennaro Rossi, *The Perfect Pizza* (London: Pizza Press, 2010), p.9.

O título do livro é escrito em itálico.

O local de publicação e o nome da editora aparecem entre parênteses, separados por dois-pontos. O nome da editora é seguido de vírgula e da data da publicação.

A página da citação também deve ser mencionada. Use *p.* se a referência for a uma única página. Caso haja mais páginas, use *pp*.

▷ **Sistema de parênteses**
No sistema de parênteses, o autor e a data são citados entre parênteses no texto. Essa norma bibliográfica chama-se "sistema de Harvard", porque foi criada na Universidade Harvard.

O ano completo da publicação é citado.

Também se cita a página exata do original em que está a citação.

> Pizza purists argue that pizzas should only be topped with tomatoes, herbs and sometimes mozzarella. According to the Italian food writer, Gennaro Rossi (Rossi 2010, p.9), "There are only two types of pizza – Marinara and Margherita. That is all I serve."

Só se menciona o sobrenome do autor.

Não há vírgula entre o nome do autor e a data, mas a data e a página da fonte são separadas por vírgula.

▷ **Lista de referências**
Quando se usa o sistema de parênteses, o restante da informação sobre as fontes deve ser apresentado numa lista de fontes no final do trabalho. Diferentemente da bibliografia, a lista de referência traz apenas as fontes que foram citadas ou parafraseadas. Não se relaciona os livros usados na pesquisa.

> Romano, S. (1982) *The History of Italian Cooking*, Rome: Food Books.
> Rossi, G. (2010) *The Perfect Pizza*, London: Pizza Press.
> Smith, J. (2006) *My Love of Pizza*, New York: Big Fat Publishing.

As fontes devem ser citadas em ordem alfabética pelo sobrenome do autor.

A data da obra vem entre parênteses após o nome do autor.

O título fica em itálico.

As informações sobre a editora são separadas por dois-pontos.

Cada entrada termina com ponto.

Glossário

Abbreviation (abreviação)
Forma reduzida de uma palavra, em geral com um ou mais pontos que representam as letras ausentes.

Abstract noun (substantivo abstrato)
Aquele que denomina o que não se pode tocar, como um conceito ou uma sensação.

Accent (sotaque)
O modo de pronunciar a língua, que varia de acordo com as regiões geográficas.

Acronym (acrônimo)
Abreviação feita com as letras iniciais de uma série de palavras, a qual é pronunciada como se escreve, sem soletrar uma letra de cada vez.

Active voice (voz ativa)
Voz verbal em que o sujeito realiza a ação do verbo e o objeto a recebe.

Adjectival phrase (locução adjetiva)
Grupo de palavras que qualifica um substantivo ou um pronome.

Adjective (adjetivo)
Palavra que qualifica um substantivo.

Adjective prepositional phrase (locução prepositiva adjetiva)
Locução prepositiva que qualifica um substantivo.

Adverb (advérbio)
Palavra que modifica o sentido de um adjetivo, verbo ou outro advérbio.

Adverb prepositional phrase (locução prepositiva adverbial)
Locução prepositiva que modifica um verbo.

Adverbial phrase (locução adverbial)
Grupo de palavras que executa o mesmo papel de um advérbio e responde a perguntas com como, quando, por quê, onde e com que frequência.

Alliteration (aliteração)
Repetição de letras ou sons para criar um efeito de estilo.

Arabic numerals (algarismos arábicos)
Os números comuns, como 1, 2 e 3.

Attributive position (posição atributiva)
Quando o adjetivo é posto imediatamente antes do substantivo ou pronome que ele está modificando.

Auxiliary verb (verbo auxiliar)
Verbo, como *be* ou *have*, que ajuda a ligar o verbo principal do período ao sujeito. Os verbos auxiliares também são usados com outras palavras para formar contrações e períodos negativos.

Bibliography (bibliografia)
Lista de todas as fontes usadas em livros, obras acadêmicas e publicações especializadas.

Blog
Espécie de revista on-line com comentários e reflexões do(s) autor(es). É atualizado com frequência.

Cardinal number (numeral cardinal)
Um número contável, como *one*, *two* ou *twenty-one*.

Clause (oração)
Grupo de palavras que contém sujeito e verbo. Os períodos são compostos de uma ou mais orações.

Collective noun (substantivo coletivo)
Aquele que indica um grupo de indivíduos — seres vivos ou coisas.

Colloquial language (linguagem coloquial)
A linguagem do dia a dia.

Colloquialism (coloquialismo)
Palavra ou locução usada no discurso informal.

Command (comando)
Período que dá uma instrução.

Common noun (substantivo comum)
Nome dado a objetos cotidianos, lugares, pessoas e ideias.

GLOSSÁRIO 249

Concrete noun (substantivo concreto)
Aquele que denomina coisas comuns, como animais ou objetos.

Conjunction (conjunção)
Palavra ou locução que liga palavras, expressões e orações.

Consonant (consoante)
Letra do alfabeto que não é uma vogal.

Contraction (contração)
Forma reduzida de uma palavra ou palavras em que as letras omitidas no meio são substituídas por um apóstrofo.

Co-ordinating conjunction (conjunção coordenativa)
Palavra que liga palavras, expressões e orações de importância igual.

Dangling participle (particípio "pendente")
Frase ou oração iniciada por particípio e colocada erroneamente no período, longe do sujeito a que se refere.

Dialect (dialeto)
Vocabulário e gramática informais usados por um grupo social ou geográfico particular.

Direct object (objeto direto)
Substantivo ou pronome que recebe diretamente a ação do verbo.

Direct speech (discurso direto)
Texto entre aspas que representa palavras ditas por alguém.

Exaggeration (exagero)
Dizer que algo é maior ou melhor do que é na verdade.

Exclamation (exclamação)
Período que expressa um sentimento forte, como surpresa, ou tom de voz alterado.

Fact (fato)
Afirmação que pode ser comprovada.

First person narrative (narrativa em primeira pessoa)
Aquela que o autor escreve de seu ponto de vista, usando os pronomes *I* e *my*.

Gerund (gerúndio)
Nome dado ao particípio presente quando usado como substantivo.

Headline (título)
Frase acima de uma matéria que informa ao leitor do que ela trata.

Hyperbole (hipérbole)
Forma extrema de exagero que não é necessariamente levada a sério, mas atrai a atenção do leitor.

Hyperlink (link)
Palavra, frase ou ícone na internet, o qual, se clicado ou tocado, leva o usuário a um novo documento ou site.

Indefinite pronoun (pronome indefinido)
Pronome que não se refere a ninguém ou nada específico, como *everyone*.

Indirect object (objeto indireto)
Ser ou coisa indiretamente afetados pela ação do verbo.

Indirect question (pergunta indireta)
Período que reporta uma pergunta já feita, sem esperar resposta, e termina com ponto.

Infinitive (infinitivo)
A forma mais simples do verbo, aquela que é usada nos verbetes de dicionários.

Interjection (interjeição)
Palavra ou locução que aparece sozinha e expressa emoção.

Intonation (entonação)
Variação de timbre e altura na voz de uma pessoa.

Intransitive verb (verbo intransitivo)
Aquele que não tem objeto.

Italics (itálico)
Estilo de letras tipográficas que são impressas inclinadas, lembrando a escrita à mão.

Jargon (jargão)
Linguagem que é entendida e usada por um grupo seleto de pessoas, geralmente profissional.

Linking verb (verbo de ligação)
Verbo que une o sujeito de um período à palavra ou expressão (em geral, um adjetivo) que o descreve.

Main clause (oração principal)
Grupo de palavras que contém sujeito e verbo e faz sentido isoladamente.

Metaphor (metáfora)
Palavra ou frase que descreve uma coisa como se fosse outra coisa.

Misplaced modifier (modificador deslocado)
Modificador que foi posto tão distante do ser ou da coisa que ele pretende modificar que parece referir-se a outro ser ou coisa.

Modal auxiliary verb (verbo auxiliar modal)
Verbo auxiliar, como *could*, que com um verbo de ação exprime comando, obrigação ou possibilidade.

Morpheme (morfema)
Menor porção significativa de uma palavra.

Noun (substantivo)
Palavra que denomina um ser, lugar ou coisa.

Noun phrase (sintagma nominal)
Várias palavras que, agrupadas, desempenham a mesma função de um substantivo.

Number (número)
Indica se o substantivo ou o pronome é singular ou plural.

Object (objeto)
Substantivo ou pronome que recebe a ação do verbo.

Objective text (texto objetivo)
Texto sem influência de opiniões pessoais.

Onomatopoeia (onomatopeia)
Uso de palavras que imitam o som do que elas representam.

Opinion (opinião)
Declaração fundamentada no ponto de vista de alguém.

Ordinal number (numeral ordinal)
A forma de um numeral que indica posição, ordem, como *first*, *second*, *tenth* e *twenty-first*.

Participle (particípio)
Forma verbal que termina em -ing (particípio presente) ou -ed ou -en (particípio passado).

Passive voice (voz passiva)
Período cujo sujeito recebe a ação do verbo, executada pelo objeto. É formada com o verbo auxiliar *be* e um particípio passado.

Past participle (particípio passado)
Forma verbal que geralmente termina em -ed ou -en. É usada com os verbos auxiliares *have* e *will* para formar os tempos perfeitos, e com o verbo auxiliar *be* para formar a voz passiva.

Personal pronoun (pronome pessoal)
Pronome, como *she*, que toma o lugar de um substantivo e representa seres, locais e coisas.

Personification (personificação)
Atribuição de características humanas a objeto ou animal.

Pitch (altura)
A "altura" dos sons, dos graves aos agudos.

Plural noun (substantivo plural)
Indica mais de um ser ou coisa.

Possessive determiner (determinante possessivo)
Palavra usada antes de um substantivo para indicar posse.

Predicate position (posição predicativa)
Posição do adjetivo após o verbo de ligação, no final do período.

Prefix (prefixo)
Grupo de letras que se liga ao início de uma palavra e pode mudar o sentido original dela.

Prepositional phrasal verb (locução verbal preposicionada)
Conjunto formado por um verbo e uma preposição, no qual os dois atuam como uma unidade.

Prepositional phrase (locução prepositiva)
Preposição seguida de substantivo, pronome ou locução nominal que operam juntos como adjetivo (descrevendo um substantivo) ou advérbio (modificando um verbo) num período.

Present participle (particípio presente)
Forma verbal terminada em -ing. É usada com o verbo auxiliar *be* para formar os tempos contínuos.

Pronoun (pronome)
Palavra, como *I*, *me* ou *she*, que substitui um substantivo.

Proper noun (substantivo próprio)
Aquele que denomina um ser, um lugar ou uma coisa e é sempre iniciado por letra maiúscula.

GLOSSÁRIO

Pun (trocadilho)
Uso de palavra ou locução com dois sentidos para fazer humor.

Question (pergunta)
Período que pede uma informação.

Quotation (citação)
Texto que reproduz as palavras exatas de um escritor e é indicado entre aspas.

Relative pronoun (pronome relativo)
Pronome que liga uma parte de um período a outra introduzindo uma oração relativa, que remete a um substantivo ou pronome anterior.

Rhetorical question (pergunta retórica)
Pergunta que não precisa de resposta, mas é usada para impressionar.

Roman numerals (algarismos romanos)
Números representados por algumas letras do alfabeto, como I (um), V (cinco) e X (dez).

Root (radical)
A menor parte que contém sentido na palavra e não tem prefixo nem sufixo ligados a ela.

SEO
Sigla de "Search Engine Optimization", é o processo que aumenta a visibilidade de um site para que mais usuários o visitem.

Simile (símile)
Expressão que compara uma coisa a outra por meio de *as* ou *like*.

Slang (gíria)
Palavras e locuções usadas no discurso informal e quase sempre entendidas apenas por um grupo de pessoas.

Slogan
Frase curta mas memorável que resume uma mensagem.

Standard English (inglês-padrão)
Modalidade do inglês que usa vocabulário e gramática formais.

Statement (afirmação)
Período que transmite um fato ou uma informação.

Subject (sujeito)
Ser ou coisa que realiza a ação do verbo.

Subjective text (texto subjetivo)
Texto influenciado por opiniões pessoais.

Subordinate clause (oração subordinada)
Grupo de palavras que contém sujeito e verbo, mas depende de uma oração principal para ter sentido.

Subordinative conjunction (conjunção subordinativa)
Conjunção usada para ligar palavras, frases e orações de importância desigual.

Suffix (sufixo)
Grupo de letras que se liga ao final de uma palavra e pode mudar o sentido original dela.

Superlative (superlativo)
A forma de um adjetivo ou advérbio que indica o maior ou menor grau de algo.

Syllable (sílaba)
Unidade de pronúncia que contém um som vocálico.

Synonym (sinônimo)
Palavra que tem o mesmo significado que outra.

Tautology (tautologia)
Repetição da mesma coisa mais de uma vez com palavras diferentes.

Tense (tempo)
Forma verbal que indica a época de uma ação.

Third person narrative (narrativa em terceira pessoa)
Aquela que é escrita de um ponto de vista externo.

Tone (tom)
O sentimento ou estado de humor transmitido pela voz – por exemplo, *happy*, *sad*, *angry* ou *excited*.

Transitive verb (verbo transitivo)
Aquele que precisa ter um objeto.

Verb (verbo)
Classe gramatical que descreve a ação ou modo de ser de um substantivo ou pronome.

Vogal (vogal)
Cada uma das cinco letras *a*, *e*, *i*, *o* e *u*.

Índice remissivo

A

abreviações 172-3
  barra 121
  coloquialismos 86
  estados dos EUA 95
  itálico 123
  língua falada 12
  ordem alfabética 129
  pontuação 94, 95, 111, 172, 173
acrônimos 95, 172, 173, 182
adaptações 218-9
adjetivo 20, 26-7, 245
  comparativo 28
  composto 26, 106, 107
  deslocado 76
  e substantivo 23
  em série 27
  infinitivo 39
  linguagem descritiva 209
  mais detalhe na escrita 185
  particípios 47
  posição atributiva 26
  posição predicativa 27
  "próprio" 26
  superlativo 28
  terminações 27
  uso de vírgulas com 99
advérbio 20, 40-1, 89
  como conjunção 59
  confusão com adjetivos 27
  deslocado 76, 77
  em instruções 197
  em locuções 64
  em roteiros dramáticos 217
  em verbos frasais 56, 57
  infinitivo dividido 39
  linguagem descritiva 209
  mais detalhe 185
  variação em períodos 185
afirmações 68, 81, 94, 189
  exclamação 113
afixos 142, 143
alfabetos 126, 159
  alfabeto da Otan 133
  ordem alfabética 128-9
aliteração 85, 183, 199, 219
ambientação 212, 213, 217, 218
anáfora 85
análise 206, 207, 222
analogia 84
anotações 186, 187, 192
apóstrofo 104-5
  contrações 80, 104, 237
apresentações 228-9
argumentação 202, 224
arroba ("at") (@) 120, 121

artigo 21, 30-1
  ausência de 31
  definido 30, 31
  e adjetivos 30
  e substantivos 23, 30
  indefinido 30, 31
aspas 108-9
  citações 109, 186, 193
  diálogo 213
  discurso direto 88, 108-9
  duplas ou simples 109
  manuais 109
assonância 183
asterisco (*) 121, 221
autobiografia 211, 219

B

barra 120, 121
Bíblia, referências à 103
bibliografia 186, 187, 243
blog 215
bring ou *take?* 79

C

can ou *may?* 78
cartas 188-9, 196
  de reclamação 200, 201
  diagramação 190, 200, 201
  formal 183, 200
  informal 201
  linha do assunto 200
cartazes 203
cerquilha (#) 121
citações 109, 193
  apresentação de 97, 103, 193
  como começar um texto ou discurso 188, 226
  fontes 186, 193, 203, 247
  letras maiúsculas 158
  matérias de jornal 199
  olho 195
  reticências 95
  texto adicionado ou alterado entre parênteses 114, 115
classes gramaticais 20-1, 232
clichês 84, 245
coloquialismos 86, 183, 191
comandos 49, 55, 69, 94, 113
  instruções 197
  sugestões 205
combinações 133
comentário de textos 192-3
comentário esportivo 185
comparação de textos 193

comparativos 28
  grafias irregulares 29
  more ou *most?* 29
  morfemas presos 136
comunicação
  diagramação 181, 194-5, 201, 215
  falada 12, 13, 185, 222-9
  finalidade 181, 190, 193, 215
  internet 214-5
  pesquisa 186-7
  planejamento 186-7, 202
  público 181, 182, 191, 202-3, 207
  tom 181, 184, 185, 201, 222
  vocabulário 181, 182-3, 191, 196, 198
  veja também escrever
conclusão 187, 189
concordância verbal 52-3
conectivos *veja* conjunções
conjunções 21, 58-9, 70
  correlativas 58
  subordinativas 59, 66, 67, 73
consoantes 132-3
  combinações 133
  consoantes duplas 154, 155
  dígrafo 133
  grafemas 132-3
    grafia britânica 174
  sons 132-3
  y 131, 147
contrações 79, 80, 104, 173, 222, 223, 237
cor 191, 194
corretores ortográficos 220
crianças, comunicação com 191, 194
criatividade 184
crítica 207
cumprimentos 63, 222

D

datas 118
  com prefixo 107
  em cartas 200, 201
  intervalos 115
debates 224, 225
determinantes 21, 32-3
  demonstrativos 32
  e adjetivos 32
  e pronomes 36, 37
  e substantivos 23, 32, 33
  interrogativos 33
  possessivos 33, 36, 37
  singular ou plural 36, 37
  veja também artigos

diagramação 194-5
  blog 215
  cartas 190, 200, 201
diagramas 195, 197, 229
dialetos 14, 15, 222
diálogo 13, 88, 213, 217
dicionários 64, 129
  abreviações 86
  Oxford English Dictionary 176
  Webster's Dictionary 14, 175
dígrafos e trígrafos 133
discurso 226-7
  direto 88, 89, 97, 108-9, 203, 205, 211, 213
  pontuação 88, 97, 108-9
  indireto 88, 89
  informal 86-7
dois-pontos 102-3
  antes de enumeração 102
  citações 193
  horas 119
  proporção 102
  unindo orações 71, 102

E

e comercial (&) 120, 121
edição 220-1
e-mails 94, 120, 200, 201
emoção, expressão de 62, 69
  comandos 49, 55
  determinação 49
  em períodos 184
  histórias reais 202
  linguagem 202-3, 245
  no discurso 89
  perguntas retóricas 111, 203
  ponto de exclamação 112
ênfase
  dois-pontos 102
  entonação 228
  exagero 203
  figuras de linguagem 85
  itálico 123, 194
  para contradizer 48
  perguntas retóricas 111, 203
  ponto de exclamação 113
emoticons 103
emprego, solicitação de 11, 19, 200, 201, 240
endereços 119, 121, 200, 201
ensaios 109, 188
erros, revisão de 220-1
escrita formal 191
  cartas 183, 200, 246
  e preposições 60
  ponto de exclamação 112

ÍNDICE REMISSIVO

superlativos 28
estatísticas 186, 188, 203, 226, 243
   gráficos e diagramas 195
eufemismo 85
exagero 203
exclamação 69, 113
expressões idiomáticas 84

F

fala em público
   veja língua falada
famílias de palavras 141
fato 55, 68, 88, 190, 193, 196, 203
fechamento de textos 189
fewer ou *less?* 79
ficção 189
figuras de linguagem 85
folhetos 190, 194, 196, 205
fonemas 130, 132
fontes 191, 194, 195
fontes de referência 186, 203, 247
frações 107, 118

G

gênero 190
gênero das palavras 30, 36, 37
geração de ideias 186, 187
gerúndio 47
gibis 112
gíria 86, 87, 183, 191, 215, 222
good ou *well?* 79
grafemas
   consoantes 132-3
   vogais 130-1
grafia
   americana 14, 15, 174-7
   britânica 14, 174-7
gráficos 195, 229

H

haicais 134
hífen 106-7
   adjetivos compostos 26, 106, 107
   em números 107
   palavras compostas 163, 177
   prefixos 107, 142
   suspenso 107
hipérbole 85
histórias reais 202, 210-1
homófonos 127, 167

homógrafos 167
homônimos 166
horas 119
   advérbio 40, 41
   em discurso 89
   maiúsculas 159
   palavras ou números? 119
humor 183

I

"*i* antes do *e*, exceto após o *c*", regra 156-7
I ou *me?* 78
imagens 191, 195, 196, 197,
   apresentações 229
   roteiros 216
índice remissivo 129
infinitivo dividido 39
inglês do meio do Atlântico 177
instruções 196, 197
interjeições 21, 62-3, 97, 113
   apartes 63
   cumprimentos 63
   emoção, expressão de 62
internet 94
   em pesquisas 186, 187
   endereços 120, 121
   escrever para a 214-5
interrupções 63
   mais ênfase 113
   uso de parênteses 114
   uso de vírgulas 97
   uso de travessões 115
intertítulos 194, 195, 197
   internet 214, 215
introduções 187, 188
ironia 85
itálico 122-3, 194
its ou *it's?* 79

J

jargão 87, 182, 183, 191
jornais 190, 192, 198-9, 219
   colunas de conselhos 205
   imagens 195
   olho 195
   títulos 194, 196, 199

L

legendas 195
leitura, comentários e comparação 192-3
leitura em voz alta 165
   consoantes 132-3
   duplas 154, 155
   homófonos 167

homógrafos 167
homônimos 166
letras mudas 160-1
sons duros e suaves 144-5, 151
sotaque regional 161
vogais 130-1, 134, 243
   "*i* antes do *e*, exceto após o *c*" 157
   curtas 154
letras 126
   abreviações 173
   alfabeto 129, 159
   artigos 31, 158
   maiúsculas 158-9, 240
   marcadores 117
   palavras latinas 122
   períodos 68
   substantivos próprios 23, 26, 159
   tempo, intervalos de 158
   título de obras 31, 158
   títulos 194
libra, símbolo veja cerquilha
ligação de palavras e expressões 204
   veja também conjunções
língua falada 12, 13, 222-9
   apresentações 116-7, 228-9
   comentários de esportes 185
   debates 224, 225
   discursos 226-7
   inglês ao redor do mundo 14-5
   representações 225
   veja também discurso; textos
linguagem 11, 191, 227
   corporal 181, 224, 225, 229
   descritiva 208, 209
   e-mails 86, 201
   figurada 209, 213
   figurativa 202-3, 245
   informal 86-7, 183, 191, 201
      blog 215
      cartas 201
      língua falada 12, 13, 226
      veja também coloquialismos, gíria
listas 99, 101
   com marcadores 116
   numeradas 117
literally, uso de 79
livros sagrados 123
locuções 64-5, 232, 239
   adjetivas 64
   adverbiais 64, 89
   prepositivas 23, 52, 53, 60, 65, 77
      deslocadas 77
      e substantivos 23
logotipos 214

M

mapas 197, 210
mapas mentais 186
marcadores 116-7, 194, 197, 205, 215, 228
matérias (textos) 188, 190, 192, 198-9
   imagens 195
   olho 195
   títulos 194, 196, 199
may ou *might?* 78
medidas métricas 95, 175
memorização 228
mensagens de texto 183
metáfora 84, 85, 209
modificadores 76-7
   advérbio 41, 76
   "estrábicos" 77
   hífen (modificador composto) 106
   palavras compostas 162-3
modos verbais 54, 55
   adaptações 218
   em narratlvas 213
   em roteiros 217
   imperativo 55, 197
   indicativo 55
   representação 225
   subjuntivo 55
morfemas 136-7
morfologia 137

N

não ficção 190-1
   análise 206, 207
   autobiografia 210-1
   crítica 207
   relato de viagem 211
   sugestão e conselho 205
narração 216, 217
narradores 212, 216
narrativas 212-3
   mudando o ponto de vista 218
negativas 232
   contrações 80, 237
   negativas duplas 80, 81
   períodos 48, 80
negrito 194, 195
nomes
   científicos 122
   edifícios e monumentos 123
   em cartas 200, 201
   grafia americana 175

ordem alfabética 129
substantivos próprios 23, 122, 159, 175
veículos 123
notas de rodapé 121, 243
números 118-9
algarismos arábicos 118
algarismos romanos 119
como determinante 33
como escrever 107, 118, 119
datas 118
e ordem alfabética 129
instruções 197
intervalos 115
numerais cardinais 33
numerais ordinais 33

O

objetos 38, 68
olhar direto 181, 224, 229
onomatopeia 85, 209
opiniões 190, 193
autobiografia 211
crítica 207
imparcialidade 206
na argumentação 202
orações 66-7
adverbiais 67
ligação 58, 70-1, 98
não restritivas 82, 83
posição de 73, 74, 75, 77
principais 66, 72
ligação 58, 70-1, 98
relativas 67, 82-3
restritivas 83
subordinadas 59, 66, 72
posição de 73, 74, 75, 77
orações adjetivas
veja orações relativas
orações dependentes
veja orações subordinadas
orações independentes
veja orações principais
orientações de viagem 115
ortografia 124-77, 238-43
consoantes 154, 155
grafia americana 14, 15, 174-7
grafia britânica 14, 174-7
homófonos 167, 242
homógrafos 167
homônimos 166, 242
"*i* antes do *e*, exceto após o *c*", 156-7
leitura em voz alta 130-5, 144-5, 154, 165, 168
letras mudas 160-1, 177
morfemas 136-7

palavras de som parecido 167, 169, 171, 239
palavras irregulares 164-5
pretérito 177
processo mnemônico 156, 165, 243
radicais 140-1, 240
substantivo ou verbo? 168
sufixos, regras 148-1, 153, 155
técnicas de ortografia 165
terminações (não sufixos) 152-3
uma ou duas palavras? 169, 239
oximoro 85

P

páginas, remissão a 115, 119
palavras
abreviações 172
adjetivo 26, 27
advérbio 41
afirmações 68
artigos 30
compostas 162-3
cruzadas 166
determinantes 32
do inglês antigo 127, 139
empréstimos 156
estrangeiras 122
francesas 139, 141
grafia americana 177
inglês antigo 127, 139
latinas 122, 138
muito usadas 182, 221
negativos 48
objetos 38
ofensivas 121
omitidas
asterisco 121
contrações 80, 104, 237
língua falada 12, 223
ordem das 18, 19
origem 14, 127, 138-9, 161
grega 127, 138, 140, 141
latina 122, 127, 138, 140, 141
perguntas 33, 48, 68, 110-1
períodos 68
posição atributiva 26
posição predicativa 27
radicais 127, 140, 141, 240
reticências 95
verbos frasais 57
vozes verbais 54
veja também abreviações
palavras-chave 192, 214
parágrafo 187, 188-9, 221
abertura de parágrafo 188

blogs 215
e-mails 201
extensão 199
internet 214
recuo de parágrafo 188
texto informativo 196
parênteses 114, 247
colchetes 114, 115
e interjeições 63
e interrupções 113, 114
marcação de erros 220
orientação em roteiro 217
particípios 46-7
particípio passado 44, 46, 51, 243
como adjetivo 47
voz passiva 54
particípio presente 45, 46
como adjetivo 47
como substantivo 47
particípios "pendentes" 72, 77
partículas 56
peças teatras *veja* roteiros
pentâmetro iâmbico 135
perguntas 68, 110-1, 224
determinantes interrogativos 33
implícitas 110
indiretas 110
partículas interrogativas 111
pronomes interrogativos 35
retóricas 111, 188, 203, 227
períodos 38, 68-9, 184-5
ativos 54
classes gramaticais 19
complexos 72-3, 74
compostos 70-1
condicional
modo subjuntivo 55
extensão 184, 191, 199
início de 185
intertítulos 189
linguagem coerente 60
mudança de ritmo 184
negativos 48, 80
ordem das palavras 18, 19, 38
positivos 81, 200
regras de formação 235
veja também orações principais
personagens
em narrativa 212, 213, 245
em roteiro dramático 217
personalidade 211, 225
personificação 85, 209
pesquisa 186, 187
placas 54, 111
plágio 186

plural
coletivos 25
com apóstrofo 104
determinantes 36, 37
morfemas presos 136
possessivos 105
pronomes 36
substantivos 24-5
uso de parênteses 114
verbos 25, 52-3
poesia
assonância 183
haicais 134
ponto 94-5
abreviações 94, 172, 173
aspas 95
bibliografias 187
de exclamação 112-3
após reticências 95
comandos 55, 69, 94
e interjeições 62
modo imperativo 55
de interrogação 110-1
após reticências 95
e aspas 88, 109
horas 119
internet e e-mail 94
perguntas indiretas 110
períodos 68, 69
reticências 95
texto com marcadores 117
ponto e vírgula 100-1
antes de advérbio 101
enumeração 101
unindo orações principais 59, 71, 100
pontos de vista 218, 224
pontuação 90-123, 236-7
veja também ponto
posse
apóstrofo 104-5
determinantes 33
morfemas presos 136
pronomes 34
substantivos 105
prefixos 107, 127, 134, 140, 142, 155, 241
morfemas 136
preposições 20, 60-1
e substantivos 28
em locuções 52, 60, 61, 64, 65
em verbos frasais 56, 57
na escrita 185
voz passiva 54
processo mnemônico 156, 165, 243

ÍNDICE REMISSIVO

pronomes 20, 33, 34-5, 58, 243
  como sujeito 38
  concordância de gênero 36-7
  demonstrativos 35
  e adjetivos 26
  indefinidos 35, 36, 37, 53, 81
  interrogativos 35
  negativos 81
  pessoais 34, 36, 37, 42, 203, 205, 211, 227
    I ou *me*? 78
  possessivos 34
  reflexivos 34, 35
  relativos 34, 67, 82, 83
  tempos 42
pronúncia
  acrônimos 173
  dialetos 14, 15
  fala em público 228
  homônimos 166
  letras auxiliares 161
  letras mudas 160-1
  sílabas 134-5
  sons duros e suaves das letras 144-5, 151
  sotaque 15, 161, 225, 228
  substantivo ou verbo 168
  tom 135
publicidade 75, 84, 191, 194
  imagens 195
  linguagem 28, 208
público 181, 182, 191, 207
  formal ou informal 13
  influência sobre o 202-3
  vocabulário 182, 191, 196, 198

Q

quantidade, expressão de 33, 53

R

radicais 127, 138, 140-1, 142, 151, 240
radicais gregos 127, 138, 140, 141, 240
recuo de parágrafo 188
recursos
  de apresentação 194-5
  de hesitação 63
  retóricos 203
referências
  à Bíblia 103
  a páginas 115, 119
  como prova 193, 207, 226
  cruzadas 186

repetição 12, 199, 203, 227
reticências 95, 223
revisão de textos 220-1
revistas, matérias de 190
  colunas de conselhos 205
  olho 195
  títulos 194, 196
roteiros
  algarismos romanos 119
  apartes 63
  criação de 216-7
  dramáticos 217

S

sic 115
siglas com iniciais 173
sílabas 134-5
  em voz alta 134, 157
  pentâmetro iâmbico 135
  tom 135
símile 85, 209
sinais de pontuação 92-3, 236
sinônimos 182, 221, 244
sintagmas nominais 23, 30, 32, 60, 64, 65
slogans 227
sotaque 15, 161, 177, 222, 225, 228
suavização 85
sublinhado 123, 192, 228
substantivos 22-3
  abstratos 22
  coletivos 22, 52
  como sujeito 38
  comuns 22
  e adjetivos 26
  e determinantes 32
  em orações 23, 30, 60, 64, 65
  frases 60, 64
    grafia americana 175
  infinitivo 39
  palavras compostas 162-3
  particípios 47
  plurais 24-5
  possessivos 105
  próprios 23, 122, 159
    usados como adjetivo 26
sufixos 127, 134, 140, 143, 241
  consoantes duplas 155
  grafias incomuns 149
  morfemas 136
  vogais 155
  veja também terminações de palavras
sugestões 205

sujeitos 38, 52
  e vozes verbais 54
  em orações 66, 68, 69
  omissão 71
  sujeito composto 53
superlativo 28, 29
  com *more* ou *most* 29
  exagero 203
  grafias irregulares 29
  morfemas presos 136

T

tabelas 206
tautologia 27, 245
teclado QWERTY 126
telegrama 95
televisão 191
temas 210
  matérias de jornal 198
  para o público 191, 207
tempos verbais 42-5
  contínuos 45
  futuro contínuo 45, 46
    perfeito 44
    simples 43, 233
  perfeitos 44, 46
  presente 88
    contínuo 45
    perfeito 44
    simples 43
  pretérito 88, 177
    contínuo 45
    perfeito 44
    simples 43, 51
  primeira pessoa 42, 43
    narrativas 212, 218
  segunda pessoa 42, 43
  terceira pessoa 42, 43, 44
    análise 206
    discurso indireto 88
    narrativas 212, 218
    modo subjuntivo 55
terminações de palavras
  -able 27, 143, 146, 150, 151
  -al 27, 143, 146, 153
  -c 29, 46, 50, 146, 147, 150, 177
  -el 153
  grafias incomuns 149
  -ible 27, 143, 151
  -le 40, 134, 152
  -ol 152, 153
  -sion 148, 149
  -ssion 143, 148, 149
  -tion 22, 148
  -y 24, 29, 40, 143, 147, 150, 155
texto com marcadores 116-7

textos 12
  adaptações 218
  ambientação 213, 217
  blogs 215
  cartas 188, 190, 196, 201
    formais 183, 200
  coesão 70, 184, 189
  comparação 193
  conclusões 187, 189, 207
  crítica 207
  descritivos 208-9
  diagramação 194-5, 201, 215
  edição e revisão 220-1
  experiência pessoal 204, 210-1
  fontes 186, 203, 245
  geração de ideias 186, 187
  histórias
    para criar emoção 184
    para criar tensão 184
  informativos 196-7
  introduções 187, 188
  não ficção 190
    autobiografia 210-1
    análise 206, 207
    crítica 207
    relato de viagem 211
    sugestões, conselhos 205
  narrativas 212-3
  para a internet 214-5
  para influenciar 202-3
  parágrafos 187, 188-9, 196, 214, 215
  persuasivos 202-3
  pesquisa 186, 187
  planejamento 187, 202
  pontos de vista 218
  públicos 13, 181, 182, 191, 202-3, 207
  respostas 192-3, 220
  roteiros 216-7
  temas 210
  trama 212, 218
that ou *which*? 78, 83
títulos 194, 196, 199, 214
  de obras 103
  em itálico 111, 123
  entre aspas 109
  letras maiúsculas 31, 158
tom 135
trama 212, 218
travessão 14, 103, 115
  interrupções 115
  intervalos 115, 118
trocadilhos 85, 183, 199
Twitter 121

V

verbo 20, 38-9
  auxiliar 43, 44, 46, 48-9
    can ou *may*? 78
    contrações 104, 237
    may ou *might*? 78
    modal 49
    negativo 80
    primário 49
    voz passiva 54
  de ligação 27, 39
  e modos verbais 55
  e substantivos plurais 25
  e vozes verbais 54
  em discurso 89
  em orações 66
  infinitivo 39, 43
  intransitivo 57
  irregular 49, 50-1, 233
  locução verbal 56-7, 61, 106
  particípio passado 44, 46, 51, 233
  particípio presente 45
  tempos verbais 42-3
  transitivo 38, 57
verbos frasais 56-7, 61, 106
vírgula 96-9
  após introduções 96, 97
  com conjunções 59, 71, 98
  com discurso direto 97, 108, 109
  de omissão 98
  em bibliografias 187, 247
  em enumerações 99
  interjeições 62, 63
  números 119
  orações não restritivas 82, 83, 96
  orações subordinadas 73
  partículas interrogativas *(tag questions)* 111
  serial ou de Oxford 99
vocabulário 181, 182-3, 191
  autobiografia 211
  linguagem descritiva 209
  matérias de jornal 198
  representação 225
  texto informativo 196
vogais
  sons 130-1, 134, 146, 243
voz
  ativa 54, 199
  passiva 54

W

Web *veja* internet
whether ou *if*? 79
who ou *whom*? 78, 82

Agradecimentos

A DORLING KINDERSLEY agradece a David Ball e Mik Gates pela assistência no projeto gráfico; a Mike Foster e Steve Capsey, da Maltings Partnership, pelas ilustrações; a Helen Abramson, pela assistência editorial; a Jenny Sich, pela revisão; e a Carron Brown, pelo índice remissivo.

A editora agradece às seguintes pessoas e entidades pela gentileza em autorizar a reprodução de suas fotografias:

(Legenda: a-alto; b-embaixo; c-centro; d-direita; e-esquerda; t-topo)

29 Alamy Images: Niday Picture Library. **39** Alamy Images: Moviestore Collection Ltd. **45** Alamy Images: Kumar Sriskandan. Alamy Images: Kumar Sriskandan. **45** Alamy Images: Kumar Sriskandan. Alamy Images: Kumar Sriskandan. **54** Fotolia: (c) Stephen Finn. **63** Corbis: Bettmann. **69** Corbis: Susana Vera / Reuters. **75** Alamy Images: Vicki Beaver. **80** Corbis: Michael Ochs Archives. **84** Alamy Images: Stephen Finn. **86** Alamy Images: Jon Challicom. **98** Alamy Images: Papilio. **101** Corbis: Ken Welsh / * / Design Pics. **104** Alamy Images: Jamie Carstairs. **109** Getty Images: NBC. **111** Alamy Images: Eddie Gerald. **112** Alamy Images: flab. **121** Alamy Images: incamarastock. **134** Alamy Images: Phillip Augustavo. **138** Corbis: National Archives / Handout / Reuters. **143** Alamy Images: David Page. **156** Corbis: Franck Guiziou / Hemis. **158** Alamy Images: Martin Shields. **163** Dreamstime.com: Urosr. **166** Corbis: Darren Greenwood / Design Pics. **172** Corbis: Richard T Nowitz. **175** Getty Images. **177** Corbis: Bettmann. **182** Alamy Images: Paul David Drabble. **185** Dreamstime.com: Shariffc. **191** Corbis: JGI / Jamie Grill / Blend Images. **195** Utilizada com a gentil permissão de Dogs Trust, maior entidade de assistência a cães do Reino Unido, com 18 centros de doação de animais em todo o país **196** Alamy Images: Alistair Scott. **203** Alamy Images: Mary Evans Picture Library. **208** Corbis: Frank Lukasseck. **211** Alamy Images: Nancy G Photography / Nancy Greifenhagen. **214** Getty Images: Darryl Leniuk (b); Nicholas Pitt (t); Jochen Schlenker (c). **218** Corbis: John Springer Collection.
221 Alamy Images: Kristoffer Tripplaar. **222** The Kobal Collection: Warner Horizon TV. **225** Corbis: Heide Benser. **227** Corbis: GARY HERSHORN / X00129 / Reuters. **229** Corbis: Joshua Bickel.

Todas as outras imagens © Dorling Kindersley
Veja mais informações em **www.dkimagens.com**